新编21世纪远程教育精品教材

• 经济与管理系列 •

人力资源开发与管理

（第五版）

主　编　姚裕群

副主编　亓名杰　刘尔铎

中国人民大学出版社

· 北京 ·

作 者 简 介

姚裕群，中国人民大学劳动人事学院教授、博士生导师，我国最早从事人力资源教学与研究的著名专家，主持多项国家自然基金、教育部基金、北京市基金课题和企业人力资源管理项目，出版个人专著 5 本、合作著作教材 20 多本，在报刊发表文章上百篇，获得中国图书奖、北京市哲学社会科学优秀成果奖、中国人力资源开发研究会优秀著作奖等。

内 容 简 介

本书以现实问题为突破口，深入浅出地阐述了人力资源开发与管理的原理和分析思路，脉络清晰，内容全面，结构严谨，体系新颖，强调基础理论与实用性相结合。

本书可作为各类高等院校课堂教育与网络教育的教材，也可作为各企事业机关单位人力资源管理部门工作人员的专业参考读物。

我们正处在教育史尤其是高等教育史上的一个重大的转型期。在全球范围内，包括在我们中华大地，以校园课堂面授为特征的工业化社会的近代学校教育体制，正在向基于校园课堂面授的学校教育与基于信息通信技术的远程教育相互补充、相互整合的现代终身教育体制发展。一次性学校教育的理念已经被持续性终身学习的理念所替代。在高等教育领域，从1088年欧洲创立博洛尼亚（Bologna）大学以来，21世纪以前的各国高等教育基本是沿着精英教育的路线发展的，这也包括自19世纪末创办京师大学堂以来我国高等教育短短一百多年的发展史。然而，自20世纪下半叶起，尤其在迈进21世纪时，以多媒体计算机和互联网为主要标志的电子信息通信技术正在引发教育界的一场深刻的革命。高等教育正在从精英教育走向大众化、普及化教育，学校教育体系正在向终身教育体系和学习型社会转变。在我国，党的十六大明确了全面建设小康社会的目标之一就是构建学习型社会，即要构建由国民教育体系和终身教育体系共同组成的有中国特色的现代教育体系。

教育史上的这次革命性转型绝不仅仅是科学技术进步推动的。诚然，以电子信息通信技术为主要代表的现代科学技术的进步，为实现从校园课堂面授向开放远程学习、从近代学校教育体制向现代终身教育体制和学习型社会的转型提供了物质技术基础。但是，教育形态演变的深层次原因在于人类社会经济发展和社会生活变革的需求。恰在这次世纪之交，人类社会开始进入基于知识经济的信息社会。知识创新与传播及应用、人力资源开发与人才培养已经成为各国提高经济实力、综合国力和国际竞争力的关键和基础。而这些仅仅依靠传统学校校园面授教育体制是无法满足的。此外，国际社会面临的能源、环境与生态危机，气候异常，数字鸿沟与文明冲突，对物种多样性与文化多样性的威胁等多重全球挑战，也只有依靠世界各国进一步深化教育改革与创新，促进人与自然的和谐发展才能得到解决。正因为如此，我国党和政府提出了“科教兴国”“可持续发展”“西部大开发”“缩小数字鸿沟”“人与自然和谐发展”的“科学发展观”等战略和思想。其中，对教育作为经济建设的重要战略地位和基础性、全局性、前瞻性产业的确认，对高等教育对于知识创新与传播及应用、人力资源开发与人才培养的重大意义的关注，以及对发展现代教育技术、现代远程教育和教育信息化并进而推动国民教育体系现代化，构建终身教育体系和学习型社会的决策更得到了教育界和全社会的共识。

在上述教育转型与变革时期，中国人民大学一直走在我国大学的前列。中国人民大学是一所以人文、社会科学和经济管理为主，兼有信息科学、环境科学等的综合性、研究型大学。长期以来，中国人民大学充分利用自身的教育资源优势，在办好全日制高等教育的同时，一直积极开展远程教育和继续教育。中国人民大学在我国首创函授高等教育。1952 年，校长吴玉章和成仿吾创办函授教育的报告得到了刘少奇的批复，并于 1953 年率先招生授课，为新建的共和国培养了一大批急需的专门人才。在 20 世纪 90 年代末，中国人民大学成立了网络教育学院，成为我国首批现代远程教育试点高校之一。经过短短几年的探索和发展，中国人民大学网络教育学院创建的“网上人大”品牌，被远程教育界、媒体和社会誉为网络远程教育的“人大模式”，即“面向在职成人，利用网络学习资源和虚拟学习社区，支持分布式学习和协作学习的现代远程教育模式”。成立于 1955 年的中国人民大学出版社是新中国建立后最早成立的大学出版社之一，是教育部指定的全国高等学校文科教材出版中心。在过去的几年中，中国人民大学出版社与中国人民大学网络教育学院合作策划、创作出版了国内第一套极富特色的“新编 21 世纪远程教育精品教材”。这些凝聚了中国人民大学、北京大学、北京师范大学等北京知名高校学者教授、教育技术专家、软件工程师、教学设计师和编辑们广博才智的精品课程系列教材，以印刷版、光盘版和网络版立体化教材的范式探索构建全新的远程学习优质教育资源，实现先进的教育教学理念与现代信息通信技术的有效结合。这些教材已经被国内其他高校和众多网络教育学院所选用。中国人民大学出版社基于“出教材学术精品，育人文社科英才”理念的努力探索及其初步成果已经得到了我国远程教育界的广泛认同，是值得肯定的。

2005 年 4 月，我被邀请出席《中国远程教育》杂志与中国人民大学出版社联合主办的“远程教育教材的共建共享与一体化设计开发”研讨会并做主旨发言，会后受中国人民大学出版社的委托为“新编 21 世纪远程教育精品教材”撰写“总序”，这是我的荣幸。近几年来，我一直关注包括中国人民大学网络教育学院在内的我国高校现代远程教育试点工程。这次，更有机会全面了解和近距离接触中国人民大学出版社推出的“新编 21 世纪远程教育精品教材”及其编创人员。我想将我在上述研讨会上发言的主旨做进一步的发挥，并概括为若干原则作为我对包括中国人民大学出版社、中国人民大学网络教育学院在内的我国网络远程教育优质教育资源建设的期待和展望：

● 新编 21 世纪远程教育精品教材的教学内容要更加适应大众化高等教育面对在职成人、定位在应用型人才培养上的需要。

● 新编 21 世纪远程教育精品教材的教学设计要更加适应地域分散、特征多样的远程学生自主学习的需要，培养适应学习型社会的终身学习者。

● 在我国网络教学环境渐趋完善之前，印刷教材及其配套教学光盘依然是远程教材的主体，是多种媒体教材的基础和纽带，其教学设计应该给予充分的重视。要在印刷教材的显要部位对课程教学目标和要求做明确、具体、可操作的陈述，要清晰地指导远程学生如何利用多种媒体教材进行自主学习和协作学习。

● 应组织相关人员对多种媒体的远程教材进行一体化设计和开发，要注重发挥多种媒体教材各自独特的教学功能，实现优势互补。要特别注重对学生学习活动、教学交互、学习评价及其反馈的设计和实现。

● 要将对多种媒体远程教材的创作纳入对整个远程教育课程教学系统的一体化设计和开发中去，以便使优质的教材资源在优化的教学系统、平台和环境中，在有效的教学模式、学习策略和学习支助服务的支撑下获得最佳的学习成效。

● 要充分发挥现代远程教育工程试点高校各自的学科资源优势，积极探索网络远程教育优质教材资源共建共享的机制和途径。

中华人民共和国教育部远程教育专家顾问

丁兴富

人力资源是第一资源，人力资源开发与管理是经济社会发展中的重大问题，是在高等教育中非常受重视的领域。近年来，人力资源学科范围已经从工商管理领域发展到工商管理、公共管理两个领域并重的局面。

2003 年本书的第一版出版，系统而全面地阐述了人力资源开发与管理的范畴和原理，建立了一个新颖的框架。本教材结构严谨，内容全面，阐述规范，风格清新，注重理论与应用的结合，“教”与“学”便利，受到读者的欢迎。现在我们基于人力资源理论与实践的发展和人力资源学科范围扩大后的教学需要，不断吸收国内外有关的最新研究和教学成果，进行修订，完成了本教材的第五版。

本教材可供小课时（2 学分课，36 学时）、大课时（3 或 4 学分课，54 学时或 72 学时）不同教学方案的课程选用。对不同专业的课程学习内容的选择建议为：

小课时（2 学分）课程：工商管理学科院系的人力资源管理、工商管理等各专业学习本教材的第一篇、第三篇和第四篇全部，并学习第二篇的“人力资源配置”“人力资源流动”“人力资源市场化战略”内容；公共管理学科院系的人力资源管理、劳动与社会保障专业以及经济学等专业，学习本教材的第一篇、第二篇全部和第三篇、第四篇主要章节。

大课时（3 或 4 学分）课程：应当全面学习本教材的各章节，在课时分布的安排方面，工商管理、公共管理等不同学科院系以上述小课时课程对应的不同学科必修内容为重点内容，安排较多的课时学习。教师则应当阅读全书，加强对该学科的全面理解，以便在教学中灵活运用。

作为一门管理学课程的教材，本书内容深入浅出，注重基本分析和实际操作，同学们应当按章节学习和巩固，并结合社会实践加以领会和思考“如何应用”的问题，从而提高学习效果。本书除可作为各类高等院校课堂教育与网络教育的教材之外，也可作为各企事业机关单位人力资源管理部门工作人员的专业参考读物。

笔者于 20 世纪 80 年代前期就开始从事人力资源研究与教学，至今已三十余年，1983 年在赵履宽教授的指导下发表了国内最早的人力资源论文，90 年代初出版了国内第一部人力资源专著《人口大国的希望——人力资源经济概论》，而后一直致力于该学科的教学研究和教材建设。笔者担任本教材的主编，独立写作了多章，与其他作者合作编写了若干章节，审改了全书各章，并担任了网络课程讲授教师。亓名杰教授、刘尔铎副教授担任本书的副主编。参加本教材编写工作的人员还有：韩淑娟、郝丽、姚清、周小舟、蓝若琏、景立人、刘怡娟。参加文稿校对、资料整理、课件制作和网络课程录制等工作的有昝春盛、倪鼎荣、韩晓丹、刘亮奇、王根利等，对各位的辛苦工作，在此表示衷心的感谢。本书的选题、写作得到了中国人民大学网络学院的支持和帮助，本书的出版和修订得到了中国人民大学出版社的大力支持，在此表示衷心的感谢。

人力资源开发与管理，是一门内容多、范围广、观念新、层次高、更新快的学科，是一门实用价值大和非常值得钻研的学问。鉴于作者的水平和篇幅有限，本教材还存在着一定的不足，欢迎专家和各界读者提出批评意见和建议，也希望得到学员们的信息反馈。

姚裕群
2018 年 11 月 10 日
于北京

目　录

第一篇　人力资源开发与管理原理

第二篇　社会人力资源格局

第三篇　组织的人力资源开发

第四篇　组织的人力资源管理

第 一 篇

人力资源开发与管理原理

第一章

绪　论

导入案例

中国的现代化与人力资源

进入21世纪是自然性的时间转折，处于这个转折点的中国，正逢经济进一步腾飞、社会迅速走向现代化的良好发展机遇。这一转折给我们每一个中国人带来了机遇，同时也对我们提出了挑战。看看20世纪经济发展获得巨大成功、位居世界经济第一的美国及日本两国的经验，是能够从中找到对我们有所启迪和可供借鉴的东西。可以说，它们的成功很大程度上在于较好地开发和利用了人力资源。

与世界上其他国家相比，我国最大的优势无疑正是数量众多的人力资源。从我国自身的情况看，经济社会发展中最充裕的资源也正是人力资源。从目前宏观发展的格局看，我国不仅是处于从计划经济向市场经济过渡的时期，而且是处于跨越传统社会、走向现代社会的时期。学习西方国家有用的管理文化、扭转长期封建权力文化的影响和彻底克服计划经济体制诸多弊端，大力开发、利用和管理好人力资源，以弥补和替代我们的劣势、增强我们的优势，正是我们“自立于世界民族之林”的唯一选择。

努力克服“人口红利”基本枯竭局面，促进中低端出口经济已经转为扩大内需为经济增长主要推动的中国经济进一步发展，推进“一带一路”全方位走向世界，促进中国“双创”的发展，让我国经济、社会、科技、政治、生态各方面进一步提升和改善，实现繁荣富强的中国梦，都需要大力开发和利用好我们的人力资源，人力、人才，第一资源！

从微观的角度看，人力资源也是各个企事业单位和机关团体的重要财富，对人力资源的开发与管理可以说是微观组织管理的主要内容，这是当今世界的共识。在微观管理的实践中，随着由劳动人事管理向人力资源管理的过渡，形成“人力资源开发与管理”思想理念，在一定意义上已经成为组织管理的核心内容。例如，我国的联想集团的管理工作是“定战略、选班子、带队伍、建文化”，可以看出，人力资源开发与管理工作在其中占据了相当重要乃至核心的地位。华为、苏宁、宝钢等诸多名企的成功，正说明了人力、人才的巨大的价值。

只要我们认识到做好人力资源开发与管理的巨大效用，对国外人力资源开发与管理的成功经验能够虚心学习，并且善于鉴别、合理选择，就能够站在他人的肩膀上，用好我们最宝贵的财富，取得后发优势，迅速腾飞为世界经济强国。

第一节　财富的源泉——人力资源

一、人的自然、社会、经济属性

人，是存在多种属性的客体，具有自然、社会和经济三个方面的性质。这三个属性，不仅各自都是把人作为经济资源所必须认识的前提，而且三者还结合在一起共同发挥作用。下面，分别对这三个方面进行阐述。

（一）人的自然性——生物生命体

首先，人具有自然性。人是自然生态体系中的一部分，是一种生物。人类生命的维持需要从外界摄取食物、取得养分，供人体新陈代谢之用，这是一种生物活动；人类生儿育女、繁衍后代、延续自身，也是一种生物活动；人类群体遵从生物生存、发展的一般规律，处于地球生态环境圈之中，显然也体现着自然生物性。

但是，人作为一种不同于一般群体动物的高级动物类别，其存在又具有社会性，其活动一般都会打上社会的印记。人类的生育活动，一般要通过婚姻、家庭这些社会形式进行；某一社会人口总体的生活水平，取决于该社会的生产力水平，取决于其国民生产总值；该社会之中不同个人所获得的生活资料数量，还取决于该社会的分配方式。因此，这些自然的、生物的活动不能脱离社会单独进行，而显然是要受社会因素的制约。

总之，“人”的运动是一种客观的物质运动，它以生物性为基础，是在一定的社会形式下进行的。人是生物性与社会性的统一。

（二）人的社会性——社会要素与社会关系

人，是一个具有许多规定和关系的丰富的总体。人的多种“规定”，即自然性（生物性）和社会性等；人的多种“关系”，指在人类社会中，社会单元——组织之中和不同的个体之间，会产生各种社会关系。

人们要从事经济活动、政治活动、文化活动、教育活动、科学活动、消费活动、娱乐活动等，就要加入各种经济组织、政治组织、文化组织、教育组织、科学组织等机构之中。人，作为社会活动的承担者，必然与他人发生形形色色的联系，即在某个特定的人身上，存在着各种各样特定的社会关系。例如，某人 A 是科长，他与科员B有领导关系；A作为下级，与厂长C有被领导关系；A是儿子，与父亲D有父子关系；A是丈夫，与妻子E有婚姻关系；A到百货公司去购物，与售货员F有购销的经济关系；等等。按照社会学理论，人具有不同身份，居于不同的社会角色地位；一个人不同身份、不同角色的集合，就是“角色丛”。这样，人也就有着多种社会联系，处于特定“关系网”的集合点。

每个社会的经济活动都是通过各种经济组织运行的，而一般来说经济组织都是由许多人组成，他们之间会形成多方面的社会关系，既包括各种各样的工作关系，也包括形形色色的非工作关系。

（三）人的经济性——生产者与消费者

如上所述，人是具有多种自然属性、社会属性的综合体。人类的自然属性、社会属性，均涉及人的经济活动，即经济性也成为人的一个极为重要的属性。这是因为人类的经济行为，其目的是从外部世界中取得自身生存和发展的物质资料；其核心是以最少的耗费换取最多的收获；其行动往往是组成社会群体或经济单位来进行。

从人类社会运动的总体看，人的经济性包括两个方面：其一是从事社会生产活动；其二是对于社会生产成果的消费。我们知道，人们所消费的物资来源于生产，人的消费活动又是生产活动的延续，因此，人们所看待的经济，通常是指第一个方面——生产。从事第一方面活动（生产）的主体，是作为劳动者的人，即人力资源；从事第二方面活动（消费）的主体，是具有生命性的人口总体。

二、“人”与资源

（一）要素与资源

经济学常识告诉我们，要进行社会经济活动，必须具备一定的要素前提。英国古典政治经济学创始人威廉·配第（W. Petty）指出，“劳动是财富之父，土地是财富之母”。这说明，经济学最初认识到的要素有“劳动”和“土地”。所谓资源，是指“某种可备以利用，提供资助或满足需要的东西”[①]。因此，要素也就是资源，“土地”要素，代表的是从事社会劳动所需要的物质性资源；“劳动”要素，指的是从事社会劳动所需要的人力资源。“人力”的物质实体，存在于人的身上，自然生命体状态的“人”是人力资源赖以存在和发展的条件，是推动物质资源的主体。

而后，经济学在“土地（物质资源）”“劳动（人力资源）”要素之外，又增添了“资本”“企业家才能”两个要素。“企业家才能”是指对其他三个要素进行配置和使用的管理能力。

（二）现代经济管理的资源

从现代经济管理的角度看，经济活动有六个要素或六项资源，这包括：物质资

---

① ［美］赫伯特·S. 帕纳斯．人力资源．哈尔滨：黑龙江教育出版社，1990：1.

源、人力资源、资本、管理、技术和信息。

在现代社会，尤其是当今世界经济全球化、科学技术迅速转化为生产力、产业结构大调整和经济竞争全面加剧的情况下，经济管理有着以下特征：第一，经济结构现代化，这表现为产业结构的升级，对劳动者的要求多样化并不断发生变化；第二，经济效益在提高，这要求劳动者的素质越来越高；第三，经济竞争全面加剧，人们发现，经济竞争成败的根源在于科学技术，科技竞争的根源又在于人才，这就促使各个经济单位的管理越来越“以人为本”。在这样的情况下，人力资源就起着越来越重要的作用，甚至被人们看作是最根本的资源。

（三）人力成为重要的经济资源

“人力”这种资源是否被配置、被运用了？是否配置在合适的岗位上？其自身是否有充足的动力？其工作能力是否能够得到较充分的发挥？显然，不同的人力资源状态及对人力资源配置和使用的不同状态，会产生不同的后果，导致不同的产出、具有不同的效益。应当指出，人力资源是具有思想性、能动性的资源，要取得人力资源的最大产出与最大效益，必须在宏观、微观、自然、社会、经济多层面做出努力，在理论上也应给予必要的重视。

在长期的经济管理的实践中，人们对劳动、对作为劳动者的人进行着管理，也形成了一定的学说，例如19世纪末的泰勒制、20世纪30年代的行为科学学说等。第二次世界大战结束后，各国的经济和管理都有了一定的发展，60年代以后出现了“管理科学的丛林”，包括由多种内容组成的新人际关系学说。

早在20世纪50年代，毛泽东就指出，妇女是一种人力资源。美国著名的管理学大师彼得·德鲁克（Peter F. Drucker）① 也是在20世纪50年代从管理学的角度提出了人力资源的概念，是指经理们必须考虑的具有“特殊资产”的资源，“和其他所有资源相比较而言，唯一的区别就是它是人”②。

20世纪50年代末至60年代，人力资本理论开始形成，并获得较大的发展。这说明经济学家和政府都看到了人力要素在国民经济中的重要作用，他们高度重视人力资源，力图通过对人力的投资来取得更大收益，维持和促进经济的增长。

人力资源是关系着各国经济社会发展的重大问题，也是引起国际社会高度关注和重视的普遍性问题，研究人力资源问题的现实意义巨大。搞好人力资源的开发、利用和管理，成为关系到国民经济的发展、关系到经济现代化进程的一项战略性的任务。21世纪的第一个年头，著名的国际组织——亚太经合组织（APEC）年会在中国召开，中心议题就是人力资源能力开发问题。

三、现代人力资源开发与管理的特征

从经济社会生活的角度看，现代的人力资源开发与管理都具有立意的战略性、

① 一些著作中将此人名翻译为杜拉克。

② 赵曙明．人力资源管理研究．北京：中国人民大学出版社，2001：7.

内容的广泛性、主体（管理者）的全员性、对象的目的性、手段的人道性和结果的效益性。经济发达国家的大公司和我国改革开放以来的成功企业在人力资源开发与管理方面明显地反映出上述特征。这里从微观经济活动细胞——组织的角度对上述特征进行阐述。

（一）人力资源开发与管理立意的战略性

人力资源在现代组织中的职能和作用至关重要，因此，管理学家和管理实践者将人力资源管理、市场管理、财务管理和生产管理视为企业的四大运营职能。在当今世界市场领先和市场营销人员比重很大的情况下，在虚拟生产方式出现后对管理的要求非常高的情况下，在技术竞争非常残酷和技术作用重大的情况下，经营管理人才、技术人才的作用进一步增强，人力资源开发与管理的作用就更为重要。因此，许多组织的经营决策层把人力资源看作“第一资源”，把人力资源开发与管理工作放在组织战略的高度。由此，人力资源开发与管理部门的地位也随之日益提高，可以说已经处于组织战略的高度，并能够在一定程度上参与组织的决策。

（二）人力资源开发与管理内容的广泛性

随着时代的发展，人力资源开发与管理的范围日趋扩大，其内容在泛化。现代组织的人力资源范畴包括相当广泛的内容，除去以往的招聘、薪酬、考核、劳资关系等人事管理内容外，还把与“人”有关的大量内容纳入其范围，诸如机构的设计、职位的设置、人才的吸引、领导者的任用、员工激励、培训与发展、组织文化、团队建设、组织发展等。

（三）人力资源开发与管理主体的全员性

在传统的劳动人事管理之中，管理者是专职的劳动人事部门人员。这种管理主体的单一化特征，有着分工明确、责任落实的优点，但其管理往往刻板化、行政化，缺乏组织之中其他方面的支持，而且往往与其管理对象——员工处于对立状态。

在现代的人力资源开发与管理活动中，管理主体由多方面的人员所组成，可以说是“全员管理”，管理主体不仅包括了各单位的“一把手”，还包括了一般员工。员工们都成为管理主体这一点说明它与传统的管理相比有了质变，这一新的格局能够带来非常积极的人力资源开发与管理格局，并能够取得人力资源开发与管理的巨大成效。具体来说，各个管理主体的角色和职能是：

（1）直线经理。各个部门的管理者即“直线经理”（link manager），他们从事着大量的日常人力资源开发与管理工作，甚至是组织人力资源开发与管理工作的主要内容。

（2）高层领导者。许多组织的高层领导相当重视并积极参与人力资源开发与管理，在组织的宏观和战略层面上把握人力资源开发与管理活动，有时还直接主持人力资源开发与管理的关键性工作，例如参与人才招聘、进行人事调配、决定年终分配等。

（3）一般员工。在现代组织中，广大员工不仅以主人翁的姿态做好本职工作、管理自身，而且以主人翁的角色积极参与管理，并且在诸多场合发挥管理者的作用，例如在全面质量管理（TQM）中对其他人员错误的纠正、对自己的上级和同级人员的考核打分等。

（4）人力资源部门人员。组织中人力资源部门的人员，除了积极从事自身的专职人力资源开发与管理工作外，还作为组织高层决策的专业顾问和对其他部门进行人力资源开发与管理工作指导的技术专家，并对整个组织的人力资源开发与管理活动进行协调和整合。

（四）人力资源开发与管理手段的人道性

在人力资源概念提出后，人们对“人力”这一要素增加了“人”（human）的属性。与以往的人事管理相比，对人力资源的开发与管理是以人为中心的，其方法和手段有着诸多的人道主义色彩。诸如员工参与管理制度、员工合理化建议制度、目标管理方法、工作再设计、工作生活质量运动、自我考评法、职业生涯规划、新员工导师制、灵活工作制度、员工福利的选择制等。

（五）人力资源开发与管理结果的效益性

传统的劳动人事管理，是完成组织行政工作的执行性工作，在劳动人事管理中缺乏经济观念。

在现代组织中，人们普遍有着经济衡量理念和管理活动的效益原则，注重投入和产出的关系。有着大量现代理论知识和实践经验的经营管理者，把人视为高于其他资源的最有价值的资产，认识到“人是资本，对人力资源的投入越大，回报就越高”。因此，经营管理者就把人力资源开发与管理放在重要的和经常性工作的位置上，愿意对人力资源及人力资源开发与管理活动进行投入，以期取得较高的业绩回报，人力资源会计也应运而生。

进一步来说，经营管理专家和管理学家认识到人力资源开发与管理的效益，还从多方面进行管理创新和理论创新，以充分发挥人力资源的创富价值，例如德鲁克提出的目标管理（MBO）、彼得·圣吉提出的塑造各阶层人员的学习型组织、彼得斯的调动人的潜能、深化认识人性的成功公司管理八原则①、提高工作质量的六西格玛方法等。

第二节 人力资源范畴

一、人力资源的概念和内容

人力资源（human resource），也称“人类资源”“劳动力资源”“劳动资源”，

① 郭咸纲．西方管理思想史．北京：经济管理出版社，2002：369－372.

是指一定范围内的人所具备的劳动能力的总和。这种劳动能力，构成从事社会生产和经营活动的要素条件，是一种社会经济活动的客体。

一个社会的人力资源，由下列八个部分构成①：

(1) 处于劳动年龄之内、正在从事社会劳动的人口。它占据人力资源的大部分，可称为“适龄就业人口”。

(2) 尚未达到劳动年龄、已经从事社会劳动的人口，即“未成年劳动者”或“未成年就业人口”。

(3) 已经超过劳动年龄、继续从事社会劳动的人口，即“老年劳动者”或“老年就业人口”。

(4) 处于劳动年龄之内、具有劳动能力并要求参加社会劳动的人口。这部分可以称为“求业人口”。

(5) 处于劳动年龄之内、正在从事学习的人口，即“就学人口”。

(6) 处于劳动年龄之内、正在从事家务劳动的人口，即“家务劳动人口”。

(7) 处于劳动年龄之内、正在军队服役的人口，即“军队服役人口”。

(8) 处于劳动年龄之内的其他人口。

上述八个部分统称劳动力人口，即人力资源（图1-1中标记①～⑧的部分）。其中前三部分构成“就业人口”总体；前四部分是“经济活动人口”，构成现实的社会人力资源供给，这是直接的、已经开发的人力资源；后四部分并未构成现实的社会人力资源供给，是尚未开发、处于潜在形态的人力资源。

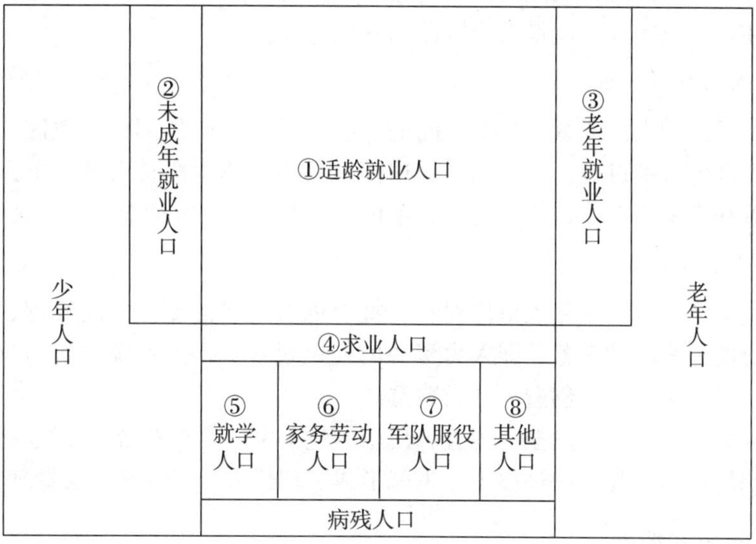

图1-1 人力资源构成

① 姚裕群．人力资源概论．北京：中国劳动出版社，1992：47-49.

二、人力资源运动

从人力资源的经济运动过程来看，包括生产（形成）、发掘、配置、使用四个环节。与物质资源运动相比，人力资源运动有一定的特性，即它是作为主体资源，自动地参与总体运动过程的各个环节；二者也有一定的共性，即人力资源作为一种资源，是一种客体，也具有对象性。

人力资源的运动主要包括下述四个环节。

（一）人力资源生产

一个新的生命出生，经过十余年的生长、发育、接受教育，成长为具有一定体质、智力、知识、技能的人，即具备了各种劳动能力的人。这对于社会经济运动来说，成为一种资源，即人力资源。这就是人力资源的生产过程。

（二）人力资源发掘

人力资源存在于两种不同条件之下：一种是已经进入经济活动领域的资源，即“现实人力资源”，它表现为在业人口与求业人口的总和，换言之，表现为一个社会的人力资源供给，即“经济活动人口”；另一种是尚未进入经济活动领域的资源，即“潜在人力资源”，它表现为具有一定的劳动能力，但尚未谋求职业的就学人口、家务劳动人口等非可供劳动力人口。现实人力资源即已经开发的人力资源，潜在人力资源即尚未开发的人力资源。

潜在人力资源向现实人力资源的转化，一般是一定的主体对其资源性质进行认识和作出使用的决策，这就是人力资源的发掘过程。

（三）人力资源配置

社会将不同的人力资源，根据不同的需要，投向不同的部门、地区、职业，这就是人力资源的分配过程。具体来说，这体现在用人单位招聘人员和个人选择职业的人力资源初次配置上，也体现在用人单位人员调配和个人职业流动的再配置上。

（四）人力资源使用

各个经济活动部门和用人单位对自己拥有的劳动者的能力加以发挥、运用，使其完成自身的经济活动任务，即人力资源的使用过程。人力资源的使用成果，是创造了各种产品和劳务，即创造了社会财富。

在对人力资源生产、发掘、配置、使用的过程中，存在着诸多开发与管理问题。在对这些问题的研究和解决过程中，也就形成了现代人力资源开发与管理学科。

三、人力资源的特点

人力资源的实体是人，或者说是负载于“人”这种有思想、有价值判断的社会动物身上。作为社会经济资源中的一个特殊种类，人力资源有着诸多不同于物质资源的特点。研究人力资源的特点，对于正确和深入把握这一范畴是非常重要的。

（一）人力资源的基本特点

人力资源的基本特点，包括生物性和社会性两个方面。

1. 生物性

人力资源存在于人体之中，是一种“活”的资源，它与人的自然生理特征相联系。这一特点是人力资源最基本的特点。人力资源的生产，基于人口再生产这种生命过程，其接受教育也需要一定的智力自然前提；人力资源的使用，更受到人的自然生命特征的限制，如身体疲劳程度、人身安全、劳动卫生、工作时间等。

从人力资源周期运行的角度看，人力资源的生物性还体现为人力资源的再生性，其再生性是通过人口总体内各个个体的不断替换更新和“人力资源耗费→人力资源生产→人力资源再次耗费→人力资源再次生产”的过程得以实现的。

2. 社会性

人力资源具有社会性。从一般意义上说，人口、人的劳动能力和“人力”这种资源，都是人类社会活动的结果，又都构成人类社会活动的前提。从社会经济运动的角度看，人类劳动是群体性劳动，不同的人一般都分别处于各个劳动组织之中，这构成了人力资源社会性的微观基础。从宏观上看，人力资源是处于一定社会范围的，它的形成要依赖社会，它的配置要通过社会，它的使用要处于社会的劳动分工体系之中。

对于人力资源的使用，从直接的角度看，是属于某一个社会经济单位的具体的事。但是，社会对于这种活的、能动性资源，提供了开发和管理的外部条件和市场，并在一定程度上构成其竞争环境。

（二）人力资源的资源特点

1. 智能性

人力资源包含着智力的内容，即具有智能性，这使得它具有强大的功能。因为，人类创造了工具、创造了机器，把物质资料改造成为自己的手段，即通过自己的智力使自身人体器官得到延长和放大，从而使得自身的能力无限扩大，推动数量巨大的物质资源，取得巨大的效益。在当今科学技术日新月异、社会已经进入知识经济时代的情况下，人力资源的智能性就不仅仅是具有“效益巨大”的优异性，而且关系着个人、用人单位乃至国家的生死存亡，具有须臾不可离的重要特征。

人类的智力具有继承性，这使得人力资源所具有的劳动能力随着时间的推移，得以积累、延续和进一步增强。

2. 个体差异性

个体差异性，即不同的人力资源个体在知识技能条件、劳动参与率倾向、劳动供给方向、工作动力、工作行为特征等方面均有一定的差异。人的个体差异性，会导致社会人力资源需求岗位对其的选择产生一定的差异。

市场配置人力资源，可以在微观层次上通过个人与用人单位的相互选择，完成有差异和有针对性的配置，从而达到人力资源的优化配置，达到人力资源与物质资源及资本的合理配置，取得较好的经济效益和社会效益。

3. 时效性

人力资源具有时效性，它的形成、生产、开发、使用，都具有时间方面的限制。

作为生物有机体的人有其生命周期，能够从事劳动的自然时间被限定在其中一段。人在能够从事劳动的青年、壮年、老年的不同时期，其劳动能力也有所不同。

从社会的角度看，在各个年龄组人口的数量以及它们之间的联系方面，特别是劳动人口与被抚养人口的比例方面，也存在着时效性的问题。由此，就需要考虑动态条件下社会人力资源总体在形成、开发、分配、使用等各项运动环节的相对平稳性以及合理的超前性。

（三）人力资源的主体特点

1. 动力性

人力资源的动力性，即其主体推动性。经济运行的主体，可以划分为个人、用人单位和社会三个层次，其中个人是这三个层次中根本的层次。人力资源之所以作为主体资源，正是因为它具有动力特征，能够对物质资源加以推动和运用。人力资源与资本要素、物质要素的关系及结合，均对经济的运行及效果产生重大影响，因而也成为用人单位与社会（可以把政府看作代表）管理行为的重要对象。

具体来说，人力资源的动力性不仅是“发挥动力”，并由此产生工作绩效，而且有“自我强化”的内容，即人们通过自身有目的的积极行为，接受教育培训，积累经验，使自身获得更高的工作能力。

2. 自我选择性

自我选择是人力资源动力性的延伸。“人”具有社会意识，这种意识是其对自身和外界具有清晰看法、对自身行动作出抉择、调节自身与外部关系的意识。由于人具有社会意识，而且作为劳动者的人在社会生产中又居于主体地位，使得人力资源具有能动的选择性。人作为主体性资源，在构成劳动供给与否和劳动供给的投入方向方面，是有着自主决定权与选择偏好的，“选择的意义在于选取所偏爱的方案”①，上述决定权与选择偏好表现为：个人“想不想或要求不要求就业”“到什么岗位上去就业”“就业时间多长、工作强度多大”。国际劳工组织指出，就业应当达到自由选择。人的自我选择性，也是用人单位选择人力资源和政府从宏观上配置资源所必须考虑的因素。

平等竞争的市场经济体制，对人力资源的自我选择性有比较充分的保障，从而有利于人力资源的自主配置。

在经济发展水平不同的国家和地区，人的知识技能水平与价值观、自我意识也不同，自我选择性也有一定的差别。一般来说，经济社会发展水平低的国家和地区，人的自我选择性就较弱；经济社会发展水平高的国家和地区，人的自我选择性就较强。

---

① [英] 安东尼·德·雅赛．重申自由主义．北京：中国社会科学出版社，1997：75，80－83.

3. 非经济性

非经济性即人作为生产要素的供给，除了追求经济利益之外，还有非经济方面的考虑。人的职业选择、劳动付出往往与职业的社会地位、工作的稳定性、晋升机会、管理特点、工作条件、个人兴趣爱好、技能水平等非经济、非收入因素相关联。在经济发展水平比较低的社会，人们重谋生，对非经济利益的考虑较少、要求较低；在经济发展水平比较高的社会，“衣食足而知荣辱”，人们对于非经济利益的考虑就会较多，强度也较大。

在市场经济体制下，用人单位追求利益最大化，必然受到员工的非经济因素的制约。在宏观层次上，政府要顾及社会就业、公众的生活、社会保障等问题，因而必然会在一定程度上考虑人的非经济需求。

第三节 人力资源结构

一、人力资源结构总析

人力资源结构，是指一个国家或地区的人力资源总体在不同方面的分布或构成。从总体上看，这种结构分为自然结构、社会结构和经济结构三大方面。具体来说，人力资源的自然结构，包括年龄、性别、种族与民族方面的结构；人力资源的社会结构，包括教育水平、文化类别、宗教信仰、职业、社会地位阶层、组织内雇用等方面的结构；人力资源的经济结构，包括产业部门、职务分工、工作技能、地区、城乡、组织类别、产权、企业规模等方面的结构。

由于人口是人力资源的自然物质前提，决定人力资源结构的最基本因素，就是人口的结构。此外，社会的经济状况（包括经济发展水平、经济结构、经济关系）、教育程度、自然地理条件等方面因素，也在不同程度上对人力资源结构及变动产生着影响。

人力资源结构的不同，反映了人力资源总体及其内部的不同性质与状态，这构成社会对于人力资源开发与管理的一项基础。

以上论述了人力资源结构的不同方面，这些方面不是孤立存在的，而是相互交织在一起的。在研究人力资源的结构问题时，往往把它们结合起来。

二、人力资源的自然结构

（一）人力资源的年龄结构

如前所述，一个社会的人力资源，其总体的年龄界限是男性 16 岁～60 岁，女性 16 岁～55 岁。从与从事社会劳动有关的自然生理特征方面看，人力资源还可以划分为青年、成年、老年三部分。对于人力资源的年龄划分，青年部分为 16 岁～25

岁，成年部分为 26 岁～50 岁（男性）或 26 岁～45 岁（女性），老年部分为 45 岁（女性）或 50 岁（男性）以上。同一总体内不同年龄的人力资源的比例，构成人力资源的年龄结构。人力资源的年龄结构，是由人口的年龄构成所决定的。

人的青年期，处于身体继续发育以至成熟的阶段，智力水平在这个阶段也大幅度提高。尽管这个时期人的职业劳动能力可能并不强，但是其使用年限比较长，学习能力比较强，适应性比较好，流动性比较大，因而开发的潜力比较大。人的成年阶段，体质、智力都达到比较稳定的高峰阶段，是一生中的黄金时代。作为成年的人力资源，其劳动能力最强，技术水平最高，生产管理经验也比较丰富，创造发明在这个时期也最多，“年富力强”，是人力资源效用最高的时期。人的老年阶段，体质、智力都开始下降，生理上处于衰退期。一般老年人力资源的劳动能力，特别是实际操作方面的能力已经不如以往，但是其长期积累的各方面知识、经验都比较丰富，具有一定的代偿性。

（二）人力资源的性别结构

众所周知，男性与女性在生理方面存在很大的差异，这使他们在从事社会经济活动和对不同职业的适应能力方面，都有很大的不同。一般来说，男性人力资源比女性人力资源的劳动能力强、参与率高、适应性强、参加社会劳动的年限长、家务劳动的负担少、流动性强。现在需要进一步加强对女性人力资源的开发和利用，解决好妇女就业问题与获得职业后的工作管理。

妇女的劳动参与率和就业率取决于许多因素，诸如社会对人力资源的需求总量、社会需要的具体岗位、女性的生理特点、妇女的受教育程度与技能状况、家庭的收入与消费状况、男性人力资源的供给量，以及社会风俗习惯、政治考虑等。教育对扩大妇女就业至关重要。

协调好工作与家庭的关系，是现代管理中搞好员工职业管理的重要内容。

三、人力资源的社会结构

（一）人力资源的教育结构

一般来说，人力资源在体质方面的差异不会过大，因此，人力资源的质量结构主要就在于“智力”方面，这体现在劳动力人口、特别是经济活动人口的受教育水平上。通常来说，人力资源的质量结构是以文化程度划分的“文盲、小学、初中、高中、大学以及以上”各个等级劳动力人口的比例。此外，社会劳动者的职业技能不同等级的比例，也是人力资源质量结构的一个方面。

不同的社会经济状况，不同的生产力发展水平，要求有不同的人力资源质量相适应。一般来说，经济越发达，要求的高质量人力资源数量越多、比例越大。但是，也不能脱离现实的生产力水平，简单地认为高质量人力资源数量越多越好、比例越大越好。因为超越了社会经济客观需要的过多的高质量人力资源，不能充分发挥作用，其中一部分不得不从事质量要求较低的劳动，就会降低高质量人力资源的效用，浪费一部分高质量人力资源，并浪费社会与个人的教育投资，这显然是违反经济原则的。大学生失业就是对人才资源的浪费。

由于高质量人力资源不同类别之间的替代性较差，因而合理的人力资源质量结构不仅要求不同等级的人力资源处于一种适宜的比例，而且要求各个等级人力资源内部从事不同类型职业劳动的人力资源比例也比较协调。否则，此长彼短，就可能会造成人力资源结构性失业的浪费。

（二）人力资源的职业结构

职业，是人们所从事工作的种类，是人力资源的生活方式。职业是有着不同门类的。我国古代将职业分为“士、农、工、商”四大阶层，如今人们所说的“三教九流”“三百六十行”也是对职业结构的形象概括。职业因其不同的劳动内容、不同的劳动方法、不同的劳动对象和不同的劳动条件与环境，而存在着很大差异，因而也就有了职业的分类，有了人们对社会职业的评价和不同选择。

从社会的角度看，职业分类是根据工作内容、工作方法、工作对象和工作环境的特点而划分的，简言之是“工作的同一性”。按照国际劳工组织的标准，职业分为八个大类，在八大类下面还分为若干层次和不同种类。这种职业结构反映了人们的社会选择，也反映了一定的经济、社会、文化发展状况。加拿大的《职业岗位分类词典》是一个体系全面、应用性强的职业分类工具书的典范。我国参考国际标准编制了《中华人民共和国职业分类大典》，将职业分为大类、中类、小类三个层次，下属还有细类（工种）。其中大类有以下八个：(1) 国家机关、党群组织、企业、事业单位负责人；(2) 专业技术人员；(3) 办事人员和有关人员；(4) 商业、服务业人员；(5) 农、林、牧、渔、水利业生产人员；(6) 生产、运输设备操作人员及有关人员；(7) 军人；(8) 不便分类的其他从业人员。

上述八类职业，可以进一步归纳为体力劳动和脑力劳动两大类别。人类社会的发展，是一个脑力劳动性职业比重不断加大的过程；在脑力劳动者中，教授、工程师、律师、医生、高层行政管理人员等高级部分比低级部分的增长更快一些。上述职业结构的变动，反映了人类劳动方式的进步。

四、人力资源的经济结构

（一）人力资源的产业结构

人力资源产业结构的第一个层次是三大产业的结构，第二个层次是部门结构，我国的部门结构包括 16 个大类。

产业结构的转移是一种历史趋势，在经济社会迅速发展的情况下，各国的产业结构都有着明显的变动。这决定了经济社会发展的大格局，也决定了各国人力资源开发与管理的基本面貌。自觉地进行产业结构的调整，是开发与管理好人力资源最基本的任务之一。

产业结构变迁的一般规律，首先是由第一产业（广义农业）流向第二产业和第三产业，然后由第一产业、第二产业流向第三产业。

农业劳动生产率的大幅度提高，是第一产业人力资源向第二、第三产业转移的前提。农业生产率提高后，可以节约从事农业生产的人力资源，这就使得农业就业人员的相对比例下降；随着农业生产率的进一步提高，农业就业人员的绝对数量也开始减少。

人力资源在第二产业就业的比例是与工业的迅速发展相联系的，一般经过相当长时间的增长，达到40%～50%后又有所下降。这是因为，随着先进技术的应用和传统工业部门的淘汰等，工业劳动生产率大幅度提高，工业物质产品数量极大，从而在工业部门就业的人力资源人数减少，工业的比重逐步下降。

从世界各国发展规律的角度看，第三产业人力资源的比重一直呈上升趋势。第一产业、第二产业的劳动生产率提高，具备了人员富余和向第三产业转移的可能。实际上，在第二产业就业比重还在增加时，第三产业的就业比重就已经开始增加了。随着人力资源在第一产业比重的大幅度下降和在第二产业的比重由增加到减少，在第三产业就业的比重就大大提高。在经济发达国家，第三产业就业的比重已经达到50%以上，有的甚至高达70%以上。一般来说，第三产业就业比重高是一国经济发达的表现。

（二）人力资源的地区结构

人力资源的地区结构，即人力资源在不同地区的分布，它可以从行政区划、经济区划和自然地理区划等不同方面区分。人力资源的地区结构，基本上取决于人口的地区分布。研究人力资源的总况及年龄结构、性别结构、质量结构等，都要以人力资源的地区分布为基础，实现人力资源年龄、性别、质量结构的合理化，也都离不开人力资源的地区合理分布。

为了达到人力资源合理分布的目标，要基于各地区经济发展的短期和长期需求及人力资源的现实状况，对人力资源进行规划。此外，还应该考虑人口与人力资源在总量方面和地区间分布的变动，从而对人力资源进行合理配置。

长期以来，我国存在着东南地区人力资源密集、人才富集而西北地区人力资源稀少、人才匮乏且外流的局面。改革开放以来，由于利益机制的诱导，人才“一江春水向东流”的状况进一步加剧。为了实现西部大开发战略性任务，强化对中西部人力资源、人才资源的配置，就成为我国的重要任务。

（三）人力资源的城乡结构

人力资源的城乡结构也是人力资源经济结构的一个重要方面。人力资源城乡结构由人口的城乡分布所决定，并且受到城乡间人口流动的影响，它反映了一个社会经济发展的总体水平，反映了该社会农业部门和非农业部门发展的状况。

农村以从事农业经济活动为主，城镇以从事非农业，即第二产业、第三产业为主。城市和农村的人力资源供给是满足城市和农村经济活动所需要的条件；人力资源在城乡间的流动，则是调节人力资源在城乡分布的途径。

人力资源城乡结构的变化，以农村人力资源进入城市为主要流向。我国从20世纪90年代以来，出现了农村人力资源大规模向城市流动的现象，存在较大盲目性的“民工潮”问题；进入21世纪后，我国因经济发展和农民进城务工相对收益差等原因，又出现了“民工荒”现象。为此，国家进行了多方面的调节，以促进城乡人力资源结构的合理化。

中国共产党十八大以来，我国注重推行“人的城镇化”，即强化农村人力资源向城镇转移中的社会公平。

（四）人力资源的组织内部结构

人力资源的组织内部结构，是指用人单位内部的员工结构。

从微观组织的内部等级角度看，人力资源的职业可以分为决策层、管理层和操作层三个层次。它们在组织之中起着不同的作用，也有着不同的工作氛围与工作模式，并在一定的组织内构成雇佣关系或劳动关系。一般情况下，员工的人数比例是上面层次的少，下面层次的多，这实际上是一种金字塔形结构。从经济社会发展的角度看，早期的金字塔层次更多，导致人的差距较大、沟通较难；现代社会组织中职业微观层次减少、差距缩小，呈现出“扁平化”的格局。

从工作内容的角度看，不同类型组织的员工结构有所不同。以制造业生产企业为例，一般包括生产工人、技术人员、管理人员、服务人员四类员工。

在商贸企业中，一般有市场调查人员、策划人员、营销人员、物流保管人员、广告设计人员、经营管理人员等。

在研究与发展部门，则一般有市场调查人员、理论研究人员、新产品开发研究人员、审核检验与试用人员、管理人员、服务人员等。

第四节　现代人力资源开发与管理环境

一、人力资源开发与管理的公共环境

按照PEST分析法，我们从总体上把影响人力资源开发与管理的诸多社会大环境因素即公共环境，归结为政治、经济、社会、技术四个基本方面。

（一）政治因素（P）

一个国家的政治制度、经济社会发展规划、经济政策和产业政策、社会法制状况、劳动立法、政府人力资源开发与管理及有关方面的规章制度、工会发展状况等，对组织的人力资源开发与管理都有一定的影响。

（二）经济因素（E）

经济因素对于人力资源开发与管理的影响是直接的，也是非常重大的。具体来

说，一个国家的经济增长水平、各个产业的发展状况、社会投资状况、就业状况、通货膨胀状况、进出口状况、社会工资水平与收入差距情况、市场与居民消费状况等，都对人力资源开发与管理有着影响。特别是经济竞争因素对于人力资源开发与管理影响更大，因为竞争状况直接决定了各个组织人力资源开发的管理理念与用人模式。

（三）社会因素（S）

人是生活在社会中的，社会的文化价值观与人的职业观念、道德水平等，都会对人力资源开发与管理产生影响。例如，具有“忠”文化的日本，在组织管理中就有终身雇佣、年功序列工资、家族主义和企业工会制等特征。

（四）技术因素（T）

一个社会的技术水平因素，对人力资源开发与管理也有着一定的影响。因为技术本身就和人力资源一起构成生产要素，在组织的资源配置中成为相互关联的一对，组织可以就此进行选择与替代。进而，技术的进步要求组织提供教育培训，以提高现有人力资源的素质，或者对其个体进行更新。在技术更新速度快的情况下，还会导致人力资源的较大流动。此外，现代技术的发展，直接为人力资源开发与管理提供了先进的手段。

二、人力资源开发与管理的组织环境

（一）人力资源开发与管理的市场环境

微观组织的人力资源的开发与管理活动，是从市场中获得人力资源开始的，因此，社会的人力资源市场状况也就成为各个组织进行人力资源开发与管理的前提条件。进一步来说，组织的人力资源市场格局，即组织处于买方市场还是卖方市场，对其人力资源开发与管理的工作内容、组织机构、理念模式、管理手段和技术方法的选择，都有重大的影响。

（二）人力资源开发与管理的组织内部环境

在组织内部，也有多种影响人力资源开发与管理的因素，包括一个组织的结构、组织制度与组织文化、组织的发展战略、组织的业务性质特点、组织的员工结构、组织领导者的水平和管理风格、组织内部的劳动关系因素等。例如，一个从事市场营销工作的组织，采取目标管理模式比通过出勤打卡制度约束更为适宜。

本章小结

本章从自然、社会和经济三个方面阐述了“人”的属性，分析了现代人力资源开发与管理的五大特征，阐述了人力资源的概念和内容、人力资源运动、人力资源的特点，分析了其自然、社会和经济各方面的结构，并对人力资源开发与管理的环境进行了分析。通过本章的学习，学员可以对人力资源学科范畴和人力资源开发与管理的总体局面有进一步的认识。

关键概念

资源	人力资源	人力资源特点
人力资源结构	职业分类	PEST 分析法

思考讨论题

1. 什么是资源？经济资源包括哪些内容？为什么说“人”也成了资源？
2. 简析人力资源的概念与运动环节。
3. 分析人力资源的特点，并将其与物质资源和一般生物性资源进行对比。
4. 应当从哪些方面分析人力资源的结构？
5. 影响人力资源开发与管理的环境有哪些？

第二章
人力资源个体分析

导入案例

兄弟姐妹哪个好？

什么事物最难以把握、最难以管理？可以说，就是人力资源。管理学家和心理学家告诉我们，人是千姿百态的，人与人之间的差异是众多的，也可能是巨大的。要搞好人力资源开发与管理，必须对个体的人力资源进行深入分析。

现代心理学指出，人的差异表现在能力、个性和心态方面，即“知、情、意”三个方面。因此，国外学者就创立了智商、情商（情感智力）和心商（主要为挫折商）的学说。我们经常看到，员工的工作态度、工作风格和工作成果不同，即不同人力资源的个体间存在着差异，这些都是人力资源开发与管理者需要深入研究和把握的。

现代管理者的最大挑战之一，就是要知道怎样和员工打交道。因此，了解每位员工是十分重要的。深入了解员工有许多方法。在这一问题上，有些学者建议管理者用 BORA 法（birth-order rank analysis，出生排行次序分等分析法）来确定员工是什么样的人。例如，兄弟中的大哥工作努力，能较好地鼓舞和带动别人，并希望自己获得权力；兄妹中的大哥能服从领导，待人宽容，关心下属；姐妹中的小妹可能有点古怪，自负，容易轻信他人，情绪易波动，往往因受宠而难以管理和相处；兄妹中的妹妹是“林妹妹”，如果有别人指导，她是最理想的工作者。可见，这些个人情况是复杂的，组织要想更好地使用人力资源，应当全方位地了解个人、把握个人。

第一节　人的能力

一、能力要素的内容

所谓“能力”，是指人们顺利实现某种活动的心理条件。研究人力资源，根本目的是运用“人”的这种能力。从现实应用的形态看，能力要素包括体力、智力、知识、技能四部分。体力、智力、知识、技能四者的不同组合，形成人力资源多样化的丰富内容。人力资源拥有的体力、智力、知识和技能，使其具有推动物质资源的各种具体能力。

（一）体力要素

体力是人的身体素质，从一般意义上说，体力包括力量、耐力（持久力）、速度、灵敏度、柔韧度等人体运动生理指标；从劳动的角度来看，还应当包括对外界的适应能力、劳动负荷能力和消除疲劳的能力。体力在人力资源总体能力中处于基础的地位。

所谓基础，有两层意义：其一，它是人们劳动、人体做功时能量消耗的物质提供者，也是能量补充的承担者；其二，它是人体获得智力、知识、技能和在劳动中发挥智力、运用知识技能的基础。一般来说，没有比较健康的身体，难以从事正常的社会劳动，也难以继续提高智力、知识、技能水平。

（二）智力要素

1. 智力的含义

智力是一个既非常重要又相当复杂的范畴。世界上关于智力的定义多达数百种。从总体上看，智力是指人认识客观事物、运用知识、解决实际问题的能力，也就是人的聪明程度。对于智力的内容和本质，人们有着不同的说法。根据现代脑生理学的研究，人的大脑可以分为四个功能区：感觉区、记忆区、判断区、想象区。心理学家在分析智力结构时，一般都承认它包括感知力（特别是其中的观察力）、记忆力、思维力、想象力这四个方面。有的学者把思维力分为判断力、思考力，或者称为逻辑思维能力、逻辑推理能力；有的学者还在这四种“力”之外再加上实践能力；等等。上述四种“力”具有科学实证的基础，而且也比较全面地反映了人们认识事物、运用知识、解决问题的内容。这四种“力”在人们头脑中的不同搭配、不同组合，就是智力的结构。

人的智力有高有低，反映了人力资源能力的不同。对于智力水平的衡量，采用心理学智力测验结果的“智商”（IQ）指标。一般来说，人的智商水平呈现正态分布状态，100 分为标准平均状态，在 90 分～109 分之间属于正常智力，分数越高，智力水平就越高。

2. 智力要素分析

在智力的四要素中，感知力起着智力活动前提的作用，或者说，是智力的初始环节。外界事物是通过人的感官进入大脑的。如果一个人的感知力差，不能从外界及时、准确地获得信息，他就不能正确地进行思维。记忆力在智力活动中如同电子计算机的存储器，它对从外界感知的信息进行分类整理，分别存入大脑细胞之中。思维力是智力活动的核心内容，它包括归纳、概括、抽象、类比、具体化（形象化）、判断、演绎推理等。显然，在智力结构中思维力最为重要，人们通常说的“聪明”，主要就是指思维能力强。想象力则如同智力活动的“翅膀”，它包括根据原有事物的模式想象出具体事物的再造想象和在人的头脑中构成新事物模式的创造想象。

我国著名人才学和人事管理学家王通讯把智力总体分为智力 1 和智力 2。其中智力 1 即通常说的智力，亦即基本智力；智力 2 则是社会智力，包括规划能力、沟通能力等属于智力在社会领域应用的内容。被人们称为“情商”的情感智力也属于社会智力的范畴。美国学者加德纳从广义智力的角度，提出了“多元智力”的概念，详见下文。

（三）知识要素

1. 知识的定义

知识，是指人们头脑中所记忆的经验和理论，或者说是头脑中储存的信息。知识分为“一般经验”和“理论”两种。当知识带有逻辑性、体系性和科学性时，就成为理论或者学说；一般经验则是形成理论知识之前的东西，其特征是零碎的、片段的，其正确度也往往较差。

2. 知识的内容

从人力资源所具备的能力及其应用的角度看，知识可以分为三个部分：

（1）一般知识或者普通知识。它反映了人力资源个体的一般文化水平。

（2）专业理论知识。专业理论知识和一般知识的整体层次，基本上由一个人接受教育的等级决定，这往往是构成人力资源个体竞争力的主要决定因素。

（3）工作知识。包括职业技能操作水平、工作经验知识、职业阅历等。

3. 知识的作用

长期以来，人们对“知识”有着高度的崇尚。1990 年联合国有关研究机构提出了“知识经济”的概念，自此，“知识”更加受到人们广泛的重视。知识员工、知识型组织、知识经济……诸多新概念的产生，使得“知识”一词也有了新的含义，代表着广泛的内容。在 21 世纪，知识经济的全面到来将极大地改造和重塑组织、产业和社会，同时，也必然极大地改造和重塑人力资源。

（四）技能要素

技能，用通俗的话说就是技术、技巧，是指人们从事活动的某种动作能力，是人们经过长期实践活动所形成的顺序化的、自动化的、完善化的动作系列。人的技能通过反复练习而形成，经过这种反复练习以后，不协调的、错误的动作就大大减少，以至于完全消除。技能形成的标志是动作的准确性，它包括动作的方向、距离、速度、力量的准确。

技能在劳动能力中极为重要，它可以分为一般技能和特殊技能两大类。特殊技能即职业技能。各行各业都有自己独特的技能，“三百六十行，行行出状元”，所谓“状元”就是各种职业劳动技能的出类拔萃者。

二、能力要素的结构

人的各种能力要素的不同组合，形成人力资源的不同能力要素结构。人力资源能力要素结构如图 2－1 所示。

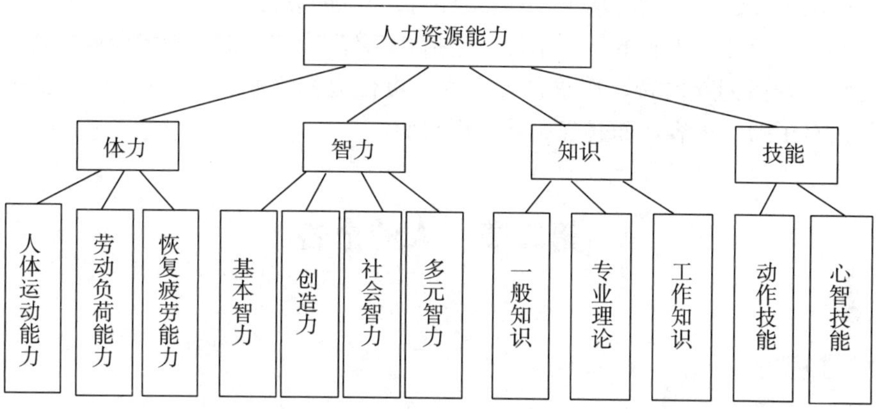

图 2－1　人力资源能力要素结构

进一步来说，人的能力要素可以从四大方面细化到十几个因素，而且还可以根据职业的不同进行更细的划分。

就能力要素总体而言，需要考虑两个问题：其一是冰山理论；其二是核心能力。冰山理论是指人的能力被认识的只是冰山一角，大部分能力尚处于潜在状态。核心能力是指要把握的关键性的、最重要的能力。

三、多元智力与三元论

鉴于人们对智力学说的高度关注和实践的需要，近年心理学理论的发展趋势是对智力持“多元”的看法。

多元智力学说是美国心理学家加德纳（Gardner）提出来的，他认为传统智力测验的内容偏重对知识的测量，因此窄化甚至曲解了人类的智力，从而无法真正通过智力测验的结果对人类智力进行准确、有效的评估。他认为，智力是在某种文化环境的价值标准之下，个体用以解决问题与生产创造所需要的能力。

加德纳所指的多元智力包含以下八种能力：语文能力、数理能力、空间能力、音乐能力、运动能力、社交能力、自知能力、自然能力。这样就较全面地概括了与人的各方面生活相关的能力。尽管其中的一些能力不是传统意义上的“智力”，而更多地代表了“能力”，但这种多元、综合的智力标准，显示出有关智力的理论和实践的变化趋势。

1985 年美国耶鲁大学教授斯腾伯格（Sternberg）提出智力三元论，他认为，智力是个统合体，由“组合性智力、经验性智力、情境因应智力”三个成分组成。①

总之，传统的智力概念和智力测量指数（IQ）已不能满足现代社会对智力内涵的全面解读。可以说，多元智力学说在某种程度上是兼容传统“智力”和“情商”两个概念的一个范畴，它反映了单纯的智商无法适应和生存于复杂的人群关系中，而情商高的人才能在各种环境下发挥自己的长处，适应社会。

加德纳近年还提出新的认知学说，包括“三智二心”，即“学术专业之智、综合统筹之智、开拓创新之智、尊重包容之心、责任道德之心”五项内容，② 其智力或智能不仅有了新的内容，而且强调其应用层面。

第二节　人的个性

一、个性初析

（一）个性的含义

人的个性，即人在心理条件上的不同特点。个性，用通俗的话来说，即人的“脾气秉性”；用心理学的语言来说，是个体经常地、稳定地表现出来的心理特征（如性格、兴趣、气质等）的总和。西方心理学则将其称为“人格”。个性心理特征，是在个体生理素质的基础上和一定的社会条件下，通过个人的社会实践活动，在教育和环境的影响下逐步形成和发展起来的。已经形成的个性心理特征反过来又会制约心理过程，并在心理过程中表现出来。

（二）个性与人力资源

人的个性与其成为特定的资源和得到运用有着重要联系。首先，个性中的性格、兴趣、气质等，制约着人们对职业种类和就业单位的选择。其次，在一定的岗位上，由于人的个性不同，其资源运用效果也大不一样。例如，张三活泼好动，李四文静、细心，若同在公共关系岗位上，张三会比李四做得成功；若同在会计岗位上，李四会比张三做得出色。因此，人应当寻求适合自己的职业，在合适的岗位上发挥自己的才能，发展和完善自己的个性。

二、人格学说

（一）人格特性理论

人格特性与职业因素匹配理论的基础，是人格特性理论。人格特性理论认为，

① 张春兴．现代心理学．上海：上海人民出版社，2005：313－314.

② ［美］霍华德・加德纳．奔向未来的人．北京：商务印书馆，2010.

人格可以划分为若干种特性，每一特性都是人所共有的，但不同的人在同一特性方面的强度或水平数值是不同的，不同的人有不同的人格特性结构，因而就有了人格的差异。

对于人格特性的划分，有着不同的分类方法，其中影响较大的是卡特尔的16种人格因素（16PF）理论。① 卡特尔提出把人格特性分为表面特性与根源特性。根源特性是人格的基本特性，包括“乐群性、聪慧性、稳定性、好强性、兴奋性、有恒性、敢为性、敏感性、怀疑性、幻想性、世故性、忧虑性、实验性、独立性、自制性、紧张性”16个项目。根据一个人在这些项目上的不同水平，可以判断其人格特征的总体状况。

（二）人格类型理论

人格类型方面的理论学说很多，主要是按照气质、价值观、兴趣等进行划分的学说。最常见的划分是气质法，它把人的气质分为多血质、胆汁质、黏液质、抑郁质四种。这种方法是由古希腊医生提出来的，已被现代科学实验所证实。

人的气质以至人格特征与职业应当达到匹配。但是，这种匹配不是绝对的，因为人有一定的可塑性和代偿性，关键是个人的适应性。实际上，各种气质和各种人格特征的人都能够取得成功。

（三）五大人格理论

比上述人格类型更简明、更常见、更实用的，是美国心理学家科斯塔（Costa）和麦克雷（McCrae）提出的“五大人格”或“大五人格”（five-factor model，FFM）理论。这一理论把人格分为五个大的因素类别，并依此制成了大五人格测验工具。

（1）亲和性（agreeableness），也称为合作性。其特征为具有亲和力、体贴和同理心。

（2）可靠性（conscientiousness），也称责任感。其特征为注重细节、尽忠职守和富有责任感。

（3）外向性（extroversion）。内容包括有活力、主动性及社交性。

（4）情绪稳定性（emotional stability）。指针对情绪的控制力与对压力的容忍力。

（5）经验的开放性（openness to experience），也称创新性。其特征为独立并能够包容不同的经验。②

我国心理学家孟庆茂指出，在个性人格方面，中国人的五大人格中应注意提高的是责任感、合作性和创新性三个方面。

---

① ［美］L. A. 珀文．人格科学．上海：华东师范大学出版社，2001：16.

② 李诚．人力资源管理的12堂课．北京：中信出版社，2002：58－59.

三、情感学说

（一）情感因素及其作用

1. 情感因素的内容

情感，也称情绪。人的情感是一个非常复杂的范畴。一个人的喜怒哀乐、七情六欲，往往是让人难以捉摸、无法把握的，但它的重要性又日益为各界人士所认知。基于这一背景，“情商”学说就成为风靡世界的课题。

从狭义的角度看待情感问题，即看待人们对待客观事物的态度体验及相应的行为反应，主要是人的自我认识和评价、自己的动力因素和对待外界的反应。因此，在人格因素中的“情感”因素就有着自信心、需要与动机、耐冲击力以及情绪稳定性的内容。进一步来说，人们还有对待自己、对待自身活动及其与他人关系的自觉看法，这属于理念范畴。此外，人们处理自身与外部的关系，则属于能动地处理环境因素的范畴。

2. 情感因素的作用

在几十年前，就有学者关心智力之外的成功因素。美国学者小乔治·盖洛甫在20世纪80年代的研究，就得出“成功的最主要因素是‘知情达理’，而智力因素仅仅排在第四位”的结论。这实际上就是情感的社会面问题。

心理学家的研究结果表明，一个人的情感因素状况，与其生涯的方方面面都有着重大的联系，“情商”在个人事业成功方面的作用大大高于智商的作用。一个人的发展前途、功名利禄，甚至生老病死、婚姻聚散，都能够从情商中找到线索。进而，不少学者和管理实践者还关注和研究情感因素，尤其是“情商”在组织管理中的作用，以有效地解决开发与管理好人力资源的问题。

（二）情感智力

情感或者情绪，是人们对待客观事物的态度体验（或感受）以及相应的行为反应。在对情感因素的把握中，很重要的一个问题就是对它的测量，一些学者使用了“情商”的概念。所谓情商（emotional quotient，EQ），是指人们在情感方面的心理测试指标，正如同“智商”是人们智力方面的心理测试指标。

美国心理学家戈尔曼指出，这种人们在情绪方面的特征是一种智力，因而称之为情感智力或情绪智力（emotional intelligence，EI）。但是，这种情感智力的各构成部分目前还不能够全部测量，因而不能计算出其得分水平，即“情感商”（emotional intelligence quotient），而只能够计算“情感智力”。

从一般的角度看，人们的情感智力包括五大方面的内容：对自身情绪的体察；对自身情绪的把握；对他人情绪的认识；对人际关系的把握；对于自身的要求和激励。进一步来说，心理学还把这五大方面划分为25个具体的情绪胜任特征，见图2-2。

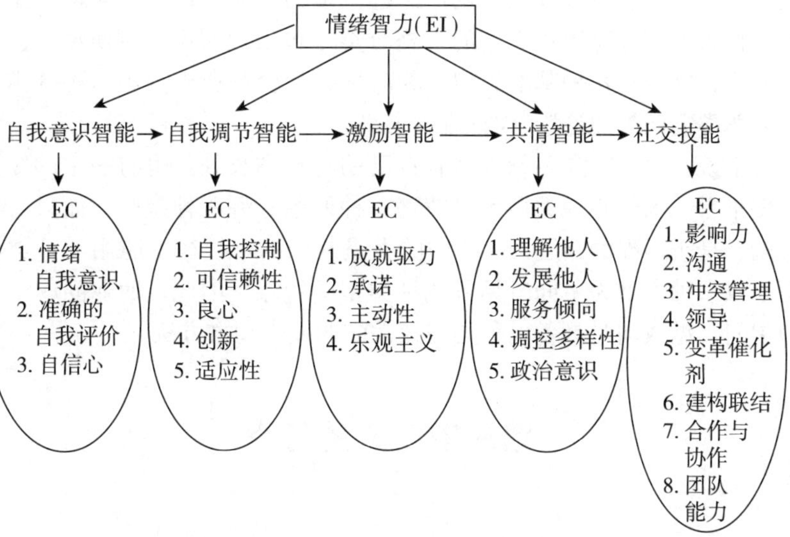

图 2-2　情绪智力（EI）与下属的情绪胜任特征（EC）

四、个性与工作的匹配

每一个人力资源个体都具有一定的个性特点，这种特点与使用该资源的工作岗位特点相适合，具有重要的意义。个性与工作之间的匹配问题不仅是重要的社会实践问题，而且也成为科学研究的范畴。人职匹配理论主要包括下述内容。

（一）人格特性与职业因素匹配

人格特性与职业因素匹配理论，是依据人格特性及能力特点等条件，寻找具有与之对应因素的就业岗位的职业选择与指导理论，也称“特性-因素匹配理论”。该理论是由职业指导领域的创始人、美国波士顿大学教授帕森斯创立的，并由著名职业指导专家威廉逊等人进一步发展成型。

人格特性与职业因素匹配理论认为，每个人都有自己独特的人格特性与能力模式，这种特性和模式与社会某种职业工作内容对人的要求之间有较大的相关度。个人进行职业选择时，以及社会对个人的选择进行指导时，应尽量做到人格特性与职业因素的接近和吻合。

（二）人格类型与职业类型匹配

人格类型与职业类型匹配理论，是将人格与职业均划分为不同的大的类型，当属于某一类型的人选择了相应类型的职业时，即达到匹配。社会对个人择业的指导，也是要达到人格类型与职业类型的匹配。这一理论是由美国著名的职业指导专家霍兰德提出来的，成为沿用至今被公认为有效的重要理论。

人格类型与职业类型匹配理论同人格特性与职业因素匹配理论相比，优点是简单、应用方便，缺点是不够精细。

霍兰德从心理学价值观理论出发，经过大量的职业咨询指导实例积累，提出了职业活动这种人力资源应用意义上的人格分类，包括现实型、调研型、艺术型、社会型、企业型、常规型六种基本类型，相应地，社会职业也分为六种基本类型，从而形成“人职类型匹配理论”。详见有关书籍。

从理论上说，每一种类型的人都有自己的特点和长处，也有一定的短处。但从社会的角度来看，人的心理类型无所谓哪一种好些、哪一种差些，而只有与职业类型是否协调、是否匹配的问题。社会中的人是复杂的，往往不能用一种类型来简单概括，而是以一种类型为主同时具备他种类型的特点。因此，职业问题专家进而提出若干种中间类型或同时具备三种类型特性的职业类型群方法。

第三节　人的行为

一、行为链条

人，是一个“神秘”的客体。不同的人具有不同的脾气、个性；不同的人有着不同的价值取向、生活目标；不同的人对于同样的事物有着不同的看法、反应和对策；不同的人有着不同的行为方式。我们研究社会人力资源问题，有必要对人的行为进行分析，从而把握人的意识这个根本方面。

按照行为科学家的研究，人的行为是由动机引起的，动机又是由人的需要决定的。这就形成了“需要—动机—行为”这样一个链条。进一步分析，这个链条还可扩充为如图 2－3 所示的状态。

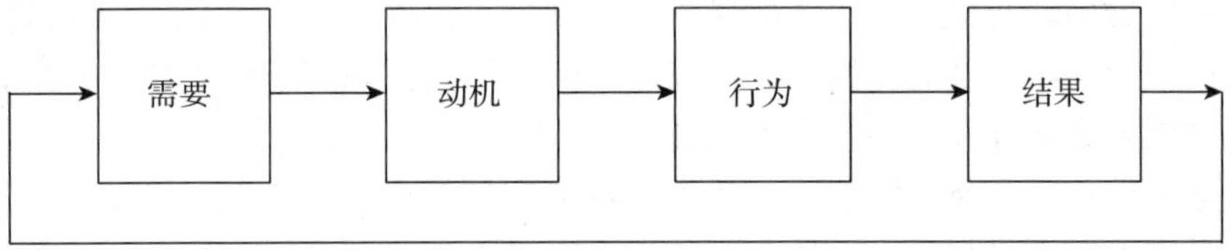

图 2－3　人的行为链条的扩充

下面对“需要—动机—行为”链条进行详细分析。

二、需要分析

“需要”是一个非常重要的范畴，它不仅是人力资源管理的一项基本内容，也是管理学和行为科学的一个基本范畴，还是经济学、社会学的重要内容。

所谓“需要”，是指人们缺乏某种东西而产生的一种“想得到”的心理状态，通常以对某种客体的欲望、意愿、兴趣等形式表现出来。人的生理状态、个人的认知（思想）和外部环境在一定条件下均能引起需要。需要同人的活动紧密相关，是行为的基本动力。需要一旦被意识到，就以动机的形式表现出来，激发人去行动，驱使人从一定的方向追求一定的目标，以求获得自身的满足。

人的需要多种多样。按其起源，可分为自然需要和社会需要；按其对象，可分为物质需要和精神需要；等等。人的不同需要造成需要结构的千差万别，每一个人都有自己独特的需要结构；在不同的时期和不同的条件下，同一个人的需要结构也不同。西方行为科学家们提出了多种理论，其中最著名的是需要层次理论、成就需要理论、双因素理论等。

常见的马斯洛需要层次理论是五层次论，他在晚年将之扩展为更加全面的七层次论。这七个层次为：

（1）生理需要，即对维持生命所需要的衣、食、住等方面的需要。

（2）安全需要，即希望得到安全保障，以免遭受危险和威胁。

（3）社交需要，即归属感，希望得到伙伴、友谊、爱情以及归属于某一组织。

（4）尊重需要，即自尊心，希望他人尊重自己。

（5）求知需要，即好奇心、求知欲、探索心理以及对事物的认知和理解。

（6）审美需要，即追求匀称、整齐、和谐、鲜艳、美丽等引起的心理满足。

（7）自我实现需要，即希望施展个人抱负和有所成就。

三、动机分析

动机，是指个人从事某种活动的心理倾向，是人的行为发生的内在驱动力和直接原因。动机通常以愿望、念头、理想的形式表现出来，并将人的活动引向一定的、能满足某种需要的具体目标。人的动机有不同的分类：根据动机的起源，可分为内部动机和外部动机；根据动机的性质，可分为高尚动机与低级动机；根据动机作用的强弱，可分为主导动机和次要动机等。

动机在需要的基础上产生。当某种需要被意识到并成为推动和维持人们活动的动力时，这种需要就成为行为的动机。除了需要外，动机的产生还受到外在条件的影响。影响动机的个人心理因素有：个人的兴趣、爱好、价值观和抱负水准。个人的兴趣和爱好决定人的行为方向，价值观和抱负水准影响动机强度和行为调动的程度。

动机是一种主观状态，具有内隐性的特点。只有通过一个人的言论、情绪、行动等外在活动，才可能间接地了解其真实动机。

四、行为分析

行为，是指人们去做某种事，即人们的某种有意识、有目的的活动。行为是个体与环境相互作用的结果。用公式表示为：

$$B=f(P\cdot E)$$

式中，B 为人的行为；P 为个体；E 为环境；f 为它们之间的函数关系。这一公式的含义是：人的行为是在人的生理、心理等内部身心状况基础上，因时、因地、因所处环境的不同而表现出的不同反应。

人的行为受动机支配，动机又以需要为动因、以目标为诱因而形成。个体内在的需要、愿望、紧张、不满等构成动因，是人产生行为的内部原因；目标构成行为定向的诱因，是行为产生的外部原因。影响人的行为的主要因素有：

（1）个人因素。包括个人的家庭、教育、生活经验与工作经验、身心健康状况、个人心理特点等。

（2）环境因素。包括自然环境和政治、经济、法律等社会环境。

（3）文化因素。包括一般的社会文化因素和具体的组织文化因素。

（4）情景因素。即通过制造一种情景使人改变行为，如利用组织赋予个人的权力影响他人的行为或威胁他人以改变其行为。

人的行为复杂多样，可以按照不同的标准进行分类。根据行为的内容不同，可分为政治行为、经济行为、社会行为、管理行为、宗教行为等。人的经济行为，总的来看包括生产性行为和消费性行为两种，其核心内容是使生产能够进行的个人劳动行为。这样，人的劳动行为以及导致他“在何处工作”的人力资源供给行为，就成为我们研究的重点。

第四节　人的个体复杂性

人是一个相当复杂的范畴，人力资源则是一种主体、客体兼于一身的颇为复杂的生产要素。下面我们就人的个体复杂性进行具体分析。

一、个人条件的多样性

个人条件的多样性，包括人的能力状况、人生的经历与职业的具体履历、教育背景（就学年限、等级和专业）、家庭背景、工作潜力、对用人单位的重要性等，而这些又决定了一个人的工作态度、工作满意度、工作目标、工作需求等诸多方面。这就构成理论上的个人条件的多样性。

举例来说，一个家境良好、受过博士教育的人，与一个在农村长大、连中学都没有机会上的人，在能力、人格、潜力方面都是绝对不同，甚至有着天壤之别的，其个人发展前途必然差异悬殊，他们对于组织和社会的价值更是大相径庭。

二、个性人格的差异性

不同人的个性心理特征不尽相同，甚至相差极大。例如，有的人感知能力强，有的人思维能力强；有的人观察细致，有的人工作马虎；有的人性情平和，有的人脾气急躁；有的人喜欢读书、写作，有的人喜欢体育运动……上述能力、性格、气质、兴趣等多方面特点的总和，构成了人们不同的心理特征。

人是具有情感性的动物，对于组织来说，个人条件相同的人具有不同的人格，就使得组织的管理以至组织本身相当复杂；员工个人条件不同，人格也不同，这使得组织的人员结构和组织的人力资源开发与管理变得相当复杂。作为高端人力资源的人才资源，其个人条件差异更大，个性特征更突出，个人需求更多、更复杂，对其的开发与管理就更为复杂。

对于人力资源个性人格的认识，是一个非常复杂的问题，如前所述的 16 种人格因素理论和五大人格理论等。因此，对于社会人群和组织成员人格的测量和鉴别，就成为人力资源学科的重要研究与实践内容。

三、人际关系的复杂性

就一个组织内部而言，人际关系是一个很广泛的范畴，它包括上下级关系、同事关系、老乡关系、血缘关系、朋友关系等。人与人之间有很多很复杂甚至交织在一起的关系，这使得整个组织的关系具有很大的复杂性。一个人在组织外的社会关系，也会影响到组织中的人力资源开发与管理。

在中国，人际关系的复杂性体现为很多组织特征的家族化色彩较浓，规范化管理与法制观念淡漠，加之产权制度方面的问题，使组织的运作和人力资源开发与管理增加了不少“顾忌”因素。

四、人文背景的广阔性

人文背景的广阔性体现在文化的多元上，这要求人力资源的开发、利用和管理要有更开阔的视角和更具弹性的措施。东方和西方的文化差异、西方各国之间或东方各国之间的文化差异、城市与农村之间的文化差异等，都给我们揭示了人力资源开发与管理复杂性的新趋向。在经济发展全球化、组织成员多来源的格局下，跨文化管理已经成为当代最为热门的组织管理实践与人文研究领域。

改革开放以来，特别是加入 WTO 以来，我国大量引进外资，国外先进技术、国外组织模式、国外管理思想和国外文化随之大量进入中国，造成相当大的文化融合与冲突。例如，据德国学者派尔-舍勒的分析，中国与欧洲文化有着不少差异（见表 2-1），这是我们在看待文化差异与融合时需要加以把握的。

表 2-1　　中国与欧洲文化对比

中国文化	欧洲文化
横向、直觉型思维	纵向、理性思维
完美化原则	最优化原则
顺应大潮流	乐于接受批评
怕变动	怕限制
中庸之道	“最佳”原则
团队意识	自我意识

资料来源：［德］帕特里希亚·派尔-舍勒．跨文化管理．北京：中国社会科学出版社，1998：5.

人文背景的复杂性不仅对人力资源管理有极大影响，对人的职业生涯有重大影响，还通过人的能动性选择对组织本身产生巨大影响。例如，曾在微软中国公司任总裁的吴士宏，就是由于文化冲突而离开高位；之后，她选择了“求贤者”中工资最低的 TCL 公司去任职，是要按照自己的意图做事，真正实现自己的价值。

本章小结

本章从人力资源个体的角度，对人的体力、智力、知识、技能的具体内容及结构，对人的个性、需求、动机问题和行为问题进行详细分析，并综合阐述了人的个体复杂性问题。通过本章的学习，学员可以对“人”“人性”和人的行为有一个比较全面的了解。

关键概念

能力	能力要素	体力
智力	知识	技能
个性	情感智力	人职匹配
人职类型匹配理论	需要	动机
行为	五大人格	

思考讨论题

1. 人的能力包括哪些要素？你如何认识人的能力、结构和潜能？
2. 多元智力包括什么内容？它与综合素质的关系是什么？
3. 人的个性主要从哪些方面看？试分析自己的个性心理特征。
4. 个性与工作匹配的理论有哪些？霍兰德将人格分为哪几种类型？各类人格适合哪些职业？
5. 结合实例分析人力资源的个体复杂性的表现。

第三章

人力资源宏观分析

导入案例

“三变”改革：农民资产增值与对接市场

自2014年以来，贵州省六盘水市在扶贫攻坚中推行“三变”改革，即“资源变资产、资金变股金、农民变股东”，经过三年多的探索，目前已取得初步成效，全市已有22万贫困人口脱贫，人均可支配收入从2012年的4 750元提高到2016年的1.2万元。“三变”改革不仅写入了2017年中央一号文件，还被评为中国“三农”十大创新榜样，成为全国扶贫攻坚的一个样本。

“三变”改革的重要举措是，推动农民资产增值。这样的举措把农业生产资本与人力资源很好地结合起来，能够与市场紧密对接，并有效地适应与挖掘市场。

农民有了资产，并不意味着一定能获得资产性收入。资产性收入是资产增值的结果，其本质是一种投资收入，因此农民的资产要想实现价值增值，必须与市场对接。正是从这一点考虑，六盘水市坚持把产业化作为“三变”改革的重中之重。

第一，以产业化聚合农民资产。

六盘水市农业发展长期滞后，据农民说：“过去山上‘左边种苞谷，右边种玉米’，每亩毛收入只有四五百元。”可事实上，六盘水是野生猕猴桃之乡、野生刺梨之乡、红豆杉之乡、世界古银杏之乡，自然资源丰富，但这些宝贝只有生态价值，没有转变为经济价值。2014年六盘水市政府立足当地低纬度、高海拔、多山区的地理条件和特殊的高原性季风气候，结合多个少数民族聚集的文化特征，提出了两个重点发展产业：一是山地特色农业，包括猕猴桃、刺梨、茶叶、药材种植以及牛、黑山羊等山地畜牧养殖；二是围绕高原湿地、温泉、雪山等天然资源景观和民族文化等元素，发展山地特色旅游业。

可问题是，农民的资源如何与产业对接？以土地为例，过去由于土地流转费用比较低，每亩最多500元，大多数农民并不愿意流转，而且还担心土地流转后自己就没有地方种粮食了，生活更无着落。但是发展农业产业首先需要土地集中连片，否则很难实现规模化经营。在这种情况下，就需要政府出面“牵线搭桥”。

在政府的引导下，农民和龙头企业通过“三变”重新连在了一起。农民不仅可以拿到土地流转费，还能以土地入股分红，同时还可以在企业务工获得工资，一举多得。这样农民就从最开始的不愿意流转到愿意流转，最后争着要流转，从而解决了产业发展中土地集中难的问题，为产业化、规模化提供了条件。比如钟山区大河镇周家寨社区，以前农民都把种玉米、洋芋当成养家糊口的唯一路子，依靠土地怎么也脱不了贫。后来在政府的引导下，“致富能手”村民任龙勇牵头组建了民润农民专业合作社，把农民的土地集合到一起栽葡萄、种蔬菜，农民都成了社员，目前合作社资产已达 6 000 万元。水城县十几家龙头企业集中流转了农民大量分散闲置土地，形成了百里猕猴桃产业长廊，集中连片种植规模达 10 万亩。盘州市共有 24 家省市级农业龙头企业、9 053 家经营企业参与“三变”，农民的 40.02 万亩土地都变成了资产入股经营。

据统计，三年来六盘水市共引进 334 家企业，其中包括大北龙集团、温氏集团、努比亚公司等知名企业，一共扶持了 1 114 个合作社、62 个家庭牧场入股。与此同时，政府还将财政投入到农村的生产发展类资金、农业生态修复和治理资金、扶贫开发资金、农村基础设施建设资金、支持村集体发展资金等各类资金，量化为村集体或农民的股金投资到各类经营主体，壮大了产业发展规模。

第二，以融资平台助推产业发展。

产业化的关键是资金。无论是农民以资产入股还是财政资金量化入股，额度都比较小，而企业资金也是有限的，有时达不到项目建设要求，常常出现资金缺口。在这种情况下，产业发展就需要政府融资平台发挥作用。六盘水市级财政和各县区财政每年各安排 5 000 万元，主要靠平台公司利用金融杠杆撬动社会资本，放大资金效益。目前全市十几家平台公司采用 PPP 模式撬动金融资金 14.13 亿元、村级集体资金 1.26 亿元、农民分散资金 5.07 亿元、社会资金 44.98 亿元入股到各类经营主体，集中投入各类产业发展。客观地说，如果没有政府融资这一平台，很多惠及民生的投资项目可能寸步难行，有的工程甚至会半途而废。

盘州市政府的一家平台公司宏财集团，不仅“救活”了一个农民企业家，还“救活”了一个产业园。盘州娘娘山农业产业园区理事长陶正学以前从事煤矿、洗煤业，几年前回到家乡想带领乡亲们共同致富。一开始他个人投资 6 亿元为家乡修路和整地，准备搞农旅融合的农业产业园区建设。基础设施尚未完工，资金链却断了。就在这时，宏财集团及时跟进，投入 3 亿元把村里修路、整地的基础设施项目整个买了过来，不仅解决了陶正学的燃眉之急，同时又撬动 9 亿元的民间资本进入，这下园区项目如鱼得水，重新注入了活力。有了充足的资金，园区大力发展刺梨、猕猴桃、蓝莓特色农业产业 2.18 万亩，养殖生猪 5 000 头、土鸡 20 万羽，开发建设了天山飞瀑、温泉度假小镇等 18 个旅游项目，核心区 8 个村实现了村村有产业。2016 年娘娘山农业产业园区的高原湿地现代农业和旅游业实现了 2 亿元的产值，当地农民户均增收 4 000 元。自 2012 年以来，园区已带动 8 个村、885 户、3 288 人脱贫，农户人均收入从三四千元变成七八千元甚至万元以上。

在钟山区的“三变”改革中，平台公司同样功不可没。区扶贫旅游文化投资有限公司以住建部改善人居环境项目向农发行、农商行等融资贷款100亿元，用于乡村基础设施建设和产业发展；同时吸纳了村集体以集体林权、水权、土地经营权等折价入股的30%股份，公司与村集体按7∶3占股分成。在实施人居环境改造过程中，公司又与农户签订了改造协议和经营协议，农民以房屋使用权、宅基地使用权等入股分红。对有条件布局农家客栈、酒吧、超市等商业业态的民居，由公司按照户均10万元的标准进行装修改造，农户将满足需求之外的房屋交由公司经营管理，在经营期内按协议约定向农民分红，公司收回成本后，就交给农户自己经营管理。

第三，以“平台＋产业”实现农民资产增值。

过去农民一家一户分散经营，很难准确了解市场需求和市场动态，加之谈判能力弱，农产品无法很好地与市场对接，价值很难实现。通过“平台＋产业”的市场化运作，农村的土地、特色农产品、自然景观、民族文化等各种农业资源被全面整合起来，打造成了独具特色的生态产业园区和全域景区。这从根本上改变了农民的弱势地位，扩大了农产品的市场半径，既增加了农民当期的资产收入，又拉动了市场需求，提升了资产的预期收入。

在盘州市贾西村的刺梨产业园，合作社理事长聂德友介绍，前些年山上的野刺梨果满山遍野，好多都烂在地里，当地农民坚信，种玉米、土豆比这种填不饱肚子的小果子来得实在。但聂德友在东南亚考察发现，刺梨是维生素C之王，可以食药两用，在国外都是用来做药材和高端保健品。于是他瞄准市场需求建立了刺梨产业园区，流转了村里的土地进行刺梨种植，标准化种植基地有13 500亩；同时利用刺梨花季、中药花季作为蜜源，投资蜜蜂养殖，兴建了500箱蜂房和一个蜂蜜加工厂，形成了种养结合的立体生态农业。现在一包150克的刺梨干售价将近20元，一瓶60克的刺梨维生素C含片市场价格为160元，一瓶500克的刺梨花蜂蜜更是卖到了300元。园区的农民说：“我们做梦都没想到，原来烂在山里的小果子竟然变成了这么值钱的宝贝。”

而水城县则通过打造野玉海景区实现了农民房屋的增值。政府以集中搬迁的方式，在景区建设千户彝寨，围绕“吃、住、行、游、购、娱”六要素，提升寨子的生态文化内涵，开发寨子的旅游承载功能。搬迁农户与景区管委会下属公司合作建房，按政策规定，搬迁安置户人均住房面积25平方米，而管委会通过融资扩大建房面积，按照山地旅游度假房来打造，使每一栋房屋都兼具农户居住、旅游度假、实体经营等功能，让贫困户不仅能住得安稳，还能依靠房子就地生财。赵音写就是其中的一家安置户，他家房屋由一楼经营性门面和二楼住房组成，除去实际居住的103.98平方米，以空出的21.02平方米入股平台公司的“彝寨水秀”文化旅游项目，作为客栈经营，占股16.87%。目前景区旅游经营火爆，很多像赵音写一样的贫困搬迁户家里的客栈天天爆满，一房难求。

资料来源：桑瑜．“三变”改革的启示——贵州六盘水扶贫攻坚调查．中国经济时报，2017-08-29.

第一节　人力资源供求

一、人力资源供给

人力资源供给，是指就经济运动而言，已经开发的、马上可以投入经济活动的人力资源，是一个国家或地区社会劳动者与正在谋求职业者所具备的劳动能力的总和。人力资源供给具体体现为就业人口和求业人口。

（一）人力资源供给与工资的关系

从个人的角度看，人力资源供给是以自己“勤劳”的付出或“闲暇”的牺牲为代价的。对于这种付出或牺牲，人们要以工资收入作为报偿。这就是说，个体人力资源供给取决于工资，工资是“劳动”要素的报酬。

人力资源供给数量与社会工资水平之间，存在着一定的相关关系。在这里，人力资源供给不仅仅是全社会劳动力的人数（就业者＋失业者），还包括人们从事劳动的时间因素。在一般情况下，当工资水平高时，愿意就业的人数就多，每个人从事劳动的时间也越长；当工资水平低时，愿意就业的人数就少，每个人从事劳动的时间也越短。这就是说，在市场经济条件下，存在着人力资源供给与工资对应关系的一般规律，如图 3－1 所示。

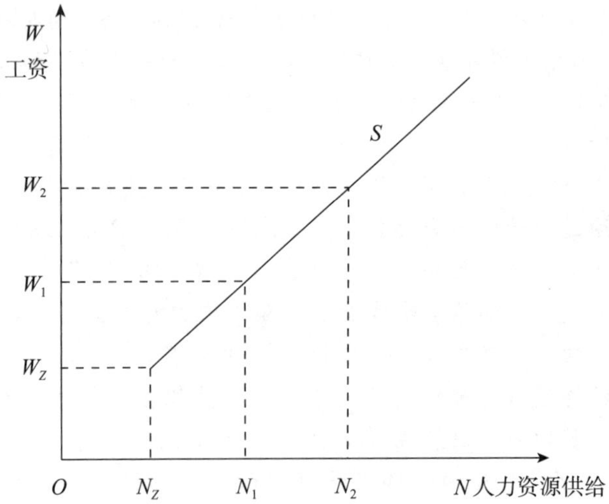

图 3－1　人力资源供给与工资的关系

人们要从事劳动，要成为人力资源供给，基本原因在于人们能够从中取得经济报酬用于自身的消费生活，以维持生存、获得发展、得以享受。当工资水平处于 W_1 时，社会上相应就有人力资源供给 N_1；工资水平提高，W_1 上升，N_1 则右移，即增加供给量；工资水平降低，W_1 下降，N_1 则左移，即减少人力资源供给量。当 W_1 下降到 W_Z（极点）时，即工资仅仅处于人们维持基本生活的低水平时，人力资源供给就处于一个很低的维持量 N_Z。如果工资水平继续下降，低于 W_Z 时，劳动者就不再接受，从而曲线就不再存在。

从 W_Z 开始，社会存在不同的工资水平 W_i，就有相应不同的人力资源供给 N_i，将所有的（N_i，W_i）点相连，就构成了人力资源供给的 S 曲线，即市场决定曲线。

进一步来说，全社会人们自由选择的总体结果，构成了宏观人力资源供给的数量和方向。

（二）影响人力资源供给的因素

从现实的人力资源角度看，影响人力资源供给的因素主要有以下两个方面。

1. 工资水平

在市场经济体制下，人力资源有着充分的自我选择性和流动性，这清晰地表现在择业行为上。大量研究表明，在人们的各项择业意愿中，工资收入一般都是居于首位的。

2. 劳动参与率

所谓劳动参与率，是指参与劳动活动的“经济活动人口”与总人口的比例，也称劳动力参与率。劳动参与率的公式为：

$$劳动参与率=\frac{经济活动人口}{人口总量}\times 100\%=\frac{就业人口+失业人口}{人口总量}\times 100\%$$

一个社会的经济活动人口数量和劳动参与数量，取决于该社会人口的数量和劳动年龄人口愿意就业的程度。而人们的就业意愿程度又取决于教育的发展、经济水平的高低和社会习俗等诸多因素。

（三）社会人力资源流

人力资源供给具体体现在人力资源的经济活动中。我们知道，社会生产是一种再生产过程，对于人力资源的供给，必须从动态角度进行考察，把握和分析整个社会的“人力资源流”。随着时间的变动，人力资源供给会发生下述变化：

（1）一部分少年人口进入劳动年龄，转化为人力资源；

（2）一部分潜在人力资源提出就业要求，转化为现实人力资源，构成人力资源供给；

（3）一部分人力资源丧失劳动能力（主要是年老），转化为非人力资源；

（4）一部分现实人力资源丧失就业要求，转化为潜在状况，退出供给；

（5）原有人力资源供给的维持部分也会发生变化，一部分就业人员由某一岗位转向另一岗位，一部分就业人员脱离就业岗位转化为求业人员，一部分求业人员走上就业岗位转化为就业人员。

人力资源供给动态如图 3－2 所示。

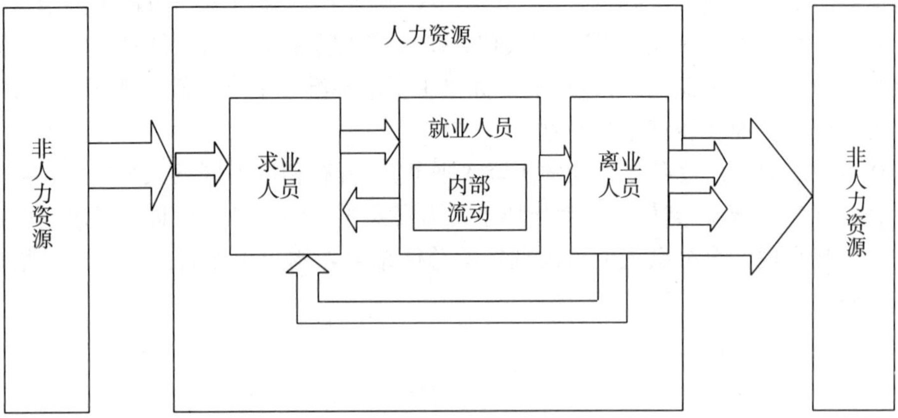

图 3－2　人力资源供给动态

二、人力资源需求

（一）人力资源需求的由来——引致性

从经济学原理的角度看，任何社会要进行经济活动，都必须以要素为前提，这就要对人力、物力要素或者资源提出需求。所谓人力资源需求，即一定范围的用人主体对于人力资源所提出的需求。从理论上讲，人力资源需求是一种派生需求，也称为“引致需求”，它是由人的消费所引起、所派生出来的。

当社会消费者具有一定的有支付能力的消费需求（即经济需求）时，就导致各个经济单位进行生产（及劳务）。这样，各个经济单位才开始提出现实的、具体的、不同种类和数量的经济要素需求，其中包括机器设备、原材料等物质资源需求和不同职业工种的人力资源需求（见图 3－3）。

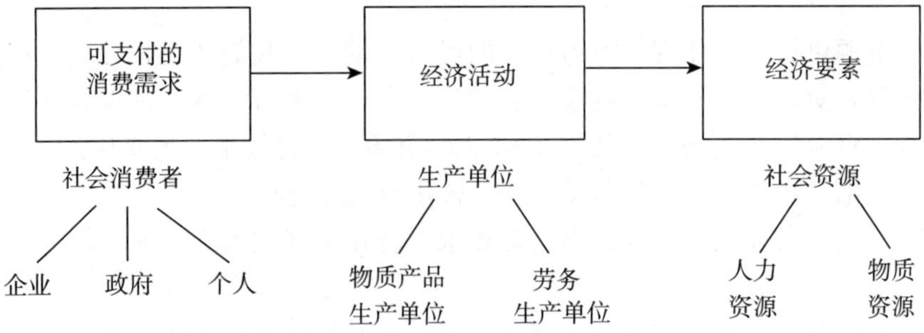

图 3－3　人力资源需求的由来

从图 3－3 可以看出，狭义的用人主体体现为社会生产经营单位，即直接的人力资源需求是微观（企业）的需求，其总和即宏观的人力资源需求。下面分别进行阐述。

（二）微观人力资源需求

1. 人力资源的需求量变动

人力资源的需求量变动，即工资水平对人力资源需求量的影响。这里我们以企业为代表进行分析。假定物资要素不变，人力资源需求的数量就是购买这一要素的成本——工资水平变动的结果。这一关系形成了如图 3-4 所示的曲线。

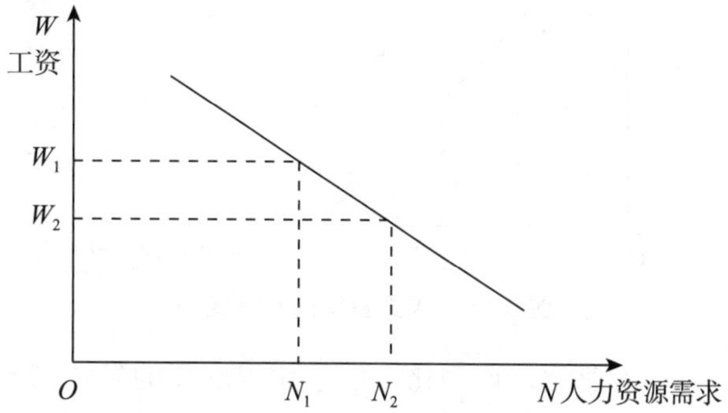

图 3-4 工资对人力资源需求量的影响

在通常情况下，工资水平越高，企业所需要的人力资源数量就越少，即当工资水平为 W_1 时，人力资源的需求量为 N_1；工资水平越低，企业所需要的人力资源数量就越多，即当工资水平由 W_1 降到 W_2 时，人力资源的需求量就从 N_1 增加到 N_2。

2. 人力资源的需求变动

企业对于人力资源的需求量，也受到非工资因素的影响，特别是与社会的人力资源供给、社会经济运行中经济总需求的旺盛程度有一定关系。假定在工资不变的情况下，人力资源需求受到其他因素的影响所产生的变化，即人力资源的需求变动（见图 3-5）。这时，当经济较繁荣时或者人力资源供给相对紧张时，企业有着较大的雇佣愿望，就要以比以前高的工资（W'）来吸引劳动者就业，图 3-5 中的 D 曲线就向右上方移动，形成 D' 曲线；当经济较萎缩或人力资源供给相对富裕时，企业的雇佣意愿就较小，从而会以较低的工资（W''）用人，图 3-5 中的 D 曲线就向左下方移动，形成 D'' 曲线。

（三）宏观人力资源需求

从全社会的角度看，人力资源的总需求不是由社会上所有企业的人力资源需求简单地加总而成；边际生产率理论虽然是企业人力资源需求的科学反映，但它不能说明社会劳动总需求。从宏观角度对社会人力资源总需求进行分析，有着重要的理论价值和实际意义。

一个社会的经济发展水平，决定了其居民总体消费水平，决定了经济总需求水平，这从根本上决定了所引致的人力资源总需求数量。此外，不同的经济发展水平也与人力资源需求的质量有关：经济欠发达国家主要需要大量非熟练的、教育和训

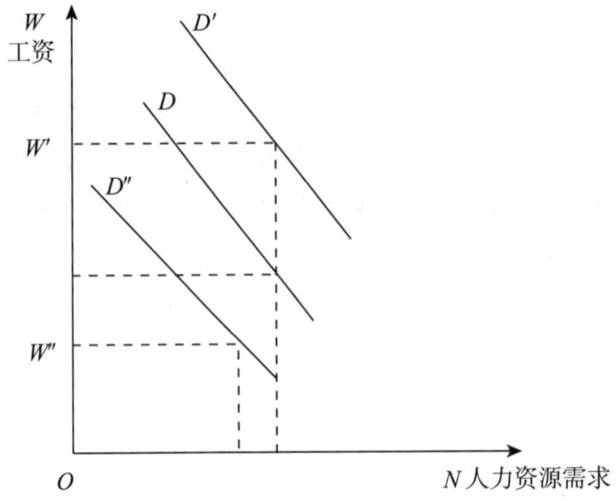

图 3-5　人力资源的需求变动

练水平较低的劳动者；工业化、自动化、信息化程度高的发达国家，主要需要具有较高文化科技素质，受教育时间长的“白领工人”，需要大批经过正规专业训练、具有较强技术创新能力和组织经营能力的科技专家与管理人员。

三、人力资源供求关系

决定人力资源配置的基本因素，是人力资源供给状况和社会对它的需求状况。二者的数量比例关系，是社会就业最基本的决定因素。人力资源供求关系，即劳动力供给与需求关系，可以分为供过于求、供不应求、供求平衡三种基本类型。

（一）供过于求类型

人力资源供过于求类型，即人力资源的供给数量大于社会对它的需求数量。这种类型表现为一个社会的就业不足，存在着相当数量的失业人员或求业人员。这是对社会人力资源的闲置浪费。造成人力资源供过于求的原因，可能是由于资本缺乏、物质资源的供给数量不足，可能是由于人口和人力资源数量过多、增加过快，可能是由于生产停滞或者下降，也可能是由于技术进步、资本集约而排斥已经吸纳了的人力资源。总之，造成人力资源供过于求现象的原因是复杂的，解决方法也应该是多方面的。此外，它还明显地存在于“在职失业”“停滞性失业”“潜在失业”等状态下。

（二）供不应求类型

人力资源供不应求类型，即人力资源供给的数量小于社会对它的需求数量。这种类型表现为一个国家或地区缺乏劳动力，结果是影响其正常的经济活动，使经济增长受到一定限制。人力资源的供不应求，通常产生于生产持续发展、经济持续增长的情况下。当生产大幅度发展，而人口、人力资源增加速度却比较慢时，就可能出现人力资源供不应求的现象。

（三）供求平衡类型

人力资源供求平衡类型，即人力资源供给与社会对人力资源需求达到一致的状态。具体分析，人力资源的供求平衡应当包括数量、质量、职业类别等方面的内容。除了其宏观上的平衡，进一步还要在结构上、微观上达到平衡。

从理论上说，一个国家或一个地区人力资源供求平衡的标志是：一方面，人力资源的供给能够为社会所全部吸收；另一方面，社会的人力资源的需求又能全部得到满足。但是，在现实生活中，这种理想状况是罕见的。比较现实的目标，是达到人力资源供求的基本平衡。

人力资源供求基本平衡的标志是：要求就业的人绝大部分都能够得到就业岗位，不存在长期的大量求业人口；同时，不存在长期大量缺乏人力的部门、行业。少量人力资源处于短期失业状态，是经济正常运行条件下不可避免的，这种现象的存在不能认为是对供求平衡状态的打破，而是供求实现结合过程所要付出的代价。

人力资源的供求平衡是一个动态的概念，必须在国民经济的发展、运动过程中加以把握。要取得未来年代人力资源的供求平衡，除了把握人力资源、物质资源以及社会生产总量的变动之外，还应该考虑二者比例方面的变动。

第二节　人力资源与市场体制

一、市场经济的主体

“市场经济”的内涵，从经济运作关系的角度看，是“国家调控市场、市场引导企业”，即有着三个主体。但是，如果从社会的角度看，不得不承认市场经济的主体还有“人”的因素，因此，在市场经济体制下，实际上存在着国家、市场、企业、个人四种要素和四个运动主体。企业在这里不仅是最主要的用人单位，也是各种用人单位的典型和代表。国家、市场、企业、个人这四个主体之间互相连接，形成了六对关系。这四个要素和由之所形成的六对关系，就构成现代市场经济体制的社会结构。

二、市场经济体制下的社会关系

市场经济体制下“四主体”之间所形成的六对关系，具体来看包括下述几个方面的内容。

（一）国家调控市场

第一，国家运用经济杠杆（如税收、银行利率、信贷等）、法律法规、经济政策、自身经济实力（国有控股企业）、经济组织（如商会）和行政机构（如工商局、税务局），对市场运行进行引导、控制、监督，以调节宏观经济的运行。

第二，国家对人力资源配置的基本原则、方向作出规定和指导，从根本上决定了劳动市场的格局。应当注意的是，市场不仅仅是经济概念，劳动市场更有其社会内容。

第三，国家对市场体制下人力资源的运作制定法律和行政制度的规则，如就业资格、雇佣制度（如订立合同）、最低工资标准、职业介绍管理规定、劳动安全卫生标准、雇佣工资指导线等。

（二）市场引导企业

第一，企业作为经济单位，它的收益取决于市场。市场需求是企业取得收益的动力（因为市场上有某种产品或劳务的需求，企业进行生产，就可以获得利润），市场上需求的变化、竞争对手的状况、人力资源的择业标准和倾向，都构成企业的压力。企业的行为总目标，是在市场上寻求利益最大化。企业在提供市场需要的产品和劳务、可以取得盈利的条件下，还考虑尽力节约各种成本和节约人力资源的使用。

第二，在健全的经济体制下，企业的择员行为是由市场直接引导的。企业自由选择各项生产要素包括人力资源要素，市场（包括各种要素市场）的变化会影响企业的活动，影响企业对要素的选择。市场上求职者的择业意愿、价格要求（对工资的要求）和素质状况等，对企业的择员也产生一定的影响。

第三，企业经营者在社会经济生活中具有重要作用，以致对整个市场也产生重要影响。“企业经营者与产权所有者的关系”本身就是一种体制因素，解决好企业经营者（以至各种经济单位、社会组织的“经营者”）方面的问题，是有效地协调和整合各种生产要素的重要内容。

（三）国家与企业的关系

从理论上讲，理想的国家与企业关系是“国家调控市场、市场引导企业”，国家是不直接管理企业的。在理想的市场经济状态下，国家主要管经济政策、产业发展方向、宏观总供求、经济环境、发展战略，并直接管少量关键部门和企业。即使是在国家“管企业”时，市场制度也不是像我们过去的“计划-行政”模式那样对企业进行全面控制，而是将人力资源的使用权交给企业，使企业成为真正的经营活动主体、资源配置主体和人力资源雇佣主体。

（四）国家与个人的关系

第一，国家要保证每一个社会成员的生存权，保证满足每一个成员的基本生活需要，这一般通过最低工资和社会救济等途径来实现。国家要保证有就业要求者就业的实现，要通过调节社会的劳动要素供求、提供就业门路、进行工作安置、从事就业服务、限制企业解雇等途径达到。教育培训是国家提高人力资源个体就业能力的重要手段。

第二，国家通过法律和社会管理活动，达到平等的社会目标。平等，意味着个人发展的障碍、不同的个人在身份上的歧视和“等级”性都不存在。与各种用人单位相比，劳动者，尤其是求职者一般是弱者，国家通过劳动法及其他法律法规、方针政策和行政管理等途径来保障他们的合法权益。

第三，国家通过经济体制的选择、通过经济政策和社会政策的运用，特别是工资政策与福利政策，刺激和调动人力资源的工作动力、就业动力尤其是自我创业动力。

（五）市场与个人的关系

第一，健全的劳动市场，是公开、平等、全面、高效的市场，它应当具有完善的劳动就业服务功能和较高的求职实现率。

第二，人力资源市场有不同的层次。从国内外的情况看，从总体上可分为一般的劳动市场或普通劳动力（尤其是技工）市场与高级人员市场（或人才市场）。一般来说，人才资源有着比一般的人力资源大得多的竞争优势，是有一定的“卖方垄断”倾向的；而普通的劳工阶层，则往往处于相对不利的地位，这时雇用单位处于“买方垄断”的地位。

第三，市场体制是竞争体制，它不仅给人以机会，而且导致优胜劣汰和两极分化。人力资源市场体制要求求职者个人素质与观念的提高，它鼓励人向上，鞭策不努力、素质低的人上进。

（六）企业与个人的关系

第一，企业与作为人力资源主体的个人之间是平等关系。首先，双方在市场中相互选择的地位是平等的；其次，企业录用求职者后，在劳动过程中个人与所在组织具有平等的地位和权利义务；最后，企业与个人进行平等的价值交换，即劳动付出与工资报酬相交换。

第二，企业与人力资源个人之间具有法律关系。双方通过法律契约关系联系在一起（这体现为劳动合同），双方的矛盾、争议、冲突以法院为最终裁决机构。

第三，人力资源个体对所在的企业负责，承担应完成的工作，承诺有关的义务（如对企业商业秘密和知识产权的保护），并要有一定的职业道德。

第四，企业对人力资源个体负责。企业对所雇用人员的劳动条件与安全、生活福利等方面负有一定的责任，并担负社会保险的责任。

第五，企业的发展目标和组织文化对用人类型和用工模式有着决定性的影响，各层次管理者的用人理念和管理风格对劳动关系也有很大影响。

第三节　人力资源社会保障

一、社会保障基本分析

（一）社会保障的含义

所谓社会保障，是指国家通过立法和行政措施设立的保护社会成员基本生活安全项目的总和。进一步来说，社会保障是国家为了保持经济和社会稳定，对公民在年老、疾病、伤残、失业、遭遇灾害、面临生活困难的情况下，通过国民收入分配和再分配，由政府和社会依法给予物质帮助和社会服务，以保障公民的基本生活需要的一种社会体制。

“社会保障”一词，是由英语“social security”翻译而来，最早是在1935年美国颁布的《社会保障法》中使用。[①] 之后，“社会保障”一词逐步被世界各国在建立对社会成员给予物质帮助的法律制度中，以及国际劳工组织在国际劳工公约和建议书中正式使用。

（二）社会保障制度的概念

在当代，社会保障对世界各国来说已经不再只是一个范畴，而更多的是成为一项重要法律制度的总称，这种制度已在社会生活中被广泛使用。

“社会保障制度”的含义是：国家为了保持经济发展和社会稳定，对公民在年老、疾病、伤残、失业、生育、遭遇灾害、面临生活困难时，由政府和社会依法给予物质帮助，以保障公民的基本生活需要的制度。

从社会保障制度的含义可以看出，社会保障制度的责任主体应该是国家或者政府，也只有国家或者政府才有能力担当起保障“生存权”这一人的基本权利，按照效率与公平兼顾的原则来满足公民的基本生活需求。

二、社会保障与社会保险

在现代社会里，社会保障制度是一个国家的基本经济社会制度之一，是国家通过立法建立起来的。世界各国由于社会经济制度、经济发展状况、价值取向、法律文化传统等方面的不同，社会保障制度的内容也不尽一致。一般来说，社会保障制度包括社会保险、社会救济、社会福利、社会互助和优抚安置等几大内容。社会保险是以劳动者为保障对象，以劳动者的年老、疾病、伤残、失业、生育等特殊事件为保障内容，由国家依法强制实行。也可以说，社会保险正是对于作为人力资源的社会人群的社会保障。社会救济是指国家对因意外事件或自然灾害等原因造成生活困难，以至于无法正常生存的公民，无偿给予物质帮助，提供生存保障。社会福利是指国家和社会通过各种福利服务、福利企业、福利津贴等方式，使全体社会成员在享受基本生存权利的基础上，随着社会经济的不断发展而提高生活水平的社会政策的总称。社会互助和优抚安置是国家和社会对军人等特殊群体及其家属提供一定水平的救助以及其他社会优待的社会政策的总称。

我国的社会保障制度，包括社会保险、社会救济、社会福利和优抚安置四部分，在这一体系中，社会保险是重点内容，是整个体系的支柱，其适用范围主要是城镇劳动者。我国现行社会保险的内容为养老保险、医疗保险、失业保险、工伤保险、

---

① 赵曼．社会保障制度结构与运行分析．北京：中国计划出版社，1997：16.

生育保险五个项目，这也体现在社会保险缴费的“五保合一”上面。

社会保险有三大原则：一是强制性原则，即国家通过立法强制实施，受保人必须参加，承保人必须接受；二是互济性原则，即社会保险不以营利为目的，按照“大数法则”，在全社会的范围内统一筹集资金，统一调剂使用，依靠全社会的力量均衡负担和分散风险，以保障人们的基本生活，并从根本上安定社会秩序；三是社会性原则，即普遍性。社会保险应尽可能在全社会普遍实施，覆盖面尽可能涵盖所有劳动者，以至全体社会成员。

三、社会保障制度的作用

（一）维系社会稳定的“安全网”

人的经济收入、社会生存条件在很大程度上依赖自己的竞争能力和市场可能给予的机会。对于社会的弱者来说，其在竞争机制下“弱者恒弱”，导致长期陷入贫困，他们可能由于“饥寒起盗心”，可能由于社会的贫富差距而心理不平衡，采取社会保障制度对社会成员的收入进行再分配，通过转移收入帮助这些社会成员，一定程度上缓和社会矛盾，成为“社会安全网”和“减震器”。社会保障制度对没有生活来源者、贫困人群、遭遇不幸者等给予救助，不仅保证其基本生活需要，维护了社会稳定，而且也是现代社会应当有的一种文明。

（二）促进社会公平的调节器

在市场经济条件下，由于收入分配机制与竞争机制相联系，必然存在收入分配方面的不均等，造成贫富悬殊。社会保障制度对社会成员的收入进行再分配，将高收入者的部分收入适当转移给收入较少的社会成员，一定程度上缩小了贫富差距，缓和社会矛盾，促进社会公平目标的实现。

（三）对人力资源再生产具有重要作用

社会保障制度有利于减小人力资源自身的社会风险。俗话说，“天有不测风云，人有旦夕祸福”。社会保障起源于人类通过一定的社会组织抵御风险，就是对人力资源本身进行自我保护的一种需要。社会保险、商业保险均可看作人类对由不确定性造成的风险进行应战的手段，其中最能体现人类智慧的应战手段，当然是以大范围的集体共谋合作为基础，由国家出面举办的社会保险制度。从效率和政府责任角度来看，具有普遍性风险和关系着维持人力资源再生产基本需要性的风险应当由政府来管，因为政府作为政权主体，无疑具有某些强制权力。这是任何商业性机构都不具备的权威和统筹兼顾、调节经济利益和经济关系的权力。

进而，社会保障制度有助于减少劳动者家庭生活的风险，有利于人力资源的代际再生产，即保证下一代人力资源的正常生活条件。

此外，社会保障还有利于对特殊人力资源即弱势群体的保护，达到竞争条件下人力资源普遍性再生产的功能。

（四）对促进社会协调发展具有重要作用

建立和完善社会保障体系，为广大人民群众提供适当水平的基本生活保障，保障他们安居乐业、老有所养、病有所医，是 21 世纪我国全面建设小康社会的必然要求。进而，完善的社会保障体系能够改善居民对改革的心理预期，增加即期消费，在促进我国经济持续、健康发展方面发挥重要作用。我国自 2000 年就已经进入老龄化社会（60 岁以上人口占总人口的 10%），人口老龄化危机需要完善的社会保障体系来化解。

本章小结

本章从宏观角度对人力资源进行深入分析，包括对人力资源供求进行分析，并对市场经济的宏观社会关系进行了深入全面的阐述，同时还进一步阐述了社会保障制度问题。

关键概念

人力资源供给	人力资源需求	引致需求
供过于求	供求平衡	社会保障
社会保障制度	五保合一	社会保险

思考讨论题

1. 人力资源供求关系有哪几种？试分析你所在省份和城市的人力资源供求关系格局。

2. “人”是社会的人，人力资源与用人单位的基本关系是什么？劳动者一方有什么权利？

3. 你如何看待劳资关系？在市场经济条件下应当如何处理这一关系？

4. 在市场经济体制下，经济活动有哪些主体？它们之间的关系是什么？

5. 如何认识社会保障制度对人力资源的作用？

第二篇

社会人力资源格局

第四章

人力资源配置与就业

导入案例

2017年中国就业形势分析解读

人力资源和社会保障部（以下简称“人社部”）近日发布消息称，2017年以来，就业工作实现温暖开局，就业形势保持总体平稳、稳中向好：1月至4月，全国城镇新增就业人数465万人，同比增加22万人，完成全年目标任务的42%，快于时序进度。

人社部相关负责人表示，就业进度目标超额完成，首先是得益于经济平稳增长。2017年以来，国民经济保持了缓中趋稳、稳中向好的发展态势，外商投资和进出口保持增长，工业增速加快，固定资产投资增速企稳回升，制造业经济保持扩张态势。一季度国内生产总值达到18万亿元，同比增长6.9%。经济规模的持续扩大，带动了就业总量增加。

中央党校教授周天勇指出，产业结构优化也带动了就业的增长。2017年以来，第三产业继续保持较快增长，一季度第三产业增加值同比增长7.7%，比第二产业高出1.3个百分点，第三产业占GDP比重为56.5%，高于第二产业17.8个百分点。经验数据表明，第三产业带动就业的效应高于第二产业20%左右，第三产业的持续快速发展创造了更多的就业岗位。

人社部劳动科学研究所所长郑东亮认为，简政放权、放管结合、优化服务改革持续推进，大众创业、万众创新扶持力度不断加大，市场主体的创业创新活力进一步增强，这些因素也对就业起到了极大的拉动作用。

2017年一季度，全国新登记企业125.5万户，同比增长18%，新设企业创造了大量新的就业岗位。同时，新产业、新业态、新模式蓬勃发展，新的就业形态大量涌现，拓展了就业空间。

此外，2017年以来，国务院印发了《“十三五”促进就业规划》和《关于做好当前和今后一段时期就业创业工作的意见》，为做好新形势下的就业创业工作指明了方向。各地区、各部门结合实际深入贯彻落实，积极推动就业政策落地见效，加强职业培训和就业服务，组织开展就业援助月、“春风行动”、民营企业招聘周、跨地区劳务协作等专项活动，促进了各类重点群体多渠道就业创业。

专家同时指出，受国内外复杂经济环境影响，就业领域也面临一些问题和困难，劳动力供给总量压力依然存在，人岗不匹配的就业结构性矛盾更加突出，高校毕业生就业、去产能职工分流安置等任务十分繁重。

“虽然困难和挑战不少，但是我们也有不少积极因素和有利条件。”周天勇说，从宏观层面看，我国经济发展具有良好支撑条件，稳增长政策效应将继续发力，经济有望实现6.5%左右的中高速增长。

郑东亮说：我国已形成了一整套积极就业政策，公共就业服务体系也不断完善，促进就业的效果将进一步显现。专家认为，综合这些有利因素，实现就业平稳向好不成问题。

资料来源：新华社.2017年中国就业形势分析解读：就业进度超额完成.至诚财经网，2017-05-18.

第一节　人力资源配置

一、人力资源市场配置模式

人力资源配置，指的是将人力资源投入到各个局部的工作岗位，使之与物质资源结合，形成现实的经济运动。人力资源的科学配置，是人力资源生产与开发之后的关键环节，也是人力资源经济运动的核心内容之一。我国的改革是从对人力资源的行政配置向市场配置模式转轨。

人力资源市场配置，是以劳动力自身生产成本（人力投资）及用人单位对该项资源未来的劳动产出预期为基础，以企业与求业者供求关系决定的工资为条件，通过供求双方的自由选择而完成的模式。

市场配置的方式，是比行政配置先进的方式，它有利于经济运行，并对资源本身的生产起到信号作用（人们要按照市场需求及发展趋势进行人力投资），而且有利于资源配置后的使用，达到较大的经济效益。

二、人力资源市场配置的缺陷

人力资源的市场配置方式也存在一定缺陷。其一，它在供求的结合上还不可能尽善尽美，供或求的信息不可能让对方全面了解，市场配置中双方都有一定的比较选择时间，这样，摩擦性失业就不可避免。其二，市场配置在理论上来说是给各个供方或需方以充分的选择权利，但是，人力资源供方个体之间有着差异性，年龄有老有少、性别有男有女、学历有高有低、技能有强有弱，这样，一部分就业条件差的人就很难被需求方所吸收。也就是说，“效率”的取得以“平等”的部分丧失为代价，损害社会效益。其三，市场配置方式会毫不留情地把过剩劳动力暴露出来，推向社会，形成失业大军，这除了会带来社会问题外，也是对人力资源的浪费。

三、人力资源市场运行

（一）确立市场规则

政府要制定市场运行的制度框架，规定每个行为主体的权利和义务，确定行为主体的“可为”与“不可为”。现行制度规定，人才交流中心是非营利性的，但现在许多公立公益性的人才机构都是营利性的。应该怎样来确定人才交流中心和猎头公司的界限，怎么确定市场规则，都是需要解决的问题。

（二）市场准入

首先，政府要确定进入市场的资格，这里要解决的是谁有资格进入人才中介服务市场。其次，要确定允许多少市场存在。有限市场准入可能会产生寻租行为，而完全自由的市场准入有可能产生监管不力。如果只允许少量人才市场服务机构存在，就意味着公章本身就能卖钱，从而产生寻租行为；但是如果市场准入完全自由，又会出现监管不力、管理混乱的现象。此外，市场准入的条件必须要透明。

（三）市场监管

市场监管包括维护市场规则、确定人才个体与用人单位的权利、维持公共机构与私人机构的平衡、区分中介机构与信息机构、监督政府等。在市场信息方面，政府应该适时披露人才市场的信息，以改善现有人才市场存在的信息不足问题。政府本身就是重要的信息的提供者，包括职业市场的信息、政府的政策信息等，应该为人才市场的信息建设作出贡献。

（四）市场介入

对于特殊群体的就业问题，有时需要政府直接介入。比如我国复员军人和残疾人安置问题。残疾人的就业在世界范围内都是按照比例折算的指标进行安置。一个企业达到多大的规模就必须招聘多少数量的残疾人，不招收就需要交纳一定的费用，政府再将这些钱用于残疾人福利事业等。

安置的方式可以包括政府直接安置、制定法律委托相应的社会组织安置、专门的社会合作组织安置（通过优惠政策）等。比如对残疾人的安置，国家可以专门立法组建免税的残疾人工厂，或者由街道办事处进行直接安置等。

第二节 人力资源流动

人力资源流动，是指处于一定部门、地区和职业工作岗位的人力资源发生了变化，进入新的部门、地区和职业工作岗位。人力资源流动的结果，是人力资源实现了再配置。人力资源的流动可以分为宏观、微观和个人三个方面。

一、人力资源的宏观流动

人力资源的宏观流动，既有政府利用行政手段措施直接组织的，也有政府通过宣传鼓励和政策引导而形成的。经济发展的不平衡是造成宏观人力资源流动的根本原因。伴随着产业结构的变动必然会出现大规模人力资源流动。产业结构调整是一种自觉的行为，我国近年的产业结构调整规模大，尤其是加入 WTO 后国家大力发展基础产业，人力资源流动的规模就较大。

人力资源流动存在的另一重要原因，是社会的体制类型。我国走向市场经济，实行双向选择、竞争就业的体制，从根本上决定了人力资源的流动。我国体制改革的深化，进一步推动了人力资源的流动。例如国企职工下岗、机关单位精简分流、科研院所转制，都导致了大批量的人力资源流动。

政府的许多政策，例如西部大开发的政策、促进科技成果应用和转化的政策等，对人力资源的流动也具有一定影响。

二、人力资源的微观流动

人力资源微观流动的原因在于，在市场变动的情况下，用人单位会采取各种措施改变既有的资源配置，辞退和更换人员，从而造成员工的流动和更替。

作为劳动者一方，则出于对个人较大收益和更好的发展机会的追求，凭借自己的能力在人才市场上寻找工作，参与就业竞争，使得人力资源的流动具备了客观条件。

人才资源是人力资源中效益大、具有不可替代性、主体意识强、社会联系多的资源，他们中的许多人具有高理论水平和技术专利，掌握一定的核心技术，是社会的稀缺资源。这些特点导致其流动性比一般人力资源高。拥有大量人才资源的科技部门、各产业部门的研究开发机构和教育卫生等部门，也往往是岗位竞争性较强的地方。这两方面的原因都使得人才资源处于高流动的状态。

20 世纪 90 年代后期以来，我国高新技术产业大发展，新经济在兴起，市场观念深入人心，企业大力争夺人才，这些都大大促进了人力资源的流动。

三、人力资源个人流动的成本和收益

人力资源个人流动成本，是人力资源进行流动方面的各项支出。它可以分为用货币计量的经济成本和不能用货币计量的非经济成本。经济成本包括因寻找工作而支出的各项费用、参加有关培训的成本、流动期间的“衣食住行”等生活成本；非经济成本包括所放弃的原单位收入、所丢掉的其他可能的发展机会、离开熟悉环境与人群的心理成本等。

人力资源个人流动收益，是作为人力资源的个人在流动以后所获得的各种利益的总和。它可以分为四部分：其一，货币性收益，即在新职业岗位所获得的货币收入；其二，技能性收益，即在新职业中获得工作技能以及有关的各种知识；其三，机会性收益，即个人在新职业和新单位的发展机会，这种预期的实现还能够获得货币等收益，因此在许多人看来往往是最重要的；其四，文化性收益，即在新工作氛围中获得文化和其他的社会生活知识。

第三节　就业基本分析

一、就业有关概念

（一）就业

就业是指人的就业，是人力资源与物质资料的结合，是社会求业人员走上工作岗位的过程与状态。在各国的经济统计中，对于就业者标准的具体掌握有所不同，在国际对比中就有一定的出入，主要是在就业者的年龄规定和从事劳动时间方面有不同之处。

按照国际劳工组织的统计标准，在规定年龄内属于下列情况者均属于就业：

（1）在规定期间内，正在从事有报酬或有收入的职业的人。这占据着就业者的主体。

（2）有固定职业，但因疾病、事故、休假、劳动争议、旷工，或因气候不良、机器设备故障等原因暂时停工的人。

（3）雇主或独立经营人员，以及协助他们工作的家庭成员，其劳动时间超过正规工作时间的 1/3 以上者。

（二）失业

从一般意义上说，失业是有劳动能力和就业的意愿（即就业要求），但未能获得劳动岗位。失业者需要马上走上就业岗位，是正在闲置的人力资源，是最直接的社会人力资源供给。他们的失业，不仅造成人力资源的闲置浪费，而且造成其生活困难，带来一系列社会问题，并且容易导致社会的不安定。

对于失业者，要以“有就业要求”和“目前没有劳动岗位”这两个条件同时具备来认定。

1.“有就业要求”条件

判定一个人是否具有就业要求，要看他是否正在积极地寻找工作，诸如到政府指定的失业登记地点进行登记，到招聘单位去求职、面谈，与招聘单位通电话联系应聘事宜，托亲戚朋友帮助寻找工作，等等。

2.“目前没有劳动岗位”条件

判定一个人是否没有劳动岗位，要看他是否没有从事任何有收入的劳动。如果一个人在规定期间内从事了任何有收入的经济活动，无论是在某单位或岗位正式任职、在某单位或某岗位短期工作，或者在一次性的活动中暂时“打工”，承包一项业务，抑或是个人或合伙从事一项事业等，均不属于“目前没有劳动岗位”的状态。

（三）失业率

失业率，指失业人数在一定劳动力或人口基数中的比例。失业率是反映社会就业状况的指标，也是反映整个国民经济运行状况的重要指标。其计算公式为：

$$失业率=\frac{失业人数}{在业人数+失业人数}\times 100\%$$

我国的现行失业率数据，采用失业者自行到政府行政部门进行登记的“城镇登记失业率”指标。它只是城镇全部失业率的一部分，全面的城镇失业率则应当采取人口普查方法和人口劳动力抽样调查方法。

二、失业的类型

（一）总量性失业

总量性失业，指人力资源供给数量大于社会对它的需求数量，即处于供过于求状态的失业。它也可以称为“需求不足性失业”。总量性失业的直接表现是大量求职人员找不到工作，一些已就业的人员被辞退；其间接表现则是就业人员过剩、人浮于事、开工不足、在职失业等。

当经济处于长期停滞和危机状态时，人力资源需求不足问题可能逐渐加剧，从而导致失业人数逐步扩大，这也可以称为“增长性失业”。当经济周期波动明显，劳动力需求时涨时落，造成失业率上下周期性变动时，这种失业可以称为“周期性失业”。

（二）结构性失业

结构性失业，指在人力资源供求总量平衡的条件下，由于其供给与社会对它的需求之间结构不对应、不统一所造成的失业。在现实经济生活中，结构性失业是极其常见的现象，它的具体表现是“有的人没事干，有的事没人干”，其根本原因是产业结构调整。

（三）摩擦性失业

摩擦性失业，指人力资源供给与需求在结合过程中出现的暂时或偶然失调所造成的失业。例如，一个人转换职业时新职业对他的随机性，以及就业供求信息不畅等。摩擦性失业实质上是人在就业或转换职业时进行必要的选择的时间代价。在经济、技术迅速发展和劳动者素质提高的条件下，这种失业会相应增加。由于摩擦性失业是就业选择的代价，因而也被经济学家看作是正常性失业。

（四）技能性失业

技能性失业，指个人因缺乏就业技能而处于失业状态。技能性失业者，有的是从学校毕业步入劳动市场就缺乏技能，有的是被先进技术与设备所淘汰。技能性失业，也可以说是从个人角度看待的技术性失业。

（五）选择性失业

选择性失业，指在社会上尚有一定的就业岗位时，求业人员不愿意到该岗位上去工作，而要等待更好的职业所形成的失业。西方经济学家指出，当工作选择考虑的是高工资时，不愿意接受市场现有的职业而宁可失业的现象，叫做“自愿失业”，它被认为是一种正常性失业。换言之，这种失业的责任在失业者自己，并且也不构成经济、社会问题。

选择性失业基于的原因是各不相同的。有的人仅仅是因为工资水平低而不去就业，这当然可以说是“自愿失业”。有的人是由于自身能力水平大大高于既有的职业岗位素质要求，他们不愿意到低等级岗位上就业（如博士失业后不愿去当推销员），这有一定的合理性。因此，对二者应加以区分，不能一概而论。

三、就业目标

（一）充分就业

“充分就业”是现代市场经济国家经常提出的口号。国际劳工组织在就业方面最重要的文件——1964年制定的《就业政策公约》中，提出了充分就业的目标。[①]“充分就业”一词含义丰富，它是一种综合目标：不仅是经济目标，而且也是社会目标和政治目标。

在市场经济国家长期的经济发展过程中，由于受到经济周期波动的影响，经常遇到失业问题的困扰，减缓失业就成为各国的重要经济目标。在西方市场经济国家的经济政策中，由于就业问题的综合性与影响的深远性，因而经常被看作各项经济政策之首。按照经济学家的经验数据估算，失业率在4%～5%以下时，即达到了充分就业。

市场经济国家的政府，有义务保证劳动人民的生活，保障公民就业权的实现。我国作为实行市场经济的社会主义国家，更应该从社会的角度维护人的充分就业权。

国际劳工组织的《就业政策公约》和《就业政策建议书》阐述了充分就业的目标，指出“每一个会员国都应当为了鼓励经济增长和发展、提高生活水平、满足对劳动力的需求以及克服失业与就业不足而宣布和执行一项积极的政策，促进充分的、生产性的和自由选择的就业，并把它作为一个重大的奋斗目标”[②]。

（二）公平就业

“公平就业”一词有着丰富的内容。在中国已经加入WTO和大力推进社会现代

① 国际劳工组织的口号是“实现充分的、生产性的和自由选择的就业”。

② 王家宠．国际劳动公约概要．北京：中国劳动出版社，1991：74-75.

化的形势下，全面塑造公平的市场环境更为重要，公平就业就是其中最重要的内容之一。

就业机会不仅仅是指一个“岗位”，而且体现在较多的方面。国际劳工组织指出，就业机会“包含得到职业培训的机会、得到就业的机会、得到在特殊职业就业的机会以及就业条件”。在国际劳工组织的第 111 号建议书中，对此专门作出说明。建议书提出：“所有的人都应当在以下方面不受歧视地享有机会均等和待遇平等：

——得到职业指导和分配工作的服务；

——有机会按照自己的选择得到培训和就业，只要他适合于这种培训或就业；

——根据个人的特点、经验、能力和勤奋程度得到晋升；

——就职期限的保障；

——同工同酬；

——劳动条件，包括工作时间、休息时间、工资照发的年假、职业安全和卫生措施以及同就业相联系的社会保障措施、各种福利和津贴。”①

这样，各国政府都应当在大力发展经济、促进经济增长、扩大就业岗位的同时，直接干预社会的雇佣环节，反对和禁止其中一切不公平的做法。同时，政府作为人力资源市场配置的操作机构之一，也在社会政策上、公立职业介绍机构的服务上对“公平就业”予以重视，把它作为一种具体的政策目标。

政府是社会利益的协调者，是财政再分配的主持者。政府对社会中的“弱者”有关心、帮助的责任，也拥有完成这种职责的财力、行政权力和政策手段。从社会的角度看，不是因为个人的懒惰而在市场中处于不利地位、需要扶助的特殊群体有：从学校毕业后缺乏就业技能的青年；中老年无技能者；残疾人；妇女；落后地区的失业者；文化、技能条件较差者；其他处于不利地位的人（如有犯罪记录等）。

四、就业政策

为了扩大就业和达到充分就业，各国采取了一系列的就业政策和相关的经济社会政策。这些经济社会政策可以概括为下述几个方面。

（一）确立就业的中心地位

1995 年联合国社会发展问题世界首脑会议提出了《关于扩大生产性就业和减少失业行动纲领》。该纲领指出：要确定就业的中心地位，即把扩大生产性就业置于国家持续发展战略和经济社会政策的中心。具体来说，包括：

（1）促进积极就业的政策，以便实现充分的、生产性的、有适当报酬的和自由选择的就业；

（2）在经济政策中把可以直接促进长期就业的计划放在优先地位；

（3）掌握、分析、宣传贸易和投资自由化对经济，尤其是对就业的影响；

① 王家宠．国际劳动公约概要．北京：中国劳动出版社，1991：64－66.

（4）建立适当的社会保障机制，减少结构调整和改革对劳动力尤其是对弱者的不利影响，并通过教育培训创造条件使他们重新获得工作机会。

（二）采取促进就业和经济发展模式

各国都注重把发展经济与解决就业结合，通过实施发展经济的各项措施达到大量吸纳社会劳动力就业的效果。为此，鼓励个人消费及政府开支，大力刺激经济；从各种渠道吸引投资，大量兴办生产建设项目，促使就业需求进一步扩大。

联合国主张，创造可以大量提高就业的经济增长模式，内容包括：

（1）鼓励在经济和社会设施建设中开发劳动密集型项目；

（2）鼓励发展可以刺激短期或长期就业增加的技术革新和产业政策；

（3）提高发展中国家选择合适的科学技术的能力；

（4）向经济转型国家的在岗工人提供培训，以提高他们在向市场经济转变中的应变能力，减少大面积失业；

（5）促进农村的农业或非农业，如畜牧业、林业、渔业和农产品加工业的发展，以使农村地区的经济活动和生产性就业持续增长；

（6）消除中小企业面临的障碍，放宽不利于私营企业发展的限制；

（7）向中小企业提供信贷、进入国内外市场、管理培训和获取技术信息方面的便利条件；等等。

（三）控制失业水平

在任何国家，一旦失业率大增，必然会引起政府关注，有时甚至采取强制性措施限制失业率的进一步增长。有的国家限制雇主解雇人员；有的国家采取一定的财政补贴政策，维持一部分企业不致解雇人员和破产。在特殊情况下，尤其是经济恶化时，还要寻找高层次的对策。例如，在凯恩斯时代，一些国家实行了减免税收、通货膨胀、赤字财政、举办公共工程等重大措施，对于应对经济危机和保持社会稳定起到了积极的作用。

（四）强化教育培训

发展教育，是提高人力资源就业素质和创业能力的有效手段。为此，要从以下几个方面着手：

（1）大力发展教育和培训，扩大其促进就业的积极作用；

（2）加强针对新就业人员和被裁减工人的培训；

（3）采取多种办法帮助青年人、妇女和残疾人掌握就业技能；

（4）大力发展职业教育，以提高劳动者的技术水平、强化其就业能力。

（五）开展就业服务

政府通过自己的具体工作直接为求业人员就业提供多方面的服务，这已成为国际惯例。我国就业服务体系的主要内容包括：进行失业登记；提供职业介绍；提供就业训练；发放失业救济；组织生产自救；开展职业技能鉴定；进行农村进城劳动力就业管理等。

第四节　我国的就业问题

一、大学毕业生就业问题

（一）大学生就业市场化改革

我国高等院校毕业生就业制度的改革，源于 20 世纪 80 年代中期，是在我国的总体经济体制市场化进程及总体劳动市场和人才市场推进的形势下进行的。1985 年，《中共中央关于教育体制改革的决定》颁布，成为高等院校毕业生就业制度改革的开端。其后，一些高校试行了供需见面、双向选择。

中国共产党十四届三中全会通过《关于建立社会主义市场经济体制若干问题的决定》后，我国开始了系统构建、全面推进市场经济体制的步伐。随着高校体制的转轨，大学毕业生的就业由国家“包工作分配”的体制过渡到“自主就业、双向选择”的就业指导体制。

在高等院校，原主管毕业生分配的学生处、学生科，转变成为就业指导机构。高等院校就业指导机构的工作任务主要是：对大学生进行正确的择业观和生涯教育；沟通就业供求信息；了解学生的特点，根据就业市场需求情况进行择业指导；办理就业的有关手续；进行毕业生的跟踪调查访问等。现行的高等院校就业指导机构可以分为隶属于学生处或党委的学生工作部、就业指导中心独立建制和“招生-就业一体化”三种模式。

（二）大学生就业形势

改革开放 40 年来，我国的经济形势非常好，保持了每年平均 8%的高增长，其发展速度超过日本在 20 世纪 50—60 年代连续两个“国民收入倍增计划”，成为当今世界上经济增长速度最快的国家，在 2010 年已经超过日本的经济总量，成为全球经济规模第二大的国家。我国经济发展的高速持续发展，对高等级人力资源提出较大需求。但是，我国的经济结构调整和国有企业改革尚未全面完成，事业单位转制和政府机构精简调整的工作也还没有完全完成，在国内外经济竞争进一步加剧和各部门行业、用人单位已经相当重视节约人员的情况下，我国对于人才资源的需求总量在较短时间内不可能有连续大规模的高增长。

从人力资源供给的角度看，我国大学毕业生数量持续增加。1977 年“文化大革命”结束后我国恢复高考，当年招生的大学生数量为 20 万人。随着我国经济和高等教育的发展，大学招生和毕业生的数量在逐步增加。2017 年我国大学毕业生的数量达到 795 万人，是 2000 年的近 8 倍，是 1981 年的 39 倍。未来，我国大学毕业生的供给数量还会持续增加。这种大批量增量人才供给进入市场，但社会需求岗位不可能同样大量增加的格局，必然导致大学生就业难。

（三）解决大学生就业问题的对策

1. 全面完成大学生就业制度的改革

要进行与大学生就业相关的全面人力资源与社会保障制度的改革，在就业手续、干部身份、大城市户籍控制政策、人事档案管理、社会保障体系覆盖多方面深化改革，以塑造全方位的市场就业环境，促进这批高质量人力资源供给的市场配置。许多大城市出于发展经济、促进科技进步的目的大力引进人才，为大学生就业提供了许多优惠政策。

与此相关的是，要大力搞好高等教育体制的改革，努力使高等教育的发展适应我国市场经济的需要，使高校毕业生的数量、质量、结构都能够与人才市场的需求相匹配。

2. 强化大学生就业指导工作

要完成大学生就业工作模式的转变，在短期内建立起比较完善的管理、服务、咨询相结合的就业工作体制和就业指导体制。[①] 对大学生进行职业指导工作的出发点，是帮助他们进行生涯的设计和作出正确的就业选择。为此，必须大力加强各级就业机构的建设，加强对就业指导工作人员的培训。

3. 提高大学毕业生的综合素质

加强对于大学毕业生的生涯教育、就业指导和综合素质教育，提高其规划生涯、正确择业、适应市场、获得发展的能力，提高其创业能力和从事科技创新的能力。

4. 帮助大学毕业生树立市场观念

要使大学毕业生正确认识就业问题，面对外部机会，从个人条件出发，在就业市场中寻找自己的最佳位置，树立市场观念，包括自主就业观念、素质观念、创业观念、发展观念和市场道德观念。要培养大学毕业生的职业道德精神、敬业精神、合作精神、互利精神、服务精神和学习精神，以适应变化着的市场和市场就业发展趋势。

5. 努力促进大学生创业

由于我国目前大学生就业压力非常巨大，解决好大学生就业的任务十分紧迫且相当繁重，需要学校、政府、社会和大学生各方面的共同努力。党的十七大报告指出："完善支持自主创业、自谋职业政策，加强就业观念教育，使更多的劳动者成为创业者。"党的十八大报告指出："要贯彻劳动者自主就业、市场调节就业、政府促进就业和鼓励创业的方针，……提升劳动者就业创业能力。"党的十九大报告进一步指出："提供全方位公共就业服务，促进高校毕业生等青年群体、农民工多渠道就业创业。"

---

① 瞿振元．认清形势 转变观念 深化改革——在全国高校毕业生就业工作座谈会上的讲话．中国大学生就业，2000(5).

大学生作为一个年纪轻、知识多、观念新、基本素质比较高的群体，在一定的条件下走创业道路，是促进其就业的很好途径，而且对于大学生来说，创业无疑是有着一定的优势和巨大的发展空间的。我国的大学毕业生群体，是接受过高等教育的高素质人力资源，他们具有强烈的个人发展愿景，具有较丰富的理论知识和开阔的眼界，也具有很强的开拓能力和适应能力，其走创业道路的人数应当大大增加，其创业成功的概率也应当较大。从社会的角度看，我国大学毕业生供给数量大、专业类型多、地区分布广泛，创业和成功的空间会非常大。因此，化“大学生就业难”为“大学生创业易”和帮助“大学生创业成功”，正是我们当前的紧迫任务和应当采取的长期性战略措施。

二、农村劳动力转移就业问题

（一）农村劳动力转移就业的趋势

我国是“三农”（农业、农村、农民）庞大的国家。从人类历史的发展长河看，工业化、城市化和职业结构的现代化（农民转变为工人和服务业人员）是必然趋势。随着我国的改革开放，农村劳动力向城市转移的规模和速度都大大增加。从总体上看，我国农村劳动力转移的道路可以分为就地转移、进入乡镇企业、进入小城镇、进入大中城市四条。

农民进城是一种历史趋势和规律。但我国在 20 世纪 90 年代前期出现了大规模盲目流入城市的“民工潮”，不仅给铁路交通运输和城市生活秩序造成压力和问题，而且大量农民因不能找到就业岗位而无“工”而返。为此，国家实行了农村劳动力进城的“有序化工程”以解决“民工潮”的压力。进入 21 世纪以来，“民工潮”问题已经有所缓和，在 2004 年、2010 年甚至两度出现了“民工荒”的现象。

（二）农村劳动力进城就业的作用

农村劳动力进城就业，对于经济社会发展具有以下积极作用：

1. 促进了中国的经济发展

从宏观的角度看，农村劳动力进城，对于经济社会发展有着多方面的积极作用。首先，农村劳动力进城的规模高达上亿，对中国经济的持续增长起到了非常重要的人力资源供给保证作用。其次，农村转移劳动力大量在贸易出口加工业就业，这对中国经济实力的增强具有非常重要的作用。再次，许多农村人进城，有些人务工、当被雇用的“劳动力”，还有一些人在经商，在一定意义上促进了城市的创业。最后，不少农村进城劳动力掌握了一定的专业职业技能和经营管理经验，回到家乡创业，促进了农村经济的发展。

2. 填补城市经济要素空缺

在城市的“就业岗位”问题上，农村进城劳动力进入的大多是城市人不愿意去的工作岗位，是对于这些岗位的劳动力供给短缺的积极填补。这些就业岗位具有工作环境差、职业声望低、工资收入少的特点，例如建筑工人、保洁员、非技术工人等，也有相当多的农村进城劳动力自己摆摊开店，从事商业、餐饮、服务、缝纫等“辛苦”的服务性劳动。这种“补缺”性就业对城市是有益的。

3. 低成本、高效益

农村进城劳动力在城市就业，往往工资低而且吃苦耐劳，用人单位使用他们“物美价廉”，比较节约人工成本，有利于提高企业的经济效益。当然，一些用人单位不仅对农民工发放很低的工资，而且不缴纳社会保险，这是违反劳动法的“节约”，必须加以纠正。

4. 对城市多方面的影响

农村劳动力在城市就业，对城市还会产生多方面的社会性影响。这表现为两个方面：

（1）正效应。农村劳动力进城就业的正效应，不仅在于可以为城市的建设提供随时可以投入的丰富的人力资源，而且在于大量农村进城劳动力在城市消费引致了一定的城市流通和生产，对国民经济具有一定的推动作用。

（2）负效应。农村劳动力进城就业的负效应主要有：在城市劳动力过剩的情况下，外部进入的劳动力不可避免地要占据一部分就业岗位，可能使当地就业压力加大；因农村进城劳动力增多而使城市公共设施紧张，城市管理成本增加；城市生活环境、市容市貌可能受到一定损害；因外来人口增多而使城市治安管理难度加大，犯罪率上升；等等。

本章小结

本章对“就业”这一关系着国民经济和社会发展的极其重大的人力资源投入使用问题进行了分析。本章首先分析了人力资源配置的模式和原则，分析了人力资源流动，阐述了就业的相关概念、失业的类型，阐述了就业目标，并分析了就业政策，进而对中国目前的两大就业问题进行了阐述。

关键概念

人力资源市场配置	人力资源流动	失业
失业率	失业类型	就业
充分就业	公平就业	就业政策
大学生就业	农村劳动力转移	

思考讨论题

1. 结合我国的宏观实际和某企业的实际，阐述人力资源配置的原则。
2. 试阐述人力资源流动的宏观及微观环境和流动的效益与回报。

3. 什么是就业？如何看待就业的社会经济作用？如何看待就业对于人力资源的作用？

4. 失业有什么经济社会影响？失业对于人力资源有哪些影响？

5. 试分析就业的目标体系。

6. 结合我国的情况，分析就业政策的内容。

7. 阐述大学生资源对于经济社会发展的重要性，并分析我国大学生就业的形势与对策。

8. 为什么要进行教育体制的改革？现行高等教育存在哪些问题？你认为应当怎样进行教育体制改革？

第五章

人力资源战略

导入案例

十八大以来归国人才数据速览

党的十八大以来，中国迎来新中国成立以来最大规模留学人才“归国潮”。

根据2017年留学人员回国服务工作部际联席会议公布的数据，从1978年到2016年年底，我国各类出国留学人员累计达458.66万人，其中265.11万人在完成学业后选择回国发展。在回国发展的留学人员中，党的十八大以来的5年回国人数占到70%。

2016年，我国出国留学人员总数为54.45万人，较2012年增长14.49万人，增幅达36.26%；回国人员总数43.25万人，较2012年增长15.96万人。完成学业后选择回国发展的留学人员比例由2012年的72.38%增长到2016年的82.23%，留学回国与出国留学人数“逆差”逐渐缩小。

2008年以来，我国共分13批次引进“千人计划”专家超过7 000人，各地引进高层次人才、留学人才5.39万人。十八大以来，党中央出台和落实《关于深化人才发展体制机制改革的意见》等60多项文件，初步完成留学人员回国的政策体系构建。

从地域来看，2016年，逾九成留学人员赴美国、英国、澳大利亚等10国；从学历层次看，七成以上攻读本科以上学历，其中硕博研究生占比35.51%；公派留学生专业主要集中在国家急需的理、工、农、医等学科，其中工科占比达36.54%。

公派出国留学是为国家储备人才，特别是高精尖、紧缺人才的重要渠道。党的十八大以来，我国公派出国留学总人数为107 005人，从2012年的1.3万余人增长到2016年的3万余人，公派留学年度派出人数增长了1.2倍。我国公派留学生回国率超过98%，其中“西部项目”绝大多数人员都回到了西部地区。

目前，全国留学人员创业园达347家，入园企业超过2.7万家，7.9万名留学人员在园创业。留学回国人员创业的先锋作用十分明显，主要集中在一、二线城市，领域集中在战略性新兴产业。

资料来源：王海磬．十八大以来归国人才数据速览．光明日报，2017－09－08.

第一节 人力资源战略基本分析

一、人力资源战略的地位

“战略”一词来源于军事用语，它是指战争之中高层次的、大格局的选择，并带有对战争目标与结局长期性的考虑。战略在层次上，高于“战斗”“战役”而近似于“战争”。因此，搞好战略问题极其重要，它事关一个事物、一个领域的根本前途。

人力资源开发利用与管理战略，简称人力资源战略，是对于一个国家或地区人力资源状况及其发展，进行总体上的规划和调节。人力资源战略不仅是经济、社会发展总体战略的重要组成部分，而且是制约经济、社会发展的一项极其重要的基础性战略。我国现在对人力资源已经相当重视，这说明我国已经认识到人力资源是推动经济发展的动力和维系社会稳定、促进社会安定的因素。

任何一个国家要搞好经济社会发展，都必然致力于搞好人力资源问题。因为，人力资源不仅是经济发展的资源和动力，更是社会发展的目标和目的。当今世界进入知识经济时代，各国都把人力资源问题作为战略性问题来考虑，制定和实施有关的人力资源政策，实行各种相关的经济政策、社会政策和技术政策，以谋求人力资源的大力开发与合理利用。

二、人力资源领域的政府职责

（一）世界银行的政府职责观

世界银行高度关注政府的职责，尤其是改革中的政府职能重塑问题。其在主题为“变革世界中的政府”的《1997 年世界发展报告》中指出，在市场经济条件下，政府对于社会经济发展也具有重要作用，担负着“解决市场失灵问题”和“促进社会公平”的作用。[①] 详见图 5－1。

① 世界银行．1997 年世界发展报告．北京：中国财政经济出版社，1997：25－28.

	解决市场失灵问题			促进社会公平
基本职能	提供纯粹的公共物品 ● 国防 ● 法律与秩序 ● 财产所有权 ● 宏观经济管理 ● 公共医疗卫生			保护穷人 ● 反贫困计划 ● 消除疾病
中级职能	解决外部效应 ● 基础教育 ● 环境保护	规范垄断企业 ● 公用事业法规 ● 反垄断政策	克服信息不完整问题 ● 保险（医疗卫生、养老金） ● 金融法规 ● 消费者保护	提供社会保障 ● 再分配性养老金 ● 家庭津贴 ● 失业保险
积极职能	协助私人活动 ● 促进市场发展 ● 集中各种举措			再分配 ● 资产再分配

图 5-1　世界银行的政府职责观

（二）我国政府的人力资源职责

政府作为社会利益的代表、社会的管理者，无疑应当对人力资源开发与管理进行一定的调控，甚至进行一定的管理和干预。但是，这应当要坚持市场导向，制定市场条件下个人与企业的行为规则以至法律，并要执法、监督；要合理选择经济手段和行政手段，对人力资源供求双方进行宏观引导、调控，为作为人力资源供给方的公民个人和作为人力资源需求方的用人单位服务。

改革开放以来，我国在人力资源方面的基本思路和举措主要有：以法律的形式明确人力资源与用人单位的市场主体权利，界定双方的权利义务，保障人力资源的合法权益；制定教育和人才培养战略；组织各种人力资源和人才交流机构，收集和发布人力资源供求信息，促进人力资源的配置；消除部门、地区、单位所有制对于人力资源流动的阻碍，促进人力资源的再配置；为实行中西部大开发战略配置人力资源；推进对于人的社会保障制度；调动人的创业积极性；等等。这些我国目前正在着手解决的人力资源战略与政策以及其他相关的经济政策、社会政策，反映了我国基本上处于“中级职能”的塑造阶段（如目前行业垄断问题已经引起国家重视并准备解决、建立城市广覆盖的社会保障体制等），也涉及发展“积极职能”（如大力吸引人才、支持高新技术创业的“集中措施”），但“基本职能”仍有许多没有到位，是我们改革中应当建立、重塑和完善的（如劳动保障法规的建设、产权制度的改造、公共医疗的重塑）。

第二节　人力资源生产战略

一、应对人力资源结构老化

据预测，到21世纪30年代，我国老年人口占总人口的比重将达到27%的高水平。随着我国老龄化的发展，人力资源年龄结构也有老化趋势，即50岁以上年龄的人力资源比重将相应加大。对于这一未来将可能影响比较大的问题，要通过提高人力资源的产出率、实行技术替代劳动等方针，来弥补人力资源年龄结构老化的影响。特别要注意加快青少年人力资源的开发，并大力发展针对中老年人力资源的继续教育事业。

二、大力提高人力资源质量

（一）抓住人力投资重点

要在下述几个方面注意加大人力投资：

第一，大力进行对企业家、科技人员、管理人员等人才资源的教育培训及再教育事业，以适应经济社会不断发展的需要；

第二，配合我国的经济社会发展战略和各种产业发展政策、区域发展政策，调动各方面力量，开发现有人力资源潜力，减少人力资源浪费，改善人力资源质量结构；

第三，大力增加农村人力资本投资，以大幅度提高农村人力资源的综合素质，促进农村现代化的进程和保证未来转移进入城市的人力资源的素质。

（二）努力搞好国民教育

要进一步增加教育经费投入，尽快达到占财政支出4%的目标；要尽快达到在全国城乡普及九年制义务教育的目标，实现基础教育的全面覆盖；要根据社会需要，搞好对高等专业教育培养方向的引导；要大力提高教育质量，使新一代人力资源具有知识经济时代的高素质。

为此，要强化教师的选拔、培训和国际交流，以大大提高师资水平；要改善课程的设置，强调教材、教学方法、教学内容的时代性；要进一步放宽政策，大力发展社会多种力量办学；大力推进高等教育体制的改革，大力提高高等教育质量，解决好专业招生体制与市场用人需求之间的矛盾；要采取多种措施，解决好已经出现的大学生就业难问题。

（三）进一步强化职业技术教育

要进一步强化职业技术教育培训，力求达到职业技术教育培训的优质化和实用化，使职业技术教育在人力资源开发与管理方面发挥更大的作用。

职业技术教育的发展，要坚持以市场为导向，注重针对性和时效性。在我国经济迅速发展的情况下，要特别注重搞好对企业转岗人员和进城务工人员的职业技能培训。

（四）进一步强化就业后的继续教育

为了进一步增强人力资源的效能，必须大力加强在岗人力资源的继续教育，使人力资源个体们都能够普遍接受终身教育。从社会的角度看，“工作—学习循环”是极为必要的，这不仅能够使人力资源不致因技术的迅速发展而陈旧和被废弃，而且使人力资源的知识不断更新、技能不断增强、综合素质不断提高。

三、提高人力资源精神素质

要普及市场经济知识，推动作为人力资源载体的人们转变观念，树立主体意识，即竞争、创新、开拓的市场经济观念，并加强道德观念教育，弘扬中华民族的优秀文化，提高全社会人力资源的精神素质水平。具体来说，市场经济观念包括下述几个方面。

（一）市场经济规范观念

1. 法制观念

法制在市场经济社会具有非常重要的作用，它能协调人力资源个人与使用单位（者）双方的关系，维护双方的合法权益。我国在发展市场经济的过程中，重视劳动、人事立法以及有关的监督监察、调解、仲裁等。人们具有法律观念，作为雇员的人就可以有效地保护自己的合法权益，作为雇主的人也会尊重所使用的人力资源的合法权益。

2. 道德观念

市场经济要求在经济活动中遵守公平、信用、真实等信条，有商业道德。作为人力资源个体的人也要有道德精神，包括敬业精神、勤奋精神、合作精神、互利精神、信用精神等，例如在职业流动方面的竞业避止（竞业禁止）。

（二）市场经济主体观念

1. 竞争观念

在市场经济体制下，作为社会生活细胞的人在“市场”中的能动性非常重要。对于每一个人力资源个体而言，在劳动市场、人才市场上存在着就业竞争，在各个工作单位内部也存在晋升机会的竞争。这都要求人们有一种比较高的成就动机，并有相应的能力素质来实现成就动机。正因为如此，改革开放以来，读书、学习、进修、考试就成为人们主动追求的生活内容。

2. 创业观念

在市场配置资源的模式下，政府不再给人力资源个体发“铁饭碗”，人们要有自我创业、开拓事业、开拓人生的观念。自我创业，不仅有利于在就业压力大、职业需求少的情况下就业，而且能够找到合乎自身能力、意愿的职业，还能够在创业过程中发挥才干、陶冶情操，促进“人”的完善。

（三）市场经济人本观念

市场经济下的人本观念是社会进步的反映，从经济活动主导思想的角度看，“人力”这一要素或资源由以往单纯的“labour”“manpower”向“人”的色彩更多的“human”方向发展。从浅层次上看，人本观念是作为经济和社会生活主体的人，其权利受到承认和重视，利益得到认可和满足；从深层次上看，人本观念是以人为中心、注重人的个体发展的观念。每一个人力资源个体发展的总和即职业生涯的发展和成功。因此，在给人的发展提供了机遇的市场经济条件下，人们规划职业、塑造生涯，在职业变换中获得最佳发展。

第三节　人力资源就业战略

一、发展经济和开拓就业岗位

从一定意义上讲，失业问题的存在是社会就业岗位短缺的反映，开拓就业岗位是解决就业问题的根本。大力发展经济，大力培育经济增长点和就业增长点，大力开拓新的就业岗位，不仅是稳定我国就业局面的根本，也是进一步在我国实现长期充分就业的根本。

二、多方面挖掘就业需求

按照经济学原理，为人的就业提供岗位的人力资源需求来自社会消费。充分调动消费需求，鼓励社会创业机制，从而调动就业岗位需求，这是解决就业问题的根本。我国近年来进行了促进消费的多方面努力，诸如降低利率、消费信贷、假日经济、高校扩招等，取得了一定的成效。但是，2016 年我国城乡居民存款依然在攀升，数额高达 65 万亿元，这意味着我国的消费需求和就业岗位需求仍然大有潜力。

我们要面向正在迅速成长的中国经济，面向庞大的国内市场，有预见地开发就业岗位，并将其纳入宏观经济政策中。我国农村的市场潜力巨大，所引致的人力资源就业岗位需求巨大。

我国的经济形势呈现良好的稳步发展局面，我国与世界经济的联系越来越紧密，随着“一带一路”倡议的实施，我国的对外经济活动还会有进一步发展的巨大空间，这也将给予长期就业以巨大的引致需求。“21 世纪是中国的世纪”和中国成为“世界制造中心”的格局，为扩大就业提供了非常好的国际性机遇。但是，近年来我国的收入分配不公问题非常严重，城乡之间的真实收入差距达到 5∶1①，城市居民的生活成本大、社会保障很不完善，这些都严重地遏制了我国经济的有效需求和就业岗位的扩大。为此，必须研究和解决好多方面的政策问题。

三、调动多方面的创业力量

随着我国改革开放的进程，非公有制企业在大量兴办。从近年的情况看，国有单位和集体单位的数量还在下降，而就业总量还在增长，这更说明了民间创业在解决我国就业问题方面的极大功用。

改革开放以来，我国采取了很多调动民间创业力量的举措，例如“三结合就业方针”、发展劳动就业服务企业、鼓励外商投资、促进中小企业发展等。为了进一步调动社会的创业力量，政府还需要做出更多的努力。②

四、鼓励非正规就业和灵活就业

市场经济的特点是多样化。从就业的角度看，非正规就业主要依靠劳动者自身的努力创造大量的就业岗位，这不仅是制度化就业的补充，而且是一种自动缓解失业压力、稳定就业局面的力量。按照国际劳工组织的观点，在非正规就业中，“独立服务者”占据主体地位的是家庭帮手、街头小贩、清洁工、街头理发师、擦鞋童等。独立服务者也被称为“随意劳动者”，其特点是职业的性质不断变化、女性比例大、具有季节性、技能水平低。③

非正规就业具有创造大量就业岗位、减轻城市贫困和满足多样化社会需求的作用，往往是在多方面经济条件受限的社会环境中生存，但它却显示了强大的生命力，而且还蕴含着巨大的增加就业岗位和提高收入水平的潜力。④ 国际劳工组织和许多国家的政府都对非正规就业持宽容和支持态度。我国上海实行类似的社会灵活就业组织，被国际劳工组织总结为“上海模式”。

总之，我们必须大力发展非正规就业，并注意使其合法化、规范化，以利于缓解我国严峻的就业形势。

五、实行就业扶助

政府作为公众集体利益的代表，有着消除社会痛苦、对弱者进行扶助的责任。为此，应当解决以下几个方面的问题：

---

① 据北京师范大学教授、原中国社会科学院经济研究所研究员李实的估计。

② 钟朋荣．谁为中国人造饭碗．北京：中国经济出版社，1999：152.

③ 国际劳工局．世界就业报告（1998—1999）．北京：中国劳动社会保障出版社，2000：141.

④ 袁方，姚裕群．劳动社会学（第二版）．北京：中国劳动社会保障出版社，2003：265－266.

（1）大力做好失业贫困人员的解困和再就业扶助工作。我国已经在一定程度上实行了生活救助和就业扶助，但这种救助和扶助在不同地区、部门和单位还有相当的差异，必须下更大的力气全面解决好这一问题。

（2）扶助低文化、低技能层次的女性就业。在市场经济讲求效率、用人单位具有自主权的情况下，可以采取强化技能培训提高素质、加强就业指导促进匹配、创造适合岗位扩大需求等政策。

（3）对于无技能的青年失业者给予以技能培训为中心的就业扶助。

（4）对于中老年失业者，要给予必要的生活保障和有针对性地提供就业岗位。

（5）继续做好和进一步深化残疾人就业扶助的各项工作。

（6）建立对于失业人员的社会工作制度，以减少失业者所遭受的社会痛苦，并达到维持社会稳定的效果。

还应当指出，要解决好我国的中长期就业问题，需要在未来经济社会进一步发展和转型、其格局必然有相当大变化的情况下，基于新的国情、新的目标、新的战略和新的理念，进行多方面的政策优化、政策深化、政策调整和政策创新。

2013 年我国批准了上海自由贸易区，实行“负面清单”的做法，这是全面与国际接轨的重大举措。在这种格局下，必然对多种经济、社会政策进行调整和创新。

第四节　人力资源市场化战略

一、完善人力资源市场体制

搞好我国人力资源市场化的进一步塑造，以适应市场经济对人力资源要素市场的要求，需要从以下方面入手：

（1）从法制上解决人力资源市场运作的秩序问题。

（2）从教育上解决人力资源市场机构的人员素质问题。

（3）从技术、组织、管理方法等方面加强市场机构的建设，以提高其运作水平。

二、强化人力资源流动

大力增强人力资源的流动性，促进人力资源再配置，努力消除其流动中的障碍因素，尽可能地合理引导流向，是当前乃至今后相当长时期内需要努力解决的重要问题。

（一）解决人才流动体制问题

要发挥市场机制和政府宏观调控的作用，彻底消除户口与身份界限、社会保险制度不完善等诸多人力资源流动的障碍，为人才的全面自由流动彻底扫清障碍，消除人力资源主动进行流动和自动实现资源优化配置的后顾之忧。

（二）搞好区域性人才流动

我国有着加快中西部地区发展的巨大机遇，这为开发中西部地区人才资源、减少其人才流失、吸引更多东部地区人才流入、达到人才资源的区域性合理配置创造了前提。但是，如何满足中西部人才的需求，如何迅速开拓中西部人才就业的岗位机会，还是一个有待研究的重大问题。

（三）搞好农村劳动力转移流动

要加强政府对农村人力资源跨区域流动的宏观指导和协调，克服盲目性和无序性。大力发展由政府或民间举办的多种形式劳动中介服务组织，逐步形成包括信息、咨询、职业介绍、培训在内的社会化就业服务体系，正确引导农村人力资源向城镇的流向，在达到有序化的同时，要综合运用经济、法律以及行政等管理手段，建立和完善相应的管理机构网络，保障农村剩余劳动力转移的合理流动。

三、完善劳动人事争议仲裁制度

在市场经济的运作中，不同的参与者之间存在着权益之争。完成人力资源市场化体系的构建，必须要解决好市场各主体之间的矛盾和纠纷问题。因此，完善劳动人事争议仲裁制度极为重要。

为此，应当大力强化劳动人事争议处理机构，充实人员，加强其权威性；要进一步做好劳动人事争议预防工作，把协调劳动人事关系、减少劳动人事纠纷、维护人力资源与使用单位双方合法权益作为政府劳动、人事部门的一项中心工作；要进一步强化市场观念，注重对用人单位的依法用人教育和对劳动者的维权、守法教育；注意对双方进行市场经济契约关系和信用观念的教育；加强工会组织的建设，努力塑造好新时期工会的职能，以更有力地维护劳动者权益。

四、完善人力资源社会保障制度

在市场经济的运转中，在市场的周期性波动中，必然会有一部分人力资源遇到失业、疾病和年老等社会风险，需要社会的“安全网”予以承接。在我国与国际社会全面接轨的今天，这一需要更为重要、更加强烈。建立完善的社会保障制度，不仅是保障劳动者基本生活水平的必要措施，也是市场经济条件下人力资源开发和管理不可或缺的制度保障。塑造社会保障制度，就成为政府进行市场经济体制塑造和宏观管理的重要任务。

面向未来，政府应加大各项社会保障制度改革的力度，进一步完善养老、失业、工伤、医疗和生育保险等各项制度，扶助妇女、老年人、残疾人、文化技能条件差等在市场中处于不利地位的人，实现社会公平，既塑造发达的经济，也塑造充分保证人权的高度文明的社会。

第五节　人才资源战略

一、大力发掘人才和吸引人才

人才资源的重要性人所共知，扩大人才的来源也是人们所共同寻求的。从现实的角度看，在发掘人才、吸引人才方面，应当实行以下政策：

（1）进一步深化人事制度改革，全方位地实行竞争机制，打破一切成才、用才的障碍。

（2）深入调查和研究现有的人才资源状况，研究和发掘现有人才的潜力，进行必要的政策调整，充分发挥其积极作用。

（3）采取与外界联姻的措施。各个地区和用人单位要与人才蕴藏量丰富的地区（如北京、上海等）和单位（如科技机构、大学、外企等）建立多元的、频繁的交流关系；政府与产业界、大财团联合开发人才；实行国内流动研究、客座教授等制度；延请国外专家来华工作；等等。通过上述措施，从更广阔的空间发掘人才、使用人才。

（4）进一步强化人才资源流动，增加国家、地区、产业和用人单位的人力资源流动（即吸引人才）的投资，解决好人才流动的社会保障问题和各种实际问题，解除其后顾之忧。

二、优化人才资源利用的社会环境

（一）解决好人才资源的价值定位

尽管近年来我国在社会收入分配方面的“体脑倒挂”问题有所缓解，但人才资源在许多方面所应当得到的收入，仍然低于其社会价值。我们认为，应当核定人才资源价值，这是承认和兑付其价值的前提。尤其是政府机关和人才集聚的事业单位，更应当解决好“高薪养廉”和“高薪养才”的问题。

（二）提高人才资源的经济地位

要从政府的财政投入和国有单位的分配政策上，解决行政官员、专业技术人才和管理人才的工资收入的合理定位和激励，以留住人才和吸引人才。他们的工资水平应当以竞争性行业的同等层次人才的收入为依据，进行计算和兑付。

要做到“高薪养廉”和“高薪养才”，使经济社会发展所需的人才岗位成为热门职业，成为令人钦佩的职业，让人才们成为社会上备受欢迎、令人尊敬的人。同时，还要大力加强对具有资源分配权力的政府官员、公共部门的负责人和“实权人物”的廉政监督，有效防止他们的寻租行为和从“小金库”“单位创收”等灰色渠道获得的实质上的非法收入。

三、提高人才资源使用效率

人才资源是投资较大、收益较高的人力资源，人才的浪费是最大的浪费。为了提高人才的使用效率，必须通过多种途径，制定多方面的有关政策，采取各种措施手段。

（一）努力达到人才资源的充分就业

要立足于国家以及各地区、部门和用人单位的发展战略，创造一大批好岗位以吸引人才、安置人才，努力达到人才的充分就业，避免人才的闲置、错配和低效能使用。各层次的人才资源使用主体都应当认识到，重用人才和发挥人才的巨大潜能，与发展自身的实力完全是一回事，而且“得人才者得天下”。

（二）强化对国有单位人才资源的管理

制定用人标准，加强对人才的管理，通过行政措施监督国有用人单位节约使用人才，保护人才资源这一宝贵财富。要研究制定政府机关和国有企事业单位的职务说明书，核定各国有用人单位的工作量，根据类似于“定额”的人才使用标准，为其配置适当数量的人才资源。

（三）提高人才资源的社会产出

要鼓励人才资源兼职和从事各种业余劳动，使其尽可能多地为社会发挥效用。各用人单位可以通过长期或短期聘用、协作与交流、举办学术报告会和训练班、请外部人才指导与诊断本单位工作等方式，挖掘社会人才，利用“外脑”为自己服务。从社会的角度看，这会大大减少人才资源的闲置率，提高人才资源的产出率。

四、构筑人才资源高地

（一）进一步发挥高新技术产业集约人才资源的作用

我国近年来高新技术产业发展势头迅猛，对于高新技术的研究相当广泛，高新技术转化生产力的比例也逐步增多，不少领域正在赶超国际先进水平。在高新技术产业的发展中，集约了大量的人才资源，包括吸引了大量出国留学人员和外国专家。

高新技术代表了经济社会发展的趋势，具有全球化的趋向，也具有改造传统产业的巨大效能和重要职责。我们要看到现行的差距和发展中的不利条件，例如，同为发展中人口大国的印度在软件业方面已经取得优势地位，未来有望向世界第一软件大国的地位冲击，我国则相差甚远。为了进一步促进高新技术的发展和发挥高新技术集约人才资源的作用，要在高新技术发展战略的选择、对高新技术的投入、高等教育和相应的高级技工教育的发展、新型人才管理体制的塑造、人才开发利用社会环境的塑造等多方面，做出更多的和更大的努力。

（二）大力发挥大城市集约人才资源的作用

城市是经济社会发展布局中的重点，是人才的重要集散地，是人才生产、人才开发、人才配置、人才使用的主要场所。要充分发挥大城市、特别是中心城市在集约人才、生产人才和开发人才方面的巨大作用。城市都有自身的总体发展战略规划，这是人才战略规划的出发点和目标。一般来说，发展大都市的同时，也就大大增加了对于人才资源的需求。

我国的首都北京，经济和金融中心上海，直辖市天津和重庆，改革开放前哨的深圳，大区域中心的广州、杭州、西安、武汉等，改革开放以来迅速崛起的苏州、青岛、大连等各计划单列市，都是集约人才资源的重要地点，而且在直接推动国民经济全局发展、带动其他地区发展方面都有重大作用。

大都市的大格局，要有发展规划，要有先进的产业建设项目，要有核心优势竞争力。大城市有了高目标，就要有集约人才、培养人才的大手笔，要吸引、培养人才，形成一大批自然科学与技术专家、经济专家、经营管理专家、人文社会科学专家、政府行政管理专家，即要有“大家风范”。

总之，我国要在人力资源用人体制和管理方法方面与国际全面接轨，以发挥具有五千年文化积累和具有高度聪明才智优势的中国人力资源的优势，促进中国经济的进一步腾飞，进一步推进中国社会的现代化进程，使 21 世纪真正成为中国世纪，并为人类社会的进步作出贡献。

本章小结

本章对人力资源战略进行了基本分析，首先分析了战略范畴，然后阐述了人力资源战略的内容，详细分析并阐明了如何在我国实施人力资源生产战略、人力资源就业战略、人力资源市场化战略、人才资源战略，为我国在人力资源用人体制和管理方法方面与国际全面接轨、促进中国经济的进一步腾飞提出了相应的对策。

关键概念

人力资源战略	政府职责	人力资源生产战略
市场经济规范观念	市场经济主体观念	市场经济人本观念
人力资源就业战略	非正规就业	就业扶助
劳动人事仲裁制度	人才资源使用效率	

思考讨论题

1. 影响人力资源战略的因素有哪些？
2. 试述我国人力资源战略的演变进程。

3. 我国人力资源数量均衡战略的内容是什么?
4. 我国人力资源质量提高战略的内容是什么?
5. 试述人力资源就业战略。
6. 我国人力资源市场化战略的内容有哪些?
7. 为什么要实施人才资源战略？如何实施?

第 三 篇

组织的人力资源开发

第六章

组织、工作与人力资源规划

导入案例

“标准话”和“说明书”

按照工作岗位的性质和工作内容来选拔人才、进行招聘，有一定的专业对口的要求，即要达到人力资源的合理配置。

那是在计划经济分配劳动力的时代。各单位使用劳动者和人才除了政治条件，其实也是有“专业特长”方面的要求和考虑的。一次，人事局的干部看了准备调配的一个年轻人有“在基层单位当广播站播音员”的经历，又看到一家国家产业部委的工业标准化研究所要招聘人员，就想“有播音专长，到说‘标准话’的单位肯定专业对口，能够发挥专长”，于是就把这个年轻人分配到标准化研究所。年轻人前来报到，搞得研究所所长哭笑不得：“我们是研究工业生产的‘标准化’，不是研究怎样把‘话’讲得很‘标准’的语言问题的单位。”因为，人事局的干部不知道用人单位的工作岗位的职务是什么、对工作者的塑造要求是什么，他想搞专业对口、人职匹配，但实际上导演了一出“乔太守乱点鸳鸯谱”的糊涂剧。

这是市场经济下的故事。

某机械公司人力资源部招聘专员李刚询问三车间主任、高级技师韩青林：“我已经给你提供了4位面试人选，他们都符合‘工作说明书’中的要求，但你为什么一个都没有录用?”

“什么工作说明书?”韩主任很不高兴地回答，“我是要找几个胜任我们车间工作的人，但你给我提供的人都无法胜任，他们操作不了机器！而且，我从来就没有见过什么工作说明书。”

李刚递给韩主任一份工作说明书，并一起逐条进行分析。结果他们发现，要么是其中的工作说明与实际工作不相符，要么是规定以后，实际工作又有了很大变化，例如，工作说明书中列出了5年前老式钻床的使用方法，而现在公司技术革新、产量翻番，已经发生了很大变化，车间实际使用的是新型数控机床。为了有效地使用这种新机器，工人们必须掌握更多的数学和自动化知识。

听韩主任讲了“数控机床操作员必须具备的条件和应当履行的职责”之后，招聘专员李刚说：“现在我们应当写一份准确的工作说明书，以其为向导，我们就能找到适合这项工作的人了。”

第一节　组织与人力资源战略

一、组织的人力资源战略

微观层面的人力资源战略，是指组织为了实现其经济发展、经营目标或各种工作规划，在员工管理、选拔任用和调整、绩效考核和工资福利、培训与发展等诸多方面所制定并依此实施的全局性、长期性的思路和谋划。组织的人力资源战略具有全局性、长远性、阶段性、稳定性、应变性的特征。

由于组织本身处于不断发展的状态并受人力资源市场人才竞争格局变化的影响，在制定人力资源战略时，需要综合考虑本组织内在需求和外在人力资源市场的变化，充分估量可能发生的各种变化，并针对这些可能的变化因素，作出相应的预期对策和应急措施，使人力资源开发与管理活动在总体上具有稳定性，同时在某些方面、某些时点上又能具备灵活的应变能力，以适应随时变化的外部客观环境，为组织总体战略提供一个良好的人力资源条件。

为了实现组织的人力资源战略，需要从战略的角度进行人力资源的培训和开发，并对人力资源使用的各个环节给予充分重视。进行人力资源规划，就是要把组织战略落实到人力资源开发与管理的各个环节。

二、战略人力资源管理的含义与内容

（一）战略人力资源管理的含义

“战略人力资源管理”是一个新的范畴，存在着多种不同的观点。

比较全面的看法是：战略人力资源管理是指从企业经营的战略性目标出发，从事人力资源管理活动和改进人力资源部门的工作方式、发展组织文化，以提高组织总体和长期绩效的人力资源管理活动模式。战略性人力资源管理作为一种新的人力资源管理模式，是统一性和适应性相结合的人力资源管理，它要求组织的人力资源管理和组织的总体战略完全统一，人力资源政策在组织中的各个层面要完全一致，组织内各个部门的负责人和员工要把人力资源政策的调整、接受和应用作为他们日常工作的一部分。

（二）战略人力资源管理的主要内容

1. 人力资源规划战略

人力资源规划战略是基于公司整体战略的角度，对人力资源，尤其是关键人才的供给做出获取与维持的总体安排，它具体体现在人力资源管理计划的内容上。

2. 人才吸引战略

吸引外部人才的加盟，以及稳定内部的各种核心人才，无疑是公司人力资源战略角度最重要的几个问题之一。有时候甚至是最关键的问题。

3. 人力投资战略

为员工的素质提高进行投资是企业的战略眼光，对人力资本的投资可以带来巨大的经济效益。

4. 薪酬战略

薪酬管理被人们看作是人力资源管理的核心方法之一，因为薪酬可以为管理者提供明确的效果和业绩导向的机制，是非常有效的激励机制。当代管理中的“全面报酬管理”是薪酬战略的方向，它不仅是管理方法的改革，而且是管理思维和管理战略的提升。

5. 员工关系战略

企业作为微观经济组织，具有要素资源的配置使用权。现代管理已经有把员工作为主人的思潮，企业员工关系战略正体现了这种思维，可以提升资源组合的有机性，从而提高经济效益、促进组织战略的实现。

6. 企业文化战略

企业文化是企业的整体价值观念、道德规范、行为准则、管理风格等的总和。企业文化战略是完成组织愿景和组织战略的“软实力”，它大量渗透于人力资源管理之中，也往往是组织拓展、组织变革的核心管理之一。

第二节　工作分析

一、工作分析基本范畴

所谓工作，也称职务（job），是同类职位或者岗位的总称。[①] 例如，一家公司聘用 5 个电脑操作员，即一种工作或一种职务设有 5 个岗位空缺。一个组织的长期战略和即时任务，是要通过一个个岗位和一项项工作实现的。

工作分析（job analysis），也称职务分析、岗位分析或职位分析，是指收集所有

① 余凯成．人力资源开发与管理．北京：企业管理出版社，1997：28.

与工作有关的重要信息，并对某一特定职位的任务、职责以及完成此项工作所必须具备的知识、技能加以详细说明与职务规范的系统方法。

工作分析是人力资源开发与管理的基础性内容，搞好工作分析对于科学进行人力资源规划，以及进行其后的各项人力资源开发与管理措施，都非常必要。

二、工作分析的内容

进行工作分析时，要细化到某职务的工作内容、目的、主体、时间、地点、关系和方法七个方面。国外学者把这些要明确的问题，归纳为 6W1H。下面对这七个方面分别进行阐述。

（一）做什么（what）

“做什么”是指所从事的工作活动。主要包括：

- 任职者所要完成的工作活动是什么？
- 任职者的这些活动会产生什么样的结果或产品？
- 任职者的工作结果要达到什么样的标准？

（二）为什么做（why）

“为什么做”是指任职者的工作目的。主要包括：

- 做这项工作的目的是什么？
- 这项工作与组织中的其他工作有什么联系，对其他工作有什么影响？

（三）谁来做（who）

“谁来做”是指对从事某项工作的人的要求。主要包括：

- 从事这项工作的人应具备什么样的身体素质？
- 从事这项工作的人应当具备哪些知识和技能？
- 从事这项工作的人至少应接受过哪些教育和培训？
- 从事这项工作的人至少应具备什么样的经验？
- 从事这项工作的人在个性上应具备哪些特点？
- 从事这项工作的人在其他方面应具备什么样的条件？

（四）何时做（when）

“何时做”表示在什么时间从事各项工作活动。主要包括：

- 哪些工作活动是有固定时间的？在什么时候做？
- 哪些工作活动是每天必做的？
- 哪些工作活动是每周必做的？
- 哪些工作活动是每月必做的？

（五）在哪里做（where）

“在哪里做”表示从事工作活动的环境。主要包括：

- 工作的自然环境，包括地点、温度、光线、安全条件等。

● 工作的社会环境，包括工作所处的文化环境（例如跨文化的环境）、工作群体中的人数、完成工作所要求的人际交往的数量和程度、环境的稳定性等。

（六）为谁而做（for whom）

“为谁而做”是指在工作中与哪些人有关、发生什么关系。主要包括：

● 工作要向谁请示和汇报？

● 向谁提供信息或工作结果？

● 可以指挥和监控何人？

（七）如何做（how）

“如何做”是指任职者怎样从事工作活动以获得预期的结果。主要包括：

● 从事工作活动的一般程序是怎样的？

● 工作中要使用哪些工具？操纵什么机器设备？

● 工作中所涉及的文件或记录有哪些？

● 工作中应重点控制的环节是哪些？

三、工作分析流程

工作分析的全过程，因组织类型和结构的不同、所要分析的各种职务的不同、人力资源管理要求的不同、组织管理基础尤其是岗位资料多少和详细程度的不同，以及职务分析工作人员的不同，而有一定的差异。

一般来说，工作分析的主要环节可以分为准备、推进、形成和应用四个阶段。在准备阶段，要做好各项准备工作，诸如制定方案、准备前期材料、选择对象样本和搞好宣传等。在推进阶段，即开始进行调查的阶段，要完成职务分析资料的收集任务。在形成阶段即对已经取得的资料进行审核、分析，归纳已经取得的材料，进而撰写出工作说明书（或称职务说明书、职位说明书、岗位说明书）。在应用阶段要将最后完成的工作说明书进行使用。在职务说明书的应用过程中，可能要进行一定的反馈和调整。必要时，还要对工作说明书重新进行修订。

四、工作说明书

一份好的工作说明书应当具备以下特点：

（1）清晰。在工作说明书中，对工作的描述应清晰透彻，任职人员读过以后，可以明白其工作，无须再询问他人或查看其他说明材料。避免使用原则性的评价，专业词汇须解释清楚。

（2）具体。在措辞上，应尽量选用一些具体的动词。如“安装”“加工”“传递”“分析”“设计”等。要指出工作的种类和复杂程度、任职者须具备的具体技能与技巧、任职者应承担的具体责任范围等。一般来说，由于基层工人的工作较为具体，因而其工作说明书中的描述也应更加具体详细。

（3）简明。工作说明书的语言应尽量简单明确，避免使用冗长的词句。

（4）客观。为建立一个组织的工作分析系统，须由企业高层领导、典型工作代表、人力资源管理部门代表、外聘的工作分析专家与顾问共同组成工作小组或委员会，协同工作，完成此任务。

实例

“职务分析员”的工作说明书

A. 工作岗位名称：职务分析员。

本岗位别名：工作分析员，人事研究助理，雇用服务分析者，人事专门技师。

B. 工作职责：分析工作，进行一般及特殊说明，进行商业测验，监督编辑资料及执行其他工作（性向测验及工作作业经验）。

1. 分析工作，进行一般性及特殊性说明：为求职者、咨询者、其他人事工作者及录用培训、调任、工作考核时，提供详细明确的书面报告，包括工作研究、工作描述、人员必备能力与培训等。

2. 进行商业测验，并将其标准化，分析结果，选出具有高效度的问题。

3. 监督编辑资料：指导他人做工作分析，修订商业测验及相关的工作。

4. 执行其他工作：与雇主及同事合作，解释技术发展的价值，帮助修正性向测验及帮助其他同事运用雇用工作分析技术。

C. 任职资格：

1. 教育——大学毕业或有数年经验，需要并研修过工业心理学、测验与评价、统计。大学毕业后，受此专门训练的人，可不需要工作经验。

2. 训练——

a. 工作中：有工业知识，曾在公司或企业工作，或对此方面知识相当丰富者，训练期为 2 至 6 星期。

b. 工作前：需要有工作分析的经验，能应用工业技术和组织面试。需要 4 至 5 年或相同的大学训练。

3. 个人——最重要的是，具有与人友好相处的能力。书法好，兼有监督他人的能力。

D. 与其他职位关系：与职业咨询者、约谈者、工业心理学家有关。

E. 发展前途：从雇用约谈者可升至经理级分析者或修订测验的部门经理。

第三节　人力资源规划基本分析

一、人力资源规划的含义

人力资源规划（human resource planning，HRP），是人力资源开发与管理过程的初始环节，是人力资源开发与管理各项活动的起点。做好人力资源规划，对于做好人力资源整体管理具有重要作用。

人力资源规划有狭义和广义之分，这里分别进行阐述。

（一）狭义人力资源规划

狭义人力资源规划，是指组织从自身的发展目标出发，根据其内外部环境的变化，预测组织未来发展对人力资源的需求，以及为满足这种需求提供人力资源的活动过程。简单地说，狭义的人力资源规划是人力资源供需预测，并使之平衡的过程。我们可以把它看作是组织对各类人员的补充规划。

（二）广义人力资源规划

广义人力资源规划的内容很多，可以分为组织的人力资源目标规划、组织变革与组织发展规划、人力资源管理制度变革与调整规划、人力资源开发规划、人力资源供给与需求平衡计划、劳动生产率发展计划、人事调配晋升计划、员工绩效考评与职业生涯规划、员工薪酬福利保险与激励计划、定编定岗定员与劳动定额计划等。

二、人力资源规划与组织目标

人力资源规划是组织中的重要工作，要围绕着组织目标运行。它与组织目标的基本关系如图 6－1 所示。

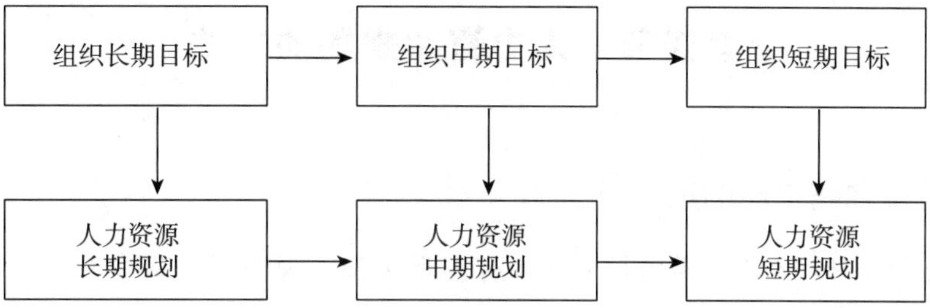

图 6－1　人力资源规划与组织目标

就组织的总体经营活动而言，组织目标可以分为长期目标、中期目标和短期目标。其中长期目标可以看作是组织的战略目标，时间一般在 3 年～5 年甚至更长；中期目标可以看作是组织的战役目标，时间为 1 年～3 年；而短期目标则可以看作是组织的战术目标，时间一般是 1 年以及本年度之内。

相应地，人力资源规划也可以分为长期规划、中期规划和短期规划。它们既由同期的组织经营目标决定，也由较长时期的人力资源规划所决定。由此，人力资源规划在长期、中期及短期就有着不同的任务和不同的工作思路。因此，我们需要根据组织具体的工作任务和时间要求，来确定人力资源规划的内容和方法。

三、人力资源规划的原则

（一）目标性原则

目标性原则，即人力资源规划的制定和实施要与组织的发展目标相统一。人力资源规划的应用范围很广，既可以运用于整个组织，也可以局限于某一部门或某个工作集体。不管哪一种规划，都必须与组织的整体发展目标相统一，以确保组织各项资源的协调配置，使人力资源的规划具有准确性和有效性。

（二）动态性原则

动态性原则，即充分考虑环境的变化，积极主动适应环境的变化。世界是变化的，事物是运动的，未来总是充满许多不确定的因素，包括内部和外部不确定因素。为了更好地适应变化，应当对可能出现的情况作出预测和应对，才能够发挥好人力资源这一最重要资源的价值和效用。

（三）兼顾性原则

兼顾性原则，即尽量达到组织和员工双方的共同发展。组织和员工共同发展，是现代管理的一项理念。在知识经济时代，员工越来越重视自身的发展，组织的发展也越来越离不开员工的贡献，两者是相互依托、相互促进的。在人力资源规划中，应当使组织和员工的利益都得到保证，从而达到共同发展的结果。

第四节　人力资源规划的方法

一、人力资源需求预测法

在预测组织人力资源需求量方面，有客观法和主观法两种基本方法，它们也可以分别被称为统计法和推断法。

（一）统计法

统计法是通过对过去某一时期的数据资料进行统计分析，寻找、确定与组织人力资源需求相关的因素，确定二者的相关关系，建立起数学公式或模型，从而对组织未来的人力资源需求进行预测的人力资源规划预测方法。统计法是以过去的事实为依据的预测方法，包括多种方法，其中最常用的是趋势分析法、比率分析法和回归分析法。

1. 趋势分析法

趋势分析法是根据过去一定时间的人力资源需求趋势来预测未来需求情况的方法。作为人力资源预测的一种工具，趋势分析法是很有价值的，但仅仅使用该方法是不够的，因为一个组织的人力资源使用水平很少只由过去的状况决定，其他因素（例如销售额、生产率变化等）也会影响到组织未来的人力资源需求。因此，该方法得出的结果可以作为一种趋势来参考，而不能认为是完全准确而机械地加以应用。

2. 比率分析法

比率分析法是通过计算某种组织活动因素和该组织所需人力资源数量之间的比率来确定未来人力资源需求的数量与类型的方法。例如，学校的师生比、销售数量和销售人员数量比、单位食堂炊事人员与就餐人员比等。一些大企业有着严格的劳动定员管理标准，这些标准也可以用于比率分析法。

长期从事员工管理工作、具有实际经验的组织领导者，脑子里会储存该方面的判断标准信息。当一个组织的工作任务与条件有所改变、需要对人员数量进行增减或者对员工进行再配置时，这些标准就会在领导者的脑海里出现，他们把类似环境下类似组织的一些数据拿来作为参考，从而对本组织的人力资源需求量作出修正。一些岗位的资深人员也能够就此提出比较准确的估测值。

3. 回归分析法

回归分析法是通过绘制散点图寻找、确定某一事物（自变量）与另一事物（因变量）之间的关系，从而预测组织未来对人力资源需求数量的方法。如果两者是相关的，那么一旦组织能预测出其业务活动量，就能预测自身的人员需求量。当自变量只有一个时，称为一元回归；当自变量有多个时，称为多元回归。

（二）推断法

推断法是通过专家和管理人员运用自身知识、经验以至直觉，对未来的人力资源需求数量作出推测、判断的方法。常用的推断法有自上而下法、自下而上法和德尔菲法。

1. 自上而下法

自上而下法主要依赖组织的高层领导者作出判断，这就要求领导者应该对组织的发展方向、各方面的情况、组织发展目标和运行情况有明确和清醒的认识。

2. 自下而上法

自下而上法是依赖各部门和各层次的直线经理，靠其经验和判断对未来人力资源需求作出预测。这种方法一般用于简单的预测，只需清楚地了解当前的具体需要项目，而不必反映未来的和整个组织全局的目标。

3. 德尔菲法

德尔菲法，也称专家调查法，是一种依靠管理者主观判断的预测方法。具体做法是：专家们背靠背，分别提出各自的预测；组织者综合专家们的意见，并再次提供给专家（也可以是另外一些专家），如此反复，直到形成较一致的预测结果。在人力资源需求预测方面，德尔菲法具有方便、可信和能够在缺少资料、其他方法难以完成的情况下成功进行预测的优点。

二、人力资源供给预测法

（一）内部人力资源供给预测法

由于组织经营活动规模的扩大和内容的增加，或由于本单位员工队伍的自然减员，组织就必须获得必要的人力资源补充或扩充。

组织内部人力资源的供给预测，即对未来年代本组织管理人员和技术人员可接续部分的计算。从总体上看，预测期组织的人力资源内部供给，是现有各类岗位的人力资源数量减去晋升、调动、流出、退休后的数量，并加上由本组织内部变更（下级晋升和平级调动）而来的人员。

具体来说，人力资源内部供给预测的过程是：

（1）确定人员预测的范围；

（2）估算各岗位未来年代的实际存留人数；

（3）评价和确定每一关键职位的接替人选；

（4）确定专业发展需要，并将员工个人目标与组织目标相结合；

（5）挖掘现有人力资源的潜力。

对于本组织的人力资源向外流动，尤其是人才流动，要分析其流动即损耗的原因，并采取有针对性的政策措施加以解决。从总体上看，导致人力资源流动的原因可以分为外界的吸力和内部的推力两部分，具体来说，主要有组织用人状况、工资竞争力、个人发展机会、组织文化、管理制度、人际关系、工作氛围等原因。

（二）外部人力资源供给预测法

根据组织的人力资源需求预测和组织内部人力资源供给预测的结果，可以计算出本组织在一定时期对人力资源需求的缺口。这一缺口要靠外部人力资源供给来填补。

为此，组织就要对外部人力资源供给状况进行预测和规划，以获取自己所需的人力资源。组织进行外部人力资源供给预测，要考虑人力资源市场的状况和变动，对员工的资料进行收集和分析，并要考虑诸多的经济、社会、文化因素对人力资源市场的影响，预测未来组织之间的竞争和合作的状况，以决定组织未来的招聘方式及吸引人才的政策和方法。

此外，人力资源管理部门还必须及时对人力资源市场进行观察和把握，以防在需要补充人力资源时陷入被动局面。

第五节　人力资源规划后的措施

一、人力资源短缺解决法

在人力资源数量短缺的情况下，组织可以从三个方面提高生产能力：一是增加工作设备或改进工作设备，对人力资源实现替代；二是通过各种方式提高现有人力资源的工作能力；三是增加人力资源投入。其中，后两个方面更具有现实意义。其主要方法有：

（1）挖掘现有岗位的潜力，增加工作负荷与设备产出率，提高绩效水平。这可以起到“不投入即产出”的功效。

（2）结合部门机构调整，对员工结构进行调整，将人员配置到空缺岗位上。

（3）培训员工，以提高其工作能力，尤其是对新设置岗位或技术更新后岗位的从业者给予大力度的培训。

（4）招收员工。为了使组织具有用工弹性，可以实行灵活的用工形式，包括正式职工、临时工和兼职人员。

（5）工作外包，将部分工作交给其他单位完成。

（6）加班加点，延长工作时间。这只能是权宜之计。

二、人力资源过剩处理法

对于任何组织而言，都会存在自己所使用的人力资源过剩的问题。在当前全球性经济不景气和诸多企业进行大规模兼并、重组和再造的形势下，在我国产业结构调整和国有企业转轨、转制的情况下，这一问题更为明显。在组织人力资源总量过剩及员工结构失调的情况下，就需要采取减少人员的政策。其主要方法有裁员、变相裁员、降低员工待遇和减少工作时间等。

（一）裁员

裁员，也称削减规模，是指组织中一次性削减所雇用的员工数量。实践证明，裁员往往很难达到企业所预期的目标，其原因在于，裁员不能从根本上解决企业面临的问题，如果企业没有制定出适当的发展战略，而只是一味强调降低成本的话，这种裁员是不可能改变企业的现存状况的。尽管如此，自 20 世纪 80 年代以来，世界范围内仍广泛采用裁员方法，许多著名企业也在大规模裁员。

（二）变相裁员

变相裁员可以在一定程度上缓解裁员的矛盾，尤其是目前我国处于体制转轨时期，社会保障体系还不健全，采取变相裁员的办法，比典型的裁员能更顺利地达到企业预期的目标。为此，可以买断工龄或给予其他的补偿。

（三）降低员工待遇

降低现有员工的工资待遇，减少福利，可以解企业的一时之急。但这只能是临时性的措施。

（四）减少工作时间

市场需求下降带来的反应也可能是减少工作时间。管理层可能决定将原来每位员工每周 40 小时的工作时间削减为每周 30 小时，实行部分工作时间制和临时归休制。

本章小结

人力资源规划是人力资源开发与管理的初始步骤，工作分析是人力资源开发与管理的基础内容。本章阐述组织的人力资源战略和战略人力资源管理的含义与内容，介绍了工作分析的一般方法和工作说明书的内容，分析了人力资源规划的地位、含义和目标、原则，进而阐述了人力资源规划的方法和落实措施。

关键概念

战略人力资源管理	工作分析	工作说明书
人力资源规划原则	统计法	趋势分析法
比率分析法	回归分析法	推断法
德尔菲法	人力资源短缺解决法	人力资源过剩处理法

思考讨论题

1. 人力资源战略在组织中的地位是什么？
2. 战略人力资源管理的主要内容是什么？
3. 什么是工作？工作分析要分析哪些要素和内容？
4. 讨论工作分析和人力资源开发与管理各个环节的具体联系。
5. 什么是工作说明书？试制作营销人员、生产工人和设计人员三份工作说明书。
6. 人力资源规划有哪些原则？其流程有哪几个环节？
7. 进行人力资源规划的常用方法有哪些？
8. 用什么方法解决组织中的人力资源短缺问题或过剩问题？

第七章

人力资源获取

导入案例

日本大学生求职季素描

东京的6月，梅雨刚过，比北京、上海要闷热许多。但在地铁和轻轨上，却会看到很多西装革履的年轻人，脸上稚嫩未脱，却又发型整齐，西服是清一色的蓝黑色。这些大多是大学三年级的学生。

日本录用大学毕业生的过程，与其他国家有很大不同。企业入职面试不是针对大四的学生，而是大三学生。每年6月1日以后，企业就开始入职面试，在一两个星期内决定是否给“内定”——内部决定的录用通知。一年后，等学生拿到大学毕业文凭，企业再发一个正式的录用通知。

日本的高中生大多穿校服，不能留长发。进入大学后，很多学生不但会把头发留长，而且会染成各种颜色，穿衣服也更加释放个性。走进一个坐着几百名学生的大教室，一眼望去，万紫千红。

但这种无拘无束的时光，只有两年半时间。一上三年级，对时事新闻并无多大兴趣的学生就会开始看新闻，经过两三个月的“恶补”，对国内外大小事有了一知半解之后，就开始投简历，准备6月的面试。

6月1日之前，这些大三学生多半已经脱去奇装异服，把头发重新染回黑色，剪成规矩的“白领头”，提前进入成人社会。

中国大学生在就业面试时，常常会强调自己个人能力强，超过一般人。但日本大学生则恰恰相反，规规矩矩，小心翼翼，不敢轻易越雷池半步。

乘坐地铁去面试的时候，他们大多不会去坐座位，怕裤线褶皱，让未来雇主看着不舒服。他们也不会在面试公司附近的餐馆吃饭、喝咖啡，不想在面试前留下任何瑕疵。

面试时，没有人会靠着椅背坐，都是浅浅坐下，腰板笔挺。面试者之间，不管认识还是不认识，基本都不会交谈，甚至从面试出来到乘车回家前，都很少说话。

这些是日本大学里的就业指导部门反复强调的：年轻人走向社会，知礼慎行是第一步。

“关系”，也是日本大学生特别重视的。

在面试前，如果有自己同校、同门的学长在该企业任职的话，很多学生会通过老师、同学的介绍，前去拜会。校友、同门在日本大企业里常常会自然形成“帮派”，所以这也有点“拜码头”的意思。

当然，没有任何背景，完全靠自己去找工作的学生还是大多数。6月的前两周，大三学生们会非常忙碌，要去参加几个甚至十几个企业的面试。有能力的人能拿到几个企业的内定，有人可能一个也拿不到，需要在剩下的一年半里更加努力。

6月下旬过后，地铁里穿西服套装的年轻人会如同潮水一样退去，但人生的残酷挑战，显然才刚刚开始。

资料来源：http：//www. xzbu. com/7/view-7502240. htm.

第一节　人力资源招聘

一、人力资源招聘基本分析

（一）人力资源招聘的含义

人力资源招聘，是组织人力资源开发与管理的重要工作内容，由此就有了组织对所招用人员的任职与管理操作。

所谓招聘，是用人单位寻找合格员工的可能来源，吸引他们到本组织应征并加以录用的过程。招聘可以分为“招募”和“甄选”两个阶段。所谓招募，是通过各种途径从社会上以及本组织中寻找可供选用的人力资源人选，这是招聘的前期阶段；所谓甄选，是对可供任用的人选进行进一步的甄别、比较，从而确定本单位最后录用的人员，它是后一阶段，也是最终完成招聘工作任务的阶段。

（二）人力资源招聘的依据

一个组织招聘多少人和招聘什么样的人，是有着客观依据的。主要有：

（1）组织发展战略和相应的人力资源规划；

（2）组织近期的人力资源补充需求；

（3）组织的人力资源观、人才观和招聘理念；

（4）工作岗位的需要，这主要体现在职务说明书或工作说明书上；

（5）工作岗位的任职条件，这也体现在职务说明书或工作说明书上；

（6）外部人力资源市场的人力资源供给状况及有竞争力的单位。

（三）人力资源获取的基本途径

组织为获得人力资源所进行的招聘，包括内部获取和外部征聘两种途径。一般来说，应当首先考虑内部获取，即从本组织的员工中晋升或调岗。

内部获取和外部征聘又可以进一步分为不同的途径与方法，各种招募人才的方法各有利弊，应当根据各用人单位招聘的人力资源数量、类型以及社会的人力资源供求状况，采用不同的方法。

下面对内部获取和外部征聘途径分别进行阐述。

二、内部获取

（一）内部获取的方法

所谓内部获取，即在组织中搜寻合格人才，通过晋升或调职来满足空缺岗位的人力资源需求。内部获取常用方法有查阅人事档案资料和发布内部招募公告。

1. 查阅人事档案资料

人力资源管理部门可以通过查阅人事资料（档案）库和“人才库”中的资料，来搜寻合格人才。例如，IBM公司的“IBM甄募资讯系统”就可以用来搜寻公司内部的合格人才，从而填补岗位空缺。此外，还可以通过查阅专门详细记载具有特殊才能的现职“人才库”，来搜寻所需人才。

2. 发布内部招募公告

此方法是通过组织内部报刊或宣传橱窗等，将空缺的岗位公布于众，让员工们了解这一晋升或转调机会。公告的内容包括：空缺岗位名称、工作说明、工资待遇、所需条件等。然后，由员工自愿申请，经人力资源部门审核后按程序决定晋升或转调。最后将这一结果公布于众。如果空缺属于主管级的岗位，除了用“招募公告”方法外，也往往由组织决策层在管理人员中物色合适的人选，并作出具体的培养计划。

（二）内部获取的优缺点

1. 内部获取的优点

（1）能够对员工产生激励作用。对于获得晋升的员工来说，由于自己的能力和表现被组织肯定，因而士气大增，其绩效和忠诚度都会有所提高。对于大多数员工来说，由于组织为大家提供晋升机会，使员工们感到升迁有望，工作就会更加努力，也能够增加员工对组织的忠诚和归属感，从而有助于员工队伍的稳定。

（2）获得的人员比较可靠。因为组织对晋升者以前的素质和表现都有比较深入的了解，因此在任用时能减少用人方面的失误。

（3）晋升或调职者在组织内已工作一段时间，对组织目标和组织结构有所了解，对内部情况和工作环境都比较熟悉，因此在新工作的接受过程中较节约时间，而且不需要一般性的职前培训。

（4）可节约费用。内部晋升或调职不必支付广告和甄选费用，因此成本很低。

2. 内部获取的缺点

（1）内部获取的人才往往是一脉相承、“近亲繁殖”，在观念、思维方式和眼界方面可能较狭窄，缺乏创新与活力，以致因循守旧。

（2）容易引起员工之间的竞争，可能产生一定的内耗。提出申请而未能升迁的员工可能会心理不平衡，晋升者对原来的同事往往难以建立声望和进行管理。

三、外部征聘

（一）外部征聘的途径

外部征聘的途径很多，包括就业市场、招聘广告、校园招聘、网络招聘、猎头公司、他人推荐和求职者自行上门求职等。这里我们重点介绍前五种途径。

1. 就业市场

在市场经济体制下，组织获得人力资源通常是通过就业市场机构获取。就业市场机构可以分为“市”与“场”两种类型。所谓“市”，即参加各种人才招聘会，用人单位在招聘会上设立摊位，这类似于集市。在这种招聘会上，用人单位可以收集大量有求职意向的人员信息，并在对其筛选后进行面试和录用。所谓“场”，即到就业服务机构的常设办公地点去查询人力资源供给，这类似于商场。实际上，“市”的途径也往往是由就业服务机构提供的。

从总体上看，就业市场服务机构有三种基本类型：其一，政府公立职业介绍机构，包括人才交流中心和职业介绍所；其二，非营利性职业介绍机构，如我国不少行业部门的人才交流机构、工青妇组织的职业介绍所，经济发达国家的专业性团体设的职业介绍组织等；其三，私立收费性职业介绍所。一般来说，就业市场是用人单位对普通的初级、中级人力资源进行外部招聘的主要渠道。

由于就业市场服务机构是专业性工作机构，它们收集和储备大量的人力资源信息并加以鉴别、分类，因此它们可以从事招聘代理的工作，能够将经过筛选的特定人力资源提供给有需求的用人单位，这可以减少用人单位征聘员工的招募和甄选时间。用人单位采用招聘代理方法时，应当注意有时会出现被推荐者并不符合工作岗位要求的情况，从而造成高流动或效率低下等问题。

2. 招聘广告

招聘广告是传递职位空缺、吸引求职者的一种打破时间、空间局限，范围非常广泛的招聘信息发布法。有人力资源需求的单位，在报纸、杂志或专业刊物上刊登广告，或用张贴街头告示的办法，就可以使大量求职者接触到其岗位空缺的信息，从而得到大量的人力资源外部供给。

为了使招聘广告产生良好的作用，应注意以下三点：

（1）媒体的选择。媒体的选择取决于空缺岗位工作的类型。一般来说，征求较低层次人员的广告，刊登在地方性报纸上即可；征求某类专业人员的广告，刊登在商业性或专业性的报刊上为宜；特殊重要岗位任职者的征聘广告，可以刊登在发行量大的全国性报刊上。此外，还可以通过广播、电视和互联网发布广告，广招贤才。

（2）合理的内容。招聘广告的内容一般包括广告标题、单位简况（该项目不是必要内容）、审批机关、招聘岗位与数量、招聘条件和联系方式等。制作招聘广告，应当遵循真实、合法与简洁的基本原则。

（3）明显的效果。要使招聘广告达到较高的水平，应当做到广告在形式上引人注目，在内容上令人产生兴趣。

3. 校园招聘

校园招聘是大公司招聘的主要形式之一。大学是人才荟萃的地方，许多用人单位招聘专业技术人员和管理人员，基本上都从学校直接招聘。通过校园招聘，用人单位能够起到进行公共关系宣传和扩大自身影响的良好作用，能达到“百里挑一”、精选人员的效果，还能够对未来员工进行组织文化的渗透，从多方面产生人力资源管理功效。

人力资源管理部门去学校招聘的基本任务有两项：

（1）初选应聘对象。校园招聘可以分为大小两种。大型校园招聘的程序，一般是招聘单位到目标学校举行报告会，向该校的毕业生介绍本单位的基本情况、招聘岗位、招聘条件等方面的内容，然后发放求职登记表，在收回后进行筛选。小型校园招聘的程序，一般是一两名招聘人员到学校就业机构和有关专业院系，由就业机构和院系帮助提供招聘对象毕业生名单，以供见面。筛选之后，再进行初次面谈。

（2）精选人才。初选名单确定以后，通常要对其进行第二次精选。这种精选，可能在校园中进行面试、心理测试、专业能力选拔、综合素质测试等，也可能发出进一步面试的通知。这是精选人才的重要环节。如决定录用，最好将决定当面告诉学生，以便及时签约，避免其在有其他工作机会时另做打算。

4. 网络招聘

网络招聘，是利用互联网进行的招聘方式。网络招聘充分利用当代网络技术的结构化、个性化、智能化、交互性、无地域性等特征与优点，打破了招聘工作在地域和时间方面的限制，能够与求职者及时互动。这大大扩充了招聘的对象来源，提高了招聘工作安排的灵活性，节约了成本，从多方面提高了招聘工作的效率。广义的网络招聘不仅包括企业招聘主页的建立、招聘信息的在线发布、电子简历的收集筛选，还包括应聘流程的在线管理、在线电子面试以及在线测评等全部依托于互联网技术的内容。

网络招聘有用人单位自己举办的，也有专门的招聘网站举办的。专门的招聘网站有全国性的、行业性的、地域性的等类别，还有具有搜索功能的招聘网站。全国性的招聘网站，如“前程无忧”网站（www.51job.com）、智联招聘网站（www.zhaopin.com）、中华英才网（www.ChinaHR.com）等；地域性的招聘网站，如北京人才网、上海招聘网、浙江人才网等。

5. 猎头公司

“猎头”一词的英文为 head hunter，“猎头公司”作为高级人才招聘公司的俗称，是指专门替用人单位搜寻和推荐高层管理人才与专业人才的公司。在发达国家，虽然猎头公司为企业提供的人才数量并不多，但极为重要的主管和专业技术人才大都由这些公司提供。

猎头公司有较为宽广的联络网，特别擅长于接触那些已经有工作而且还没有流动意向的人才，因而被人们称为“挖墙脚”的公司。猎头公司常常秘密物色人选，接触目标人才时也为用人单位保密，直到目标人才“进入情况”为止。

猎头公司招聘求才的方式也存在一些不足之处，主要是收费相当高和搜寻能力有限。

（二）外部征聘的优缺点

1. 外部征聘的优点

（1）外部征聘有利于因事求才、广招贤人。由于从社会中征聘、选才的途径很多，且视野开阔，因而可以从众多的求职者中筛选出符合岗位要求的优秀的人才。

（2）具有工作经历的外聘人才，往往能带来别的组织的工作经验和理念，其中的一些经验可能是本组织所欠缺的。在这种情况下，他们的加入就如同新鲜血液的注入，能为组织增强活力。

2. 外部征聘的缺点

（1）外聘人才与用人单位员工之间缺乏相互了解，往往会存在沟通和配合的困难，工作适应的时间较长。

（2）任用外聘人才担任管理职务，可能使组织内部员工感到升迁无望，从而挫伤许多员工的积极性。

（3）外聘人才比内部获取人才的费用高、工作量大。

第二节　人力资源甄选

一、甄选的意义

所谓甄选，是指用人单位根据用人条件和用人标准，运用适当的方法和手段，对应聘者进行审查、比较和选择的过程。在组织的人力资源工作中，甄选具有十分重要的地位。

做好甄选工作，对于做好人力资源开发利用与管理也有着多方面的重要影响。其一，可以保证所吸纳的员工素质优良；其二，有利于事得其人、人尽其才，从而实现人与事的科学结合，避免大材小用、小材大用和用非所学等问题；其三，有利于降低员工的流失率，从而节约招募、甄选及岗前培训等费用；其四，有利于形成员工队伍的合理结构，从而实现组织成员的密切配合，达到互补和整体的优化；其五，有利于员工聘用后的一系列人力资源管理活动，诸如考核、激励、培训等的顺利进行。

二、甄选的原则

（一）因事择人原则

所谓因事择人，就是以事业的需要、岗位的空缺为出发点，根据岗位对人的条件要求来选用人员。坚持因事择人的原则，从实际的"事"（工作岗位）的需要出发去选用合适的人员，才能实现事得其人、人适其事，使人与事科学结合起来。相反，如果先盲目地录用人，然后再找岗位进行安排，很难做到事得其人、人适其事，不是大材小用，就是小材大用，增加再次招聘的工作量。

（二）人职匹配原则

每个职业岗位都有特定的工作内容、岗位规范和对从业者的素质要求，每个求职者也都有自己的从业条件和个人意愿。组织在招聘人力资源时要达到二者之间尽可能地匹配，这对其后的人力资源个性化管理也是至关重要的。

招聘的职位与求职者个人条件的匹配，需要对比如图 7－1 所示的项目。

招聘岗位		个人条件
文化素质水平	——	学历等级
职业种类	——	专业工种类别
工作内容	——	生理、心理特点
技能经验	——	培训和经历

图 7－1　招聘岗位与个人条件的匹配

（三）用人所长原则

人力资源开发与管理把人才开发作为自己的重要目标，它重视"用人所长"，其内涵相当丰富：其一，注重员工现有能力的有效利用，因事择人，适才适所，不埋没人才；其二，注重人的潜在能力的发掘，在人才选用中，通过人员素质测评与能力性向的测验来判断应聘者的能力优势与发展的潜能，据此把他（她）安置在相应的岗位上；其三，在员工的日常管理中注重发现人之所长，及时进行岗位调整，为人才的潜能发挥提供舞台。

坚持用人所长原则，在人员选用中要注意克服"求全责备"的思想，树立"多看人的长处、优点"的观念。世上本无完人，因此，在人力资源选拔中就不该"求全"。为了寻觅完美的人，找不到合适的人选而采用"保险"的办法，最终会找出一个既无大错，也不具备胜任岗位能力的“老好人”。

（四）德才兼备原则

“德才兼备”历来是用人的标准。综观古今中外人事管理的实践就会发现，任何时代、任何阶段的用人标准都是有德、才两个方面的要求。即使是主张“唯才是举”的历史人物曹操，在用人上也不是没有德的要求：他所用之人，必须能为他“治国平天下”，这正是当时“德”的要求。当今世界发达国家用人时，在能力考核之后往往要进行背景调查，在应征者品行端正、声誉良好时，才能录用。

三、甄选的程序

一般而言，面向社会征聘员工的甄选程序，包括接见申请人、填写申请表、初步面谈、测验、深入面谈、审查背景和资格、作出录用决策、体格检查、试用和正式任用九个步骤。这种甄选程序属于“淘汰法”的性质。所谓“淘汰法”，是指在上述甄选过程中，只要有一个步骤或关卡没有通过，就会被淘汰的方法。

具体来看，淘汰法甄选程序的九个步骤，如图 7－2 所示。在各个步骤框图右侧的文字，是常见的淘汰原因。

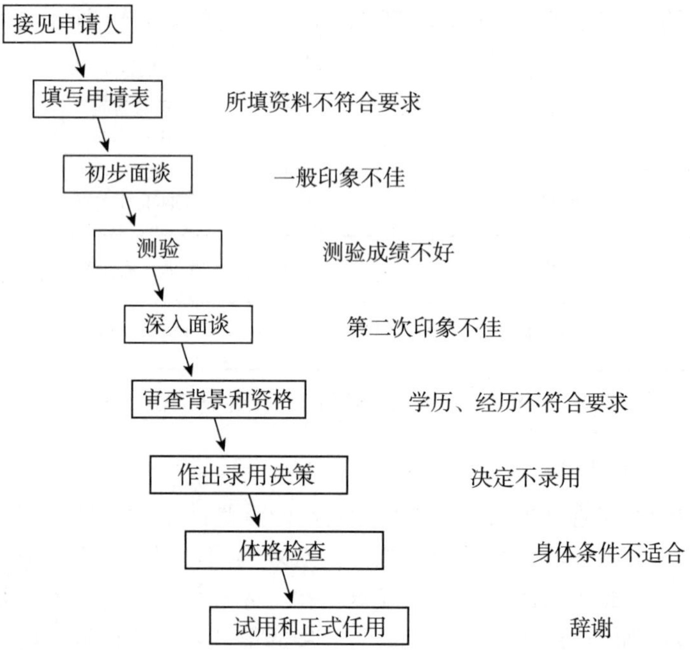

图 7－2　甄选的程序

下面对人力资源甄选程序的九个步骤进行具体阐述。

（一）接见申请人

若申请人基本符合应征空缺岗位的资格条件，就予以登记，并发给岗位申请表。

（二）填写申请表

1. 申请表的内容

为了取得应征者的有关资料，要求应征者填写申请表。申请表所列内容包括：

（1）申请岗位名称。

（2）个人基本情况。包括姓名、性别、住址、电话、出生年月、籍贯、婚姻状况，以及家庭人口、住房情况等。

（3）学历及专业培训。包括学校名称、毕业时间、主修专业、证书或学位等。

（4）就业经历。包括单位名称、地址、岗位、工资待遇、任期、离职原因等。

（5）证明人。包括证明人姓名、工作单位、电话等。

2. 申请表所列内容的要求

（1）必须是能测试应征者未来工作表现优劣的有关内容。在一般情况下，年轻人跳槽较多，已婚者大多比未婚者的工作表现好，而且已婚者、拥有住房者和年龄较大者更具有工作稳定性。可见，年龄、婚姻状况等应该作为重要的甄选指标。

（2）应当尽量避免一些与工作无关的私人问题。比如美国《公平就业法》规定，用人政策不能因种族、宗教信仰、性别、肤色、出生国等而有差别待遇。因此岗位申请表中所列内容及招聘决策时要避开上述问题或谨慎处理，以淡化差异，以免有歧视嫌疑。

（三）初步面谈

一般是由面试工作人员与应征者进行短时间的面谈，以观察和了解应征者的外表、谈吐、气质、受教育水平、工作经验、技能和兴趣等。如果不符合空缺岗位所需的资格条件，则予以淘汰；如果条件大致符合，则进行下一程序。

（四）测验

通过测验，可以进一步客观地判断应聘者的能力、学识和经验，作为正确地作出招聘决策的依据。传统的测验最常用的是知识性笔试和实际操作，在现代测验中则主要采取人员素质测评的有关方法。

（五）深入面谈

应征者测验合格后，要由面试工作人员再做一次与应征者的深入面谈，以观察和了解应征者的态度、进取心、适应能力、人际关系能力、应变能力以及领导能力等。如果上一步“测验”中已采用测评技术，则本程序可以省略。

（六）审查背景和资格

经过上述程序筛选合格的应征者，要对其进一步进行背景及资格的审查。这种审查的具体内容包括应聘者的品行、学历和工作经验等。审查的方法是对学历和资历的证明文件，如毕业证书、职业资格证书、专业职务资格（职称）证书等进行审核，也可以查阅人事档案，或向应征者以前的学习或工作单位进行调查。

（七）作出录用决策

一般情况下，人力资源部门在完成上述初选程序后，就把候选人名单送交具体的用人部门，由该部门主管考虑，以定夺是否录用。这时，人力资源部门可以对用人部门的选择决策提供具体资料并提出参考意见。

（八）体格检查

在用人部门决定录用某应聘者以后，应要对其进行体检。通过体检判断应征者在体能方面是否符合岗位工作的要求。体格检查合格者，则发出录用通知书。

体检程序放在最后，只给少数拟录用者进行体检，可以大大节约费用。

（九）试用和正式任用

经过上述程序，被录用者报到后，就安置在相应的空缺岗位上。为观察新进员工与岗位的适应程度，组织对新员工都有一定的试用期，试用期长短视工作性质和工作复杂程度而定。试用期满，经考核合格，用人单位对新进员工的工作满意，则正式给予转正和任用。

应当指出，上述程序不是绝对的。由于各组织的规模不同，招聘岗位的要求不同，所采用的甄选程序也会不同。如组织规模小、空缺岗位工作简单的员工甄选，就不一定采用笔试程序，而主要采用填写岗位申请表和面谈等程序即可。

第三节　人力资源素质测试

对于个人来说，了解自身的素质，“知己知彼”，对于正确地设计自己、塑造自己，正确地把握职业生涯和获得成功，都是极为重要的。对于组织来说，把握员工的素质，特别是把握应聘者的现实素质水平和潜能，也非常重要。

一、人力资源素质测试原则

（一）整体性

人的素质是一个由许多方面构成的内容非常丰富、结构相当复杂的客体。对人的素质测试必须要有整体性，分析清楚素质的结构，把握主要方面，同时又不遗漏虽然相对次要、但在管理中仍然有一定影响的方面。

（二）目标性

素质测试的目的是了解和把握人的素质，这种测试往往是基于个人或者用人单位的实际需要。对于个人而言，有选择所学习的专业、设计人生道路、选择工作岗位、考虑职业变动的需要；对于用人单位而言，有安排培训计划、选择提拔目标、招聘择员等需要。要根据目标状况确定测试的具体项目，再据此选择合适的测试工具和方法。

（三）鉴别性

素质测试是要观察、判断一个人的具体情况，因此必须达到较好的测试鉴别性。从心理测量学的角度看，鉴别性好，就是要达到比较高的信度与效度。高的信度，是指测试结果真实、可信，即可靠性高，能够正确地反映被测试的客体；高的效度，是指测试结果区分度或准确性高，能够很好地反映出被测试的客体与一般客体、其他客体的差异。要达到满意的鉴别性，即高信度和高效度，需要依靠可靠的测试工具和科学的测试方法。

（四）预测性

通过测试，除了能正确地反映被测试者的现行状况外，还应当能够对其素质（总体和某些主要方面）的发展作出判断，从而为个人的生涯设计与调整服务，为用人单位的人力资源管理活动服务。

（五）易行性

测试不是越复杂越好，而往往是越简单、越明了越好。素质测试是为了人们能够观察、分析人，好的测试恰恰是应用比较简便易行的工具和方法，得到正确、满意的测试结果。

二、人力资源素质测试分类

这里从心理测量学的角度，对人力资源素质测试进行划分。

（一）从测试材料的角度分类

从测试材料的角度，可以分为文字测试和非文字测试。

文字测试所使用的测试材料是文字，被测试者用文字、语言或者数字回答。文字测试主要采取测试量表的形式，这是一种相对简便易行的测试方法。

非文字测试所使用的测试材料是图片、实物、工具、模型、器械等。非文字测试在实施上往往受到测试材料尤其是专门工具、器械的限制。

（二）从测试对象范围的角度分类

从测试对象范围的角度，可以分为个体测试、团体测试和自我测试。

个体测试是一个主持人对一个被测试者进行测试，其测试比较精细，但所花费的时间与成本均比较大。个体测试适用于高层员工的选聘、职业指导和心理咨询治疗等领域。

团体测试是一个主持人对一批被测试者进行测试，其优点是测试的范围很大。团体测试可以用于大面积的职业指导、人员筛选以及人文科学的研究。

自我测试是个人使用现成的测试方法，对自己进行一定的心理测试。自测的优点是简便易行，测试者的目的明确、态度认真；其缺点是一般人的心理学知识不足，由于自测量表鱼龙混杂，测试者难以选择，且只能依赖测试材料所提供的结果，对测试结果难以进行准确的解释分析和更深入的把握。

（三）从被测试者特点的角度分类

从被测试者特点的角度，可以按年龄分为婴幼儿、青少年、成年人、老年人的测试；也可以按人的身份分为在校学生、求职人员、从业人员的测试。

除了上述分类方法之外，测试方法还可以分为谈话法、（活动）观察法、作品分析法、行为分析法等。

三、职业能力因素测试

根据国际权威性的加拿大《职业岗位分类词典》的口径，职业对于从业者条件要求的一般项目，包括能向（即能力）、普通教育程度（GED）、专门职业培训（SVP）、环境条件（EC）、体力活动（PA）、工作职能（DPT）诸项基本条件和兴趣、性格的参考条件。上述各项条件，按照各自程度和水平分别打分，区分为不同的等级。

所谓“能向”，是指人们能力的特性与方向。在加拿大《职业岗位分类词典》的“资格检测表”体系中，能向的要素包括：

（1）一般能力要素，即智力要素，用G来表示。

（2）特殊能力要素。其具体内容分别为：语言表达能力（V），数学计算能力（N），空间感觉能力（S），形体感觉能力（P），文书事务办公能力（Q），动作协调能力（K），手指的灵活性（F），手的灵巧性（M），眼、手、脚配合的能力（E），辨色能力（C）。

每一种职业都有不同的职业能力的要求，这就要求从事某一种职业的人具有特定的职业能力。人要走好自己的生涯之路，必须选择适合自身特点的职业，即要达到人的各项条件与职业的要求相互适应。

职业资格检测表的结构示例见表7－1和表7－2。

表7－1　职业资格检测表一

（能向水平）

职业名称	G	V	N	S	P	Q	K	F	M	E	C
矿物地质学家	1	1	1	2	2	3	3	3	3	4	3
行政官员	2	2	2	3	3	3	4	4	4	4	5
室内设计师	2	2	3	2	2	4	2	2	3	5	2

注：表中有下划线的数字是强制性标准。

表7－2　职业资格检测表二

（其他项目水平）

职业名称	PA	EC	GED	SVP	兴趣	性格
矿物地质学家	L23467	B26	6	8	781	09Y41
行政官员	L47	16	6	8	781	0Y914
室内设计师	S-L4567	1	5	8	86	X9

第四节　面　试

一、面试基本分析

（一）面试的含义

面试，是一种在特定场景下以面对面的交谈与观察为主要手段的甄选技术方法。面试作为一种由表及里地测评应试者有关素质的方式，在人力资源招聘中被大量使用。具体来说，"面试"一词具有以下含义：

第一，面试不是一般性的交谈或谈话，而是经过专门设计的；

第二，面试不是在自然情景下对应试者做日常的观察和考察，而是在特定场景下进行的，考场是按一定要求设置的；

第三，面试不像一般的口试只强调口头语言的测评，它包括对非口头语言行为的综合分析和判断，通过"问、听、察、觉、析、判"等多种方式进行；

第四，面试并非是万能的，它不是测评一个人的所有素质，而是根据招聘职位的特点有选择地针对其中一些必要的素质进行测评，比如仪表、举止、口头表达能力、应变能力、敏感性、情绪稳定性，以及知识的广度与深度、实践经验与专长、工作态度、求职动机、兴趣爱好、个人活力等。

（二）面试的特点

面试作为现代人力资源测评中的一种重要方法，有着其他测评形式不可替代的特点。

1. 对象的单一性

在面试中，无论是采用个别面试还是集体面试，由于面试的考题一般要因人而异，测评的内容主要侧重于个别特征，因此主试人一般是逐个提问、逐个测评。即使是在面试中引入一定的讨论，评委们也是通过对应试者逐个提问来进行观察的。

2. 内容的灵活性

由于不同空缺岗位的任职资格要求不同，每个应试者的经历、背景和资格条件等也不同，因此，面试不是向所有应试者都提同样的问题、按同一的步骤进行。面试中所提出的问题可多可少，视所获得的信息是否足够而定；同一问题可深可浅，视主试人的需要而定；所提的问题可异可同，视应试者的情况与面试要求而定。一般而言，所提的问题以 10 个左右为宜，面试时间大约为 30 分钟。

3. 信息的复合性

研究表明，在人的素质表现的总信息量中，言辞占 7%，声音占 38%，体态占 55%。面试是通过主试人对应试者的问（口）、察（眼与脑）、听（耳）、析（脑）、觉（第六感官）综合进行的。也就是说，面试既注意收集语言形式信息，又注意收集非语言形式信息。这种信息的复合性增强了面试的可信度。

4. 交流的直接性

面试中主试人与应试者的接触、交谈、观察是面对面直接进行的，也是相互的，是主客体之间的信息交流与反馈。面试的这种直接性提高了主试人与应试者之间相互沟通的效果和面试的真实性，同时还能了解到许多在笔试中了解不到的信息。

5. 判断的直觉性

面试不只是依赖于主试人严谨的逻辑推理，还往往有着很大的印象性、情感性与第六感觉特点。这就可能使面试带有一定的主观色彩。

二、面试的类型

（一）定型式面试

在定型式面试中，主试人员是遵循事先规划出来的一系列问题向应试者提问的。采用这种面试一般是先根据空缺岗位的工作性质，准备出相应的问题，再把这些问题制成表格。该类表格以美国学者罗伯特·麦克姆利（Robert N. McMurry）所设计的最有名。主试人按照表格的内容向应试者发问，并把应试者的反应记录在适当的空白处。在表的空白处下方还有提醒主试人注意的重点问题，例如，向应试者询问的问题中有一项是“您应聘本工作的目的是什么?”在答案的空白处下方就写有这样的文字：“是否基于职位、安全感或收入的理由?”

在表格上的问题全部询问完毕后，主试人员要根据应试者的答案对其能力、工作态度、人际关系、耐力、自信心和工作热情作出评价和建议。

（二）结构性面试

结构性面试与定型式面试相似，所提出的问题是一系列事先准备好的题目。二者的区别在于，结构性面试所提的问题在内容上还有与岗位工作有关的问题，并归纳出应试者可能的各种答案，其标准化、系统性更强。主试人根据应试者的回答，在表格上圈选“是”“否”或者“不理想”“一般”“良好”“优异”即可。最后，综合主试人员的集体意见，作出评价。

（三）非定型式面试

非定型式面试亦称非引导式面试。进行这种面试时，主试人所提出的问题并不遵循什么既定的路线，而是具有很大的随机性，往往是根据应试者的反应，提出不同方面的问题。因此，双方的对话往往呈现出各种方向。这种面试灵活且自然，可以广泛地发掘应试者的兴趣所在。当然，这种面试要求主试人对空缺岗位的工作相当熟悉，所提出的问题应当以空缺岗位的工作规范（或岗位说明书）为依据。

（四）系列式面试

系列式面试亦称循序式面试，是几个主试人先后对应试者进行面试。在这种面试中，经常采用非引导式面试，即各主试人根据自己的看法，对应试者提出不同的问题，然后将自己的评价意见写在一张标准化的评估表上。最后，要组织各轮面试的主试人讨论和比较评价结果，以达成共识。

（五）陪审团式面试

陪审团式面试是由一群主试人同时对应试者进行面试。与系列式面试相比，陪审团式面试的优点在于，各位主试人员同时参加面试，应试者可以一次性陈述基本情况，可以在同一个场合回答不同主试人提出的问题，不仅可以避免时间上的浪费，同时还可以使主试人了解更多的情况。

（六）压力性面试

压力性面试是以穷追不舍的方式针对空缺岗位工作中的某一事项发问，逐步深入，详细而彻底，直至应试者无法回答为止。这种面试除了可以深入了解应试者的岗位知识技能外，真正注重的是测试应试者应付工作压力的机智程度、应变能力、心理承受能力和自我控制能力。采取这种面试方法，要求主试人必须熟悉空缺岗位的工作，并具备较高水平的面谈控制能力，使面试中所施予应试者的压力真正是在空缺岗位的工作中所需要的。

三、面试工作步骤

无论采用何种类型的面试，一般都包括如下五个步骤。

（一）面试工作准备

面试前首要的准备工作是培训主试人员。培训的内容主要有两项：一是工作作风培训，要求主试人员做到大公无私、坚持原则、办事公道、认真负责；二是面试方法培训，包括组织主试人员学习掌握面试表格的使用方法、面试技巧和评分标准，熟悉空缺岗位的职务说明书，了解空缺岗位的工作内容、工作职责和所需任职人员的资格条件，查阅应试者的报名表和简历，记下含糊不清的问题，以便在面试时提出并澄清。

此外，安排面试场所也是一项重要的准备工作。例如，面试场所要求保持安静，不安装电话，尽可能减少各种干扰。

（二）制造轻松气氛

制造轻松的面试气氛目的有两个：一是缓解应试者的紧张情绪，使其心情放松、态度安详，产生平和恬静的情绪，从而言谈比较开放，愿意打开心扉，在面试中能发挥出正常水平；二是无论应试者能否被录取，轻松的面试气氛都会给人留下良好的印象，从而有助于维护用人单位的声誉。

为此，要求面试场所的环境洁静大方；面试前对应试者的接待要热情、友好、自然；面试开始时谈一些让人感到轻松、自在的话题，例如谈谈当日的天气、问问路上的交通状况等；面试中主试人员要以平等、关心的态度进行对话，并设法控制音调和谈话的速度，努力创造一种轻松和谐的气氛。

（三）面试进行环节

在进行面试时，应当注意的问题有以下几点：

(1) 要避免提只需回答“是”或“不是”的问题，而要提应试者需要仔细回答和发挥的“开放性”问题，以便启发应试者的思路，考察其真实水平。例如，“你在大学期间当过干部吗?”“你频繁调动工作，是否因为在原工作单位难以施展自己的才能?”等问题可能只需回答“是”或“否”，而“你在大学期间承担过哪些社会工作?”“什么原因促使你在两年内调换了三次工作?”则截然不同，显然后者更好。

(2) 要先易后难，循序渐进地提问。面试中所准备提出的问题一般都是根据重点内容的需求拟定的。在提问时应该将那些应试者熟悉的、容易回答的问题先行提出，当应试者进入角色后，再逐步加大提问难度，这样有利于应试者逐渐适应，树立信心，从而发挥其正常水平。

(3) 面试进行中不要有任何提示或认可，否则应试者的回答将以主试人员的观点为转移。主试人员提出问题后，要仔细“倾听”应试者的陈述，其间主试人员可以沉默不语，也可以不时点点头，或是“嗯，嗯”发出鼻音，不含任何评价之意，只是鼓励应试者做完整的表达。当然，主试人员也不是只提出问题就一听到底，可以适当插话交流，以活跃面试的气氛。

(4) 及时做好面试记录，以便最后对应试者进行全面评价。

（四）结束面试环节

在面试结束之前，应当留有时间让应试者提出问题，也可以将有关工作的详细情况告诉应试者。结束面试时，要以诚恳的态度告诉应试者，如果被录用，大约在何时可获得录用通知。

（五）评估面试结果

应试者离去之后，主试人员应立即仔细检查一遍面试记录，认真回顾面试印象，并把相关资料和评估意见填入面试表格中。

四、无领导小组讨论法

（一）无领导小组讨论法的基本内容

无领导小组讨论法是我国近年相当流行的面试评价方法。具体来说，就是由一小组考官（一般是 3～5 人）采用情景模拟的方式对一组考生（一般是 6 人或更多）进行集体面试，通常是给考生一个任务（它往往是与某种工作相关的问题），有时候也可能给予一个观点性的问题，让考生们在规定时间内进行讨论，然后推举一个人汇报讨论的结果。而考官据此考察每个考生的思维水平、口头表达能力、说服他人能力、组织协调能力、处理人际关系技巧等各个方面的能力和素质，并考察分析其自信程度、进取心、责任心和灵活性等个性特点，用以判断考生是否符合所招聘岗位的要求，进而综合评价和比较各考生的优劣。

（二）无领导小组讨论法的题目

无领导小组讨论法的题目可以分为以下五种：

（1）重要性排序题目。例如，若母亲、妻子、儿子三人同时落水，该先救谁？再如，拟投资一个项目，要考虑哪些因素，并排出先后顺序。

（2）资源分配题目。例如，公司只有 500 万元奖金，不同部门应如何分配？再如，公司成立 20 周年，对元老、管理精英、青年新锐这三类都有巨大贡献的人，应当为谁授勋？

（3）开放式题目。例如，你认为什么样的领导才是个好领导？再如，某个城市的发展应当追求什么目标？

（4）两难式题目。例如，你认为能力和合作精神哪个更重要？再如，你认为在经济社会发展中，效率与公平哪个更重要？

（5）实际操作题目。例如，针对一个问题，或者一项工作任务，设计一个实际操作方案。

本章小结

本章对招聘的基本范畴进行了分析，并对招聘的两种渠道——内部获取和外部征聘的优缺点进行了比较，详细分析了外部征聘的几种方式，阐述了甄选的原则和程序，阐述了素质测试的一般内容。面试是人力资源招聘中大量应用的手段，本章对面试的主要类型和步骤也进行了阐述。

关键概念

招聘	内部获取	校园招聘
甄选	能向	面试
定型式面试	结构性面试	系列式面试
陪审团式面试	压力性面试	无领导小组讨论法

思考讨论题

1. 试阐述人力资源获取的基本原则。
2. 什么是甄选？其原则是什么？甄选的程序有哪几步？
3. 内部招聘和外部招聘各有什么利弊？
4. 人力资源素质测试的原则是什么？
5. 面试提问有哪些技巧？面试中的常见错误有哪些？

6. 组织一次模拟面试，人数在 10～20 人之间。模拟面试后，对考官和求职者的表现进行评价和讨论。

7. 你正在从事或准备从事什么职业？请对该种职业需要哪些素质进行详细分析，并与个人的综合素质特征进行对比。

第八章

人力资源培育

导入案例

无效的培训

月光公司是美国的一家生产厨具和壁炉设备的企业，有 150 名员工，该公司努力使生产成本保持在最低水平。但是，近几个月公司因为产品质量问题已经失去了三个重要客户。经过调查研究发现，公司的次品率为 12%，是行业平均水平 6%的两倍，其原因在于操作员工缺乏质量控制培训。

为此，人事经理约翰逊制定了一个质量控制的培训方案，并准备实施操作，目的是使次品率降低到可以接受的同行业水平以下。公司总经理吉尼担心培训项目会影响生产进度，约翰逊回答说，培训项目花费的时间不会超过 8 个工时，并且分解为 4 个单元，每个单元 2 个小时，每周实施一个单元。这一培训得到吉尼的批准。

首先，约翰逊向所有的一线主管发出了通知，要求他们检查工作记录，确定哪些员工存在生产质量方面的问题，派他们参加培训项目。通知还附有一份讲授课程的大纲。本培训方案设定的培训目标是：将次品率在 6 个月内降到行业平均水平，即 6%。

在准备课程时，教师把讲义中的很多内容印发给每个学员，以便学员准备每一章的内容。培训包括教师讲课、学员讨论、案例研讨和放映一些电影。在培训过程中，学员花费了相当多的时间来讨论教材中每章后面的案例。

由于缺少场所，培训被安排在公司的餐厅中进行，时间安排在早餐与午餐之间，这也是餐厅工作人员清洗早餐餐具和准备午餐的时间。

按照计划，本来每个培训单元应该有大约 50 名员工参加，但是实际上平均只有 30 名左右的员工参加。在培训检查过程中，很多主管向约翰逊强调生产的重要性。有些学员告诉约翰逊，那些真正需要参加培训的人已经回到车间工作去了。

培训结束后，产品的次品率没有发生明显的变化。约翰逊对培训没有能够实现预定的目标感到非常失望。约翰逊的压力很大，他很不愿意与总经理吉尼一起检查培训评估的结果。

问题出在哪里呢？

第一节　培训与发展过程

一、培训的流程

“流程”（process），是对事物运动内容与环节的概括，其经典解释是“一系列连续有规律的行动或操作（operation）”[1]。流程设计，是现代管理学的一个重要方法。进行组织的培训规划与管理，其工作起点就是进行培训流程的设计。

人力资源培训的具体工作环节，包括准确的培训需求分析、精细的培训规划方案设计、严密的培训组织实施和全面深入的培训工作评估四个方面，它们还形成了反馈循环。如图 8－1 所示。

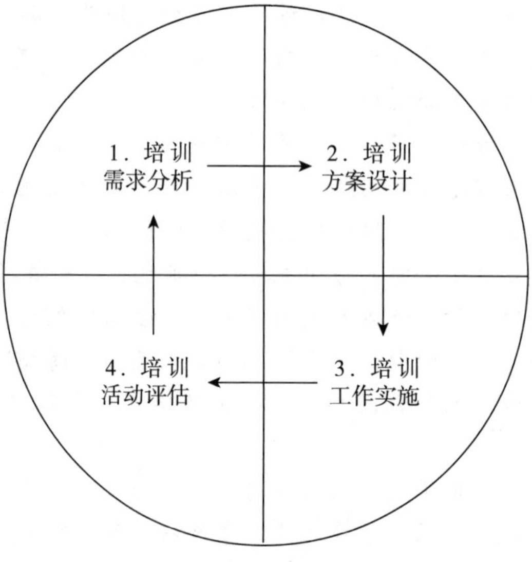

图 8－1　培训流程循环图

二、培训需求分析

（一）培训的需求来源

培训流程的首要步骤是培训需求的设定。为此，要进行培训需求分析（training

---

① ［英］J. 佩帕德，P. 罗兰．业务流程再造．北京：中信出版社，1999：6.

need analysis，TNA）。

一般来说，组织的员工在知识、技能、经验以至观念方面，与组织的工作要求之间存在差距；员工个人着眼于职业生涯的发展，尤其是近期、中期的发展和晋升，都会有一定的培训需要。组织需要通过培训消除员工的上述差距，并且组织长期发展战略目标对员工的更高要求，也需要进行各种有针对性的培训。

总之，培训是解决“差距”和“高要求”问题的良好方法，是促进人力资源发展的主要手段。

（二）组织培训需求的层次

进一步分析，组织的培训需求具有组织层、工作层和个体层三个层面。可以说，好的培训是将这三者进行整合。

1. 组织分析

从组织总体的角度看，培训具有战略性的功用，确定培训需求可以从以下渠道把握：

（1）组织目标和发展计划。这能反映培训大方向和面向未来培训的价值。

（2）组织结构的变化。这提供了组织未来发展的信息，从而也在一定程度上展示了未来的培训需求情况。

（3）人力资源规划。这能向培训管理者提供培训的多方面具体信息。

（4）工作绩效数据。这反映了实际业绩和期望业绩之间的差距，成为培训需求的直接依据。

（5）人力资源统计资料。它提供有关员工流动和缺勤的情况，能够向培训管理者显示存在的问题与原因，从而为培训提供依据。

2. 工作分析

工作层面的分析亦即职务分析，有助于确认针对日常工作的、更加具体的培训需求。在进行工作层次分析时，有不少方法可以使用，包括对照职务说明书内容的考察、专门性调查、工作日志的考察等。员工的自我考察也是确定工作层次培训需求的一种有效方法。

3. 个体分析

任何工作都是由一个个员工完成的，对员工个人层面的分析，是培训对象和培训目标的真正落实点。对于该层次的分析，除了可以采取“工作层次分析”的有关方法外，还应当对人力资源有关统计材料进行细致的分析，并配合对员工的调查等方法。

（三）员工的个人培训需求

现代组织的培训目标，实际上包括组织的目标和员工的目标两个方面。员工个人除了为完成工作任务、提高工作绩效和适应组织发展与机构变动而应当接受培训外，还有因个人特长、个人兴趣产生的培训需求。这些都应当在培训需求分析中予以重视，并纳入培训规划。

（四）确定培训需求的方法

1. 任务分析法

任务分析法是指对工作内容进行详细研究，以确定工作中需要哪些特殊技能，并根据一定的工作任务所需要的技能制订培训计划。例如，装配工人需要焊接技能，记账是财会人员的技能等。任务分析法主要适用于新员工的培训。

2. 绩效分析法

对于培训需求的绩效分析，首先是通过检查工作进行绩效评估，确认有绩效偏差存在，然后进行原因分析，最后确定采用培训或其他相应方式去矫正绩效偏差。绩效分析法主要适用于决定现职员工的培训需求。

绩效分析包括八个主要步骤，如图 8－2 所示。

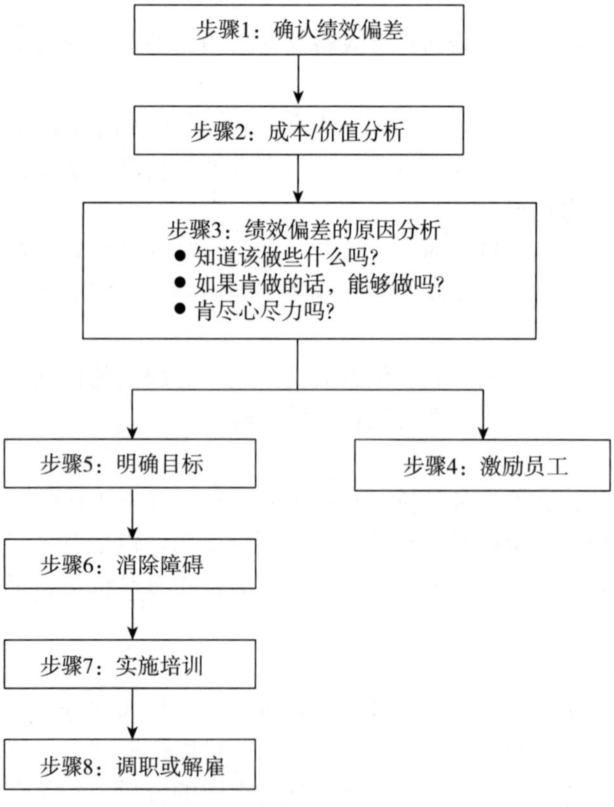

图 8－2　培训需求的绩效分析法

步骤 1 是绩效评估，以确认绩效偏差存在。例如，通过检查工作，发现 3 号装配线的次品率是容许标准的 2 倍。这一步可以称为“找出问题”。

步骤 2 是成本/价值分析。即权衡一下，花费时间努力去解决上述问题是否值得，因为在某些场合让问题存在比进行培训要合算。如果值得解决，就进入下一步。这一步可以称为“要不要解决问题”。

步骤 3 是绩效偏差的原因分析。在这一步，要区分究竟是“能不能”的问题，还是“肯不肯”的问题，即分析绩效偏差的原因是员工“不能做”还是“不肯做”。如果员工不了解岗位工作的内容和绩效标准，或者员工尽心竭力地工作但也不能够做好工作，说明绩效差的原因是员工“不能做”；如果员工知道岗位工作的内容和绩效标准，也有能力做好工作，但是不肯尽心竭力去做，则是员工“不肯做”。

步骤 4 是激励员工。这是要解决员工“不肯做”的问题。在一般条件下，员工不肯做常常是由于企业没有有效地运用激励手段，没有及时地表扬和批评、奖励和惩罚所致。因此，“不肯做”的问题可以通过运用激励手段来解决。

步骤 5 是明确目标。从步骤 5 开始，要解决“不能做”的问题。对“不能做”的问题，并非都要通过培训来解决，因为培训不一定是最好的办法。例如，装配线工人根本不了解“次品率不得超过 10%”的绩效标准，而且也不了解自己的次品率高。这样的问题就可以通过明确绩效标准和强调产品质量来解决，如把质量标准及显示次品率的图表贴在工作现场，问题可能很快就得到解决。这一办法省时省力、节约成本，且不用培训。

步骤 6 是消除障碍。步骤 3 所述“员工肯尽心竭力地工作，但也不能够做好工作”的问题，也并非都由培训来解决。因为影响员工绩效的因素有员工的自身能力和客观环境两方面。如果是客观环境造成的障碍，就应当设法消除障碍，以提高员工的绩效。例如装配线次品率高，是因为物件经常不能及时运到装配现场，致使工人在物件送到后进行突击造成的，这种情况就可以通过解决物件运送问题，来排除影响装配工人绩效的障碍。

步骤 7 是实施培训。如果影响员工绩效的因素是员工自身的能力问题，如装配工人的焊接技术不过关，这显然需要通过培训来解决。至此，可以确定培训需求的所在，并着手进行培训。

步骤 8 是对培训后仍不能达到满意绩效者，则可考虑变换工作内容、调职直至按合同规定解除劳动关系。

三、培训规划设计

这里所讲的培训规划是指拟订培训实施计划，即短期计划，包括培训什么、培训谁、何时培训、在哪里培训、谁从事培训和怎样培训等方面的内容。

（一）明确培训内容和目标

培训计划要明确培训内容和目标。培训内容包括思想教育、文化知识教育、业务技能培训、经营管理知识培训等。培训目标在于指出培训对象在接受培训以后，应达到的工作行为标准或应具有的工作表现。目标要力求具体，要能够观察、可以衡量，能够成为人们评估培训效果的依据。

（二）确定培训对象

培训计划要先确定培训对象，然后再确定培训内容、期限、场所、师资和方法等。培训对象有纵向或横向的划分。纵向可以按级别分，如三级岗位、中级技工等；横向可以按岗类、岗群、岗系分，如营销岗系干部、财务岗系干部等。

（三）安排培训时间

培训的时间可根据培训的目的、场所、师资和培训对象的素质水平、上班时间等因素来确定。新员工可实施1周至10天，甚至一两个月的岗前培训。一般员工培训则可根据培训对象的能力、经验来确定培训期限。培训时间的选定，以尽可能不过分影响工作为宜。

（四）选择培训场所

培训场所要根据培训内容与手段的需要而定。一般可分为本单位内部培训基地与外部培训机构两种。培训场所要提供必要的设备。

（五）落实师资人选

从事培训工作的师资包括本组织自有的师资和从外部聘请的师资两部分。要提高培训质量，必须建立一支实力雄厚的师资队伍。教师必须具有精深的专业知识和丰富的经验，还应具有卓越的训练技巧和对教育培训的敬业精神。

（六）选定培训方法和教材

组织要根据不同的培训内容和培训对象等来选定不同的课程和教材，根据自身的规模、经费、技术性质、培训对象、培训人数、培训目的等实际情况选定适合的培训方法。总的来说，应采用适合成人学习的方法和现代化手段，采用互动式教学方式，集教学、小组讨论于一体，将理论讲授、角色扮演、管理游戏相结合，使学员有更多的参与机会，真正做到教员与学员、学员与学员之间的经验共享，切实做到理论联系实际。同时，在培训过程中，辅之以视听、计算机模拟等手段，使培训内容形象、生动。

四、培训工作实施

培训活动的进行，要落实到培训任务、培训准备工作和对培训过程实施管理等方面，本章不赘述。这里主要从培训教学方法的角度进行阐述。培训有许多方法，不同的方法适用于不同的培训内容和对象，没有哪一种方法一定优于其他方法，正确地选择培训方法是极为重要的。

从培训对象是“个体或群体”和培训过程是“自学或教育”二维来划分，培训方法可以分为四种不同的类型，见图8-3。

（一）象限Ⅰ：个别讲授法

该方法是以个人为基础的教学式培训方法，是一对一、类似师带徒和“手把手”的讲授。这对于员工获取具体的工作技能与知识十分有效，但需要有实际操作环节加以练习和应用。在讲授中，要求教师思路明晰、措辞清楚、指导具体。

个别讲授法可以用于低等级的技工培训，也可以用于比较复杂的技能传授及专

	以个体学习为基础	以群体学习为基础
教师传授	Ⅰ.个别讲授法	Ⅱ.演讲法
自我学习	Ⅲ.个体自学法	Ⅳ.集体互动自学法

图 8－3 培训方法的类型

业技术和管理知识教育。

（二）象限Ⅱ：演讲法

该方法是以群体为基础的教学式培训方法，尤其适合于许多人同时获取信息和知识的大规模培训，或者在考虑节约培训成本的情况下使用。

一般来说，演讲的方法往往不会在听讲者的脑海中留下多少信息（据估计演讲后人们能够回想起来的信息不到 1/4），而且人们听演讲的集中注意力时间最长不会超过 20 分钟。为了吸引听众的注意力，必须做到以下几点：其一，要把握听众的需要；其二，开始时简要介绍演讲的内容；其三，观点清楚、简明，并用实例和轶事达到轻快风趣的效果；其四，演讲要有激情，讲求声调变化和节奏，有吸引人的知识点；其五，使用投影仪和幻灯片，有提要性的文字，内容生动。

（三）象限Ⅲ：个体自学法

该方法是以个人为基础的自学式培训类型，包括传统式的自我读书、参加广播电视教育学习、运用计算机软件学习、上网学习等。这种学习类型因近年计算机在培训中的应用而有很大发展。该类方法的主要特点是个人常常按照自定的步伐、时间以及适合个人的场所实施，由受训员工自我管理。其优点在于内容灵活，能迅速对个人需求作出反应，并能协调个人的学习和工作之间的关系。一些单位派出人员学习，也可以看作员工的自我管理学习。

（四）象限Ⅳ：集体互动自学法

该方法是以群体为基础的自学式培训类型，包括案例讨论、群体角色扮演练习（如谈判练习）和商业游戏等。这类方法的基本点是以团队为导向，并使成员们在培训过程中提出解决问题的方案和思想，培训主持者的工作是支持该团队，帮助其得出结论，并达到学员们的共享。这种学习往往用于管理能力与经验的培训，培训内容为决策、计划和时间管理、激励和保持在压力下工作的能力、口头表达和书面沟通、灵活性和适应性、自信和说服力等。

其中，案例讨论法是最常见的方法，它为解决“真实生活”问题、为团队找到解决方法提供了一个良好的途径。它是围绕一定的培训目的，把实际中真实的场景加以典型化处理，形成供学员思考分析和决断的案例，通过独立研究和相互讨论的方式，来提高学员的分析及解决问题的能力的一种培训方法。

案例讨论中的案例用于教学时，应具有三个基本特点：内容真实；案例中应包含一定的管理问题；案例必须有明确的目的。案例分析可分为两种类型：

（1）描述评价型。即描述解决某种问题的全过程，包括其实际后果（不论成功或失败）。这样，留给学员的分析任务只是对案例中的做法进行事后分析，以及提出“亡羊补牢”性的建议。

（2）分析决策型。即只介绍某一待解决的问题，由学员去分析并提出对策。该方法能更加有效地培养学员分析决策、解决问题的能力。

上述两种方法不是截然分开的，中间存在着一系列过渡状态。

案例讨论等方法的缺陷是：同一学习群体的个体之间可能会发生冲突，或者被一个人控制了讨论，排斥他人的意见；有可能形成不满意的解决方法；等等。此外，一些受训者对案例的信息量感到不满：或者觉得压力很大，无法在既定时间分析这么多信息；或者认为信息太少，无法提出解决方案。

五、培训活动评估

对于培训活动的评估，目的在于了解培训目标是否达成，进而肯定成绩、找出差距，以改进培训工作，提高培训工作的水平。

（一）培训评估指标

1. 培训绩效的指标

（1）反应指标。即测定受训者对培训计划的反应，包括培训计划是否针对客观的培训需求、计划的内容是否合理和适用等。

（2）学习指标。即测定受训者对所学原理、技能、态度的理解和掌握的程度。

（3）行为指标。即测定受训者经过培训后在实际岗位工作中行为的改变，以判断所学知识对实际工作的影响效果，例如受训者的生产质量提高、工作态度改进等。

（4）成果指标。即测定受训者在培训后对企业经营成果的贡献，例如次品率降低、产量提高、缺勤率和离职率降低等。

2. 培训责任的指标

（1）培训计划评估指标。包括：培训计划是否以企业长期经营规划为基础？培训有无必要，有无客观需求？培训目标是否正确？培训时间是否适当？

（2）培训设施评估指标。包括：环境是否良好、安静？教室和训练场地是否适用？设备是否充足？辅教器材是否运用得当？

（3）培训师资评估指标。包括：专业知识是否充分？语言是否清晰流畅？表达能力是否令人满意？教材准备是否充分？教学方法是否合适？

（4）培训教材评估指标。包括：内容是否符合培训目标，并切合受训者的程度？教材编写是否自成体系并突出重点？内容是否深入浅出、针对性和实用性强？

（5）培训成果评估指标。包括：受训者对所学原理、技能的掌握程度如何？培训结果对受训者工作绩效的影响如何？受训者对培训工作的意见如何？接受受训者的意见，改善了哪些工作？培训与人力资源管理措施的结合程度如何（如晋升、调职、加薪等）？

（二）培训评估方法

对于培训绩效的评估，可以分别运用问卷法、测试法和培训后的工作绩效考核法进行评估。

培训责任评估工作，主要由负责培训的部门及其责任者进行自我总结和评估，以便肯定成绩、找出差距、改进培训工作。采用的方法有问卷法、追踪法、现场验证法及对照法等。

第二节　培训的类别

培训工作从受训者身份的角度看，可以分为在职培训和非在职培训两大类。下面分别进行阐述。

一、在职培训

在职培训（on job training，OJT），是让员工在实际的工作过程中学习所在岗位所需的技能，这是一种运用最广泛的训练模式。其优点主要有两个：其一是培训所用经费少，受训者边学边干，不需要工作地点以外的教室及正规化培训所需的教学仪器和教材；其二是受训者能够迅速得到工作绩效的反馈信息，能使学习效果很快提高。

进行在职培训，必须首先对培训人员进行严格训练，使他们明确培训目的，掌握教育规律和培训教学方法，并以认真负责的态度去进行培训。在职培训主要是要解决实用操作技术和工作知识的提高问题，其常见方法有教练法和工作轮调法。

（一）教练法

教练法是由一名有经验的员工或受训者的直属主管来施予训练。其方法是先让受训者观察作为“师傅”的主管的操作法，然后在边做边学中提高受训者的技能。在发达国家，对高级管理岗位任职者的培训也广泛运用教练法，如公司中的“助理”职位常用来培养未来的经理，因为助理可以学习处理各种问题的方法。

（二）工作轮调法

工作轮调法是有计划地让员工（通常是未来的管理人员）从一个部门转移到另一个部门，从事不同部门的工作，体验本单位更广泛以至全局的工作，扩大眼界，积累经验。此方法在日本、美国和我国港台地区被普遍应用。

二、非在职培训

从培训内容的角度看，非在职培训可以分为增加知识的培训、发展技能的培训和改变态度的培训。

（一）增加知识的培训

传授知识的培训方法有讲授法、视听教学、计算机辅助教学等。

培训中的“讲授法”和普通学校的教学方法类似，是教师在课堂上讲解某些概念、知识及原理。这种方法的优点是在时间和人、财、物力方面都很经济，可以一次将知识传授给很多人。其缺点是方法单调，受训者处于被动地位，参与程度低。参加企业外部的培训机构或大中专院校的课程学习时，更存在这一问题，而且所学课程与受训者的工作实际往往结合不紧，针对性不强。

视听教学方法是将所讲授的内容和示范的技术制作成幻灯片、影片、录像带和录音磁带及光盘等，受训者通过看和听进行学习。如果视听内容的制作过程由企业自己进行，成本就较高；如果购买现成的培训视听教材，则成本很低。

由于计算机的普及和应用程序的迅速发展，可以把大量教学内容编写为计算机软件进行学习。

（二）发展技能的培训

这种培训是为了帮助受训者掌握未来发展所需要的知识和技能，培训内容往往是从事管理工作所需要的知识和技能。具体来说，包括模拟训练、实地工作训练、管理游戏、案例分析、公文筐方法等。

1. 模拟训练

模拟训练是为受训者提供类似真实设备工具的模型，以供操作技能的学习训练而用。例如，模拟驾驶训练及模拟飞行训练。这种方法既有在职训练之优点，又可以避免在工作现场中学习影响生产的缺点，还可以减少现场操作性学习中的事故和危险（如学习飞行者在真实飞机上操作的危险性），同时也可避免设备遭受破坏。采用这种方法，要求模拟的操作必须与真实操作内容与环境相符，这样受训者才能在结业后迅速掌握真实设备工具的操作。

2. 实地工作训练

该方法是对受训者进行的实习训练，如进修的医生在医院实习。实地工作训练比模拟的环境更具真实感，有助于体验工作实际，接受有关的训练。

3. 管理游戏

这是一种面向管理人员的模拟训练。其方法是将受训者分成几个小组，每组代表一个企业，然后根据游戏规则和企业目标，承担管理人员的责任，对各项业务工作诸如广告费、生产量、存货量、产品种类、售价、聘任职工人数等作出决策，以训练学员解决问题和策划的能力。

4. 案例分析

案例分析方法，是将介绍企业管理问题的文字资料，发给受训者进行分析或评价，提出解决问题的对策或建议，以提高受训者分析问题和解决问题的能力。该方法前面已经阐述，这里不再赘述。由于管理具有权变性，别人的经验并不能照搬，更不存在唯一最佳方法。所以，案例教学不是为了了解一项具体的经验，而是在于在探索和切磋怎样解决问题的过程中，总结出一套适合自己的思考问题、分析问题的方法，学会独立解决问题、作出决策。

5. 公文筐方法

公文筐方法也称文件篮方法或文件筐方法，是把盛满顾客的投诉信件和上级指示的文件篮发给受训者处理。在限定的时间内，受训者要按事件的紧急程度或重要性作出决策，定出处理的先后顺序及解决方法，然后由主持训练的人员和受训者共同讨论、评估结果。这一方法适用于培养管理人员的决策能力和解决问题的能力。

（三）改变态度的培训

常用的改变态度的训练方法是角色扮演法、敏感性训练法和拓展训练法。

1. 角色扮演法

角色扮演法是先设置某种管理情景让受训者易地而处（临时调换工作岗位），真正体验到所扮演角色的感受及行为，理解不同角色所担负的任务与困难，从而改变自己原先的态度与行为。这种训练方法多用于改善人际关系和处理冲突事件方面的训练。例如，生产部门和销售部门的经理不能理解对方的处境而发生冲突，销售部门常指责生产部门所生产的产品不符合要求、不能如期完成生产任务等，生产部门也常怪罪销售部门所接的订单分布不均、有时订单太多使现有设备不能负荷。这些都是由于所处的立场、角度不同，不能理解对方所致。用角色互调的方法，则能体会对方的处境，从而减少彼此之间的误解。

2. 敏感性训练法

敏感性训练法（sensitivity training）简称 ST 法，又称 T 小组法。敏感性训练要求学员在小组中就参加者的个人情感、态度及行为进行坦率、公正的讨论，相互交流对各自行为的看法，并说明其引起的情绪反应。其目的是要提高学员对自己的行为和他人的行为的洞察力，了解自己在他人心目中的“形象”，感受与周围人群的相互关系和相互作用，学习与他人沟通的方式，发展在各种情况下的应变能力，在群体活动中采取建设性行为。

3. 拓展训练法

拓展训练应用于管理训练和心理训练等方面，用于提高人的自信心，培养把握机遇、抵御风险的心理素质，保持积极进取的态度，培养团队精神等。它以外化型体能训练为主，学员被置于各种艰难的情境中，在面对挑战、克服困难和解决问题的过程中，使人的心理素质得到改善。主要包括：拓展体验；挑战自我课程；回归自然活动。

本章小结

本章阐述了培训与发展过程、培训的类别两方面的问题。首先，对培训的流程、培训需求分析、培训规划设计、培训工作实施和培训活动评估逐一进行了阐述。然后，对人力资源培训的各种方法分别进行了介绍。

关键概念

培训流程	培训需求分析	绩效分析法
案例讨论法	在职培训（OJT）	公文筐方法
培训评估指标	培训成本	培训收益
公文筐	拓展训练	

思考讨论题

1. 组织的培训工作分为哪几个环节？为什么要有这些环节？培训的目标如何制定？

2. 什么是培训需求分析？它有哪些方法？

3. 在职培训的常用方法有哪些？其各自的适用性是什么？

4. 培训绩效的评估方法有哪些？培训评估的指标是什么？

5. 发展技能的培训有哪些？各种培训方法的适用性是什么？

6. 改变态度的培训有哪些？各种培训方法的适用性是什么？

7. 试进行一个用人单位培训案例的收集整理和编写，然后进行一次案例讨论会。

8. 参加一次所在工作单位或办学机构组织的拓展训练，然后写出自己的收获。

9. 如何处理好组织的生产经营业务工作与培训工作的关系？

第九章

职业生涯发展与规划

导入案例

在外企中的职业发展与心路历程

在最著名的计算机行业外企——IBM和微软中国公司中均担任过领导要职的吴士宏，在谈到她的职业生涯历程时说，她在微软学到了“狠”，但不喜欢“狠”。她追求的是“卓越的人生”。

一、经理角色

我在微软最后的几个月里，高密度地综合实践了职业经理人的几重角色：战地指挥官、团队领袖，以及如何协调、激励、鞭策、放权，还有激发并综合团队的智慧。这最后一点，是我做经理人以来最得意的成功经验之一。也是在微软，我学到了“狠”，我不喜欢“狠”，这违背我的天性。但是我知道了，职业经理人必须有该断则断的狠辣，不然，断臂疗毒的壮烈也可能医不好入髓的沉疴，自己“死”了不要紧，别辜负了经理人的基本职业要求。职业的“狠”，不妨碍做好人的原则。我坚信，好的职业经理人必须是好人，不是好人当然也可以有能力、有魄力，甚至有时会技高一筹——因为没有顾忌，但只有好人才会有人格魅力，真正卓越的人生，少不了正直的生活。

二、艰难历程

能进入外企的中国人大多都很优秀，但是最优秀的中国人也与人家差着整整一个社会基础——中国重新进入国际市场不过20年。求生，求存，牛一样地熬夜苦耕，一点一点学会学习、学会思考、学会竞争法则，受委屈、跌跟头是免不了的，人人如此。外企中的中国“白领”们都有一段艰难的心路历程。

三、理想危机

外企对“白领”们的最初吸引多半是因为有职业训练和发展的机会，工作环境和优厚报酬也很重要，等到终于爬上几个台阶，当上经理，买了房子买了车，生活小康起来，很多人又会经历“无从理想”的失落。

四、认定理想

我没有再给自己定“在××时间内，要做到××职位”的目标，我认定要开始追求理想：把优秀外企做成中国的；或者，把中国企业做到国际上去。理想给了我更高的追求，为了它可以进、可以退，海阔天空。经过十几年，外企在中国已全面推行人才本地化，本地人在外企越来越受到重用，因为性价比是明摆着的！我们不愿被当作“矮子”里拔出的一族，而想以自己的能力和智慧，真正自立于世界民族之林。在“高大”起来以前，我们在外企注定是“另类”，人多而势不“众”，不能真正影响外企在中国的经营决策。

五、需要“成功”

我本打算承担下去——如果我有机会影响微软在中国市场的策略和做法！只需要成功。我希望看到我的“一族”在外企更快地成功，出现更多的人担纲领军将帅，在更高的位置上去实现更大的中华民族的利益。职业“白领”要在外企成长、成功，每一步都要做到“底线”——做好自己的本职工作！

我坚信，外企对员工的认可程度，最终看的是同一个底线——业绩。这也应该是所有成功职业人的最重要标准。

资料来源：李宏，周正训．21世纪人生职业规划．北京：金城出版社，2001：16-19.

第一节　职业与职业生涯

一、职业的概念和内涵

（一）职业的概念

所谓职业，是指人们从事的相对稳定的、有收入的、专门类别的工作。“职”字的含义是职责、权力和工作的位置，“业”字的含义是事情、技术和工作本身。进一步来说，职业是对人们的生活方式、经济状况、文化水平、行为模式、思想情操的综合性反映；也是一个人的权利、义务、权力、职责，即是一个人社会地位的一般性表征。由此说，职业是人的社会角色的极为重要的方面。

（二）职业的内涵

美国社会学家塞尔兹认为，职业是一个人为了不断取得个人收入而连续从事的具有市场价值的特殊活动。这种活动决定着从业者的社会地位。

日本劳动问题专家保谷六郎认为，职业是有劳动能力的人为了生活所得而发挥个人能力，向社会作贡献的连续活动，职业具有五个特性：其一，经济性，即从中取得收入；其二，技术性，即某种职业的独特的技术含量，可以发挥个人才能与专长；其三，社会性，即承担社会的生产任务（社会分工），履行公民义务；其四，伦理性，即符合社会需要，为社会提供有用的服务；其五，连续性，即所从事的劳动相对稳定，是非中断性的。

二、职业生涯基本范畴

（一）职业生涯概念

“生涯”（career）有人生经历、生活道路和职业、专业、事业的含义。在人的一生中，有儿童、少年、成年、老年几个阶段，成年阶段无疑是最重要的时期。这一时期之所以重要，正因为这是人们从事职业生活的时期，是人生全部生活的主体。因此，人的一生在职业方面的发展历程就是职业生涯。

人的职业生涯，有着种种不同的可能：有的人从事这种职业，有的人从事那种职业；有的人一生变换多种职业，有的人一辈子委身于一个岗位；有的人不断追求、事业成功，有的人穷困潦倒、无所作为；有的人以职业为乐，有的人以职业为苦……

美国著名职业问题专家萨帕（Super）指出：生涯是生活中各种事件的演进方向和历程，是整合人一生中的各种职业和生活角色，由此表现出个人独特的自我发展类型；它也是人自青春期开始直至退休之后，一连串有酬或无酬职位的综合，甚至包括了副业、家庭和公民的角色。

（二）职业生涯的性质

1. 独特性

独特性是指每个人都有自己的职业条件，有自己的职业理想，有自己的职业选择，有为实现职业自己所做的种种努力活动。从而，每个人就会有着自己与别人相区别的、独特的生涯历程。

2. 发展性

发展性是指每一个人的职业生涯，都是一种发展、演进的动态过程。解决好职业生涯发展中的各种问题，促进其顺利发展，有着重要意义。

3. 阶段性

阶段性是指每个人的职业生涯发展过程都有着不同阶段，可以分为不同的时期。针对各个阶段的状况采用不同手段，进行有针对性的开发与管理，至关重要。

4. 终生性

人力资源职业生涯各个阶段的总和，构成了其终生性。终生性是指每个人的职业生涯作为一种动态发展的历程，是根据个人在不同阶段的需求而不断蜕变与成长。

5. 互动性

人的职业生涯，都是个人与他人、个人与环境、个人与社会、个人与组织互动的结果。人的“自我”观念，人的主观能动性，个人所掌握的社会职业信息和职业决策技术，对于其职业生涯有着重要的影响。作为使用人力资源的用人单位，对其职业生涯有着即时的和长期的重大影响，应当在互动中做好人力资源开发与管理，做好对员工的职业生涯规划。

（三）职业生涯分期

在人生漫长的职业生涯中，从人在工作岗位的角度可以分为早期、中期、后期三个时期。在这三个时期，人们的职业生涯有着不同的、特定的任务。详见表9-1。

表9-1　各个工作时期的工作把握

阶段	所关心的问题	应开发的工作
早期职业生涯	1. 第一位是要得到工作 2. 学会如何处理和调整日常工作中所遇到的各种麻烦 3. 要为成功地完成所分派的任务而承担责任 4. 作出改变职业和调换单位的决定	1. 了解和评价职业和工作单位的信息 2. 了解工作和职位的任务、职责 3. 了解如何与上级、同事和其他人搞好（工作方面的）关系 4. 开发某一方面或更多方面的专门知识
中期职业生涯	1. 选择专业和决定承担义务的程度 2. 确定从事的专业，并落实到工作单位 3. 确定生涯发展的行程和目标等 4. 在几种可供选择的生涯方案中作出选择（如技术工作还是管理职位）	1. 开辟更宽的职业出路 2. 了解如何自我评价的信息（如工作的成绩效果） 3. 了解如何正确解决工作、家庭和其他利益之间的矛盾
后期职业生涯	1. 取得更大的责任或缩减在某一点上所承担的责任 2. 培养关键性的下属和接班人 3. 退休	1. 扩大个人对工作的兴趣，扩大所掌握技术的广度 2. 了解工作和单位的其他综合性成果 3. 了解合理安排生活之道，避免完全被工作所控制

（四）影响职业生涯的因素

人们的职业道路选择、职业发展和事业成功，受到个人、家庭和社会多方面的影响。总的来看，影响职业生涯成功的因素包括所接受的教育、家庭背景与影响、个人的价值观与职业动机、社会及组织的“大小”环境和机遇。

第二节　个人职业生涯的关键点

一、走上职业岗位

在人的生涯发展过程的初期，个人往往存在不知道“如何进行职业选择”的问题，即职业选择的能力较差，因而盲目和被动地接受一个自己并不了解、并不认同的职业。这一问题在青年的心理断乳时期①特别突出。随着人对社会了解的增加，特别是在自身也进行了一定的职业活动后，其职业阅历在增长，职业技能在提高，对社会职业信息的了解在积累，职业选择能力也在逐步提高。因此，青年员工往往存在职业再选择问题。

二、完成职业适应

（一）完成职业岗位的适应

一个人走上工作岗位从事某一项职业的劳动，要通过一定的试用期，对自己所任职的岗位逐步熟悉，最后达到胜任的状态。

职业适应的内容，以所在工作岗位的职务说明书或者职业环境为依据，要达到职务说明书所规定的各项内容的要求。包括：本职业岗位的工作技能、本职业所需的业务知识、一定的专业背景知识和理论（自己已掌握的知识、理论这时还要实践化，并有针对性地加以补充）、组织中的各方面工作联系、组织的各项管理制度诸多方面。职业适应最基本、最突出的体现是工作技能的熟练。

（二）完成组织文化的适应

一个人走上一个职业岗位，就是加入一个组织，他（她）就要受到组织的约束和指挥、得到组织的引导和塑造。每一个组织都有自己的文化，这种文化的核心是组织的价值观，其表现是组织做事的风格、模式，也大量表现在人与人的关系上。

人在组织中从业，必然要被组织“社会化”，即被组织所认同和被组织中的成员们所认同。要想达到个人的行为、需求、个性心理特征与组织文化的适应，就要对自己的行为和思想进行一定的调整和改造，这样才能达到组织的要求和期望，达到组织成员对自己的接纳。

（三）完成职业心理的转换

青年人第一次进入工作岗位，自食其力，挣得工资，真正成为在社会中生存的独立的人。这是彻底完成心理“断乳”的人生阶段，它意味着人的社会心理的巨大转变。即使是有了一定的职业生涯履历的青年人和成年人，在转换工作、走上新岗位时，不论是转换职业种类、级别还是工作地区迁移，或是仅仅变动工作单位，都有面对新情境而进行心理转换和适应的问题。

三、确定生涯方向

（一）纵向发展道路

纵向发展道路即企业内职工个人职位等级的升降。在企业中，个人的职业

---

① ［日］依田新．青年心理学．北京：知识出版社，1981：11.

发展绝大多数是沿着一定的等级通道发展的，也就是员工得到一系列的提升和发展。以某公司营销人员的职业生涯为例，这种纵向发展道路的阶梯如图 9－1 所示。

总经理
副总经理
销售总监
大区市场经理
市场部经理
销售主任
销售业务员
实习销售员

图 9－1　营销人员的职位阶梯图

（二）横向发展道路

横向发展道路即企业中各同等层次、平行部门和单位间个人职务的调动，例如由工程技术转到采购、供应、市场销售等。这种情况也叫工作职务转换。

横向发展的道路，在中层管理人员中较多采用，这有助于扩大他们的专业技术知识和丰富经历，以便将来再提升到掌管全局的全面性管理行列中。

（三）向心发展道路

向心发展道路即由企业外围逐步向企业的核心方向发展。当发生核心方向工作变动时，员工对企业情况就会了解得更多，担负的责任也会更大，并且经常有机会参加重大问题的讨论和决策。沿着核心方向发展与沿着纵向方面发展是相关的。那些具有专业知识、信息和特长的人，易于向企业核心发展。

一个人在某个特定的职业岗位上工作，是向该等级职业的核心处发展的，这是一种水平的运动。他（她）能够进入该等级的核心，是通过承担更多的责任和获得上层人物的信任而实现的。进入了核心，就意味着其职权的增长。

上述三种道路的整合，即构成人的职业生涯变动的三维结构。美国心理学家埃德加·薛恩（Edgar Schein）绘制了全面反映三维结构的圆锥形模型，见图 9－2。

四、职业认定

（一）职业生涯归宿——系留点

薛恩的职业生涯系留点（career anchor）[①] 理论，是职业生涯发展理论中的重要内容。该理论反映人们在有了相当丰富的工作阅历以后，真正乐于从事某种职业，

---

① 职业生涯系留点也被翻译为“职业锚”“职业着眼点”。

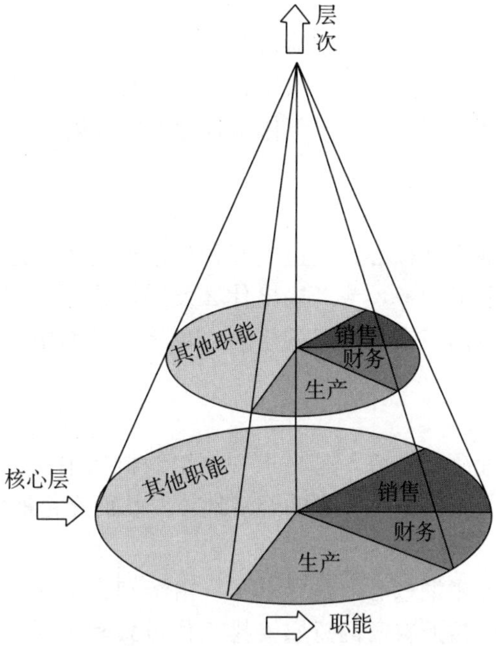

图 9-2　职业生涯变动的三维结构

资料来源：余凯成．人力资源开发与管理．北京：经济管理出版社，1997：244.

并把它作为自己终身职业归宿的思想原因。或者说，某种因素把人“系”在一种职业上。在经过长期的职业实践后，人们对个人的“需要与动机”“才能”“价值观”有了真正的认识，即寻找到了职业方面的“自我”与适合自我的职业，这就形成人们终身所认定的、假定的再一次职业选择时最不肯舍弃的因素，即“职业生涯系留点”。我国学者又把这一理论称为“职业锚”理论，亦即人们选中了一种职业，就此“抛锚”、安身。

该理论是薛恩等人对麻省理工学院的一批管理系毕业生进行了长达十几年的追踪研究，进行了大量采访、面谈和态度测量，并根据这些资料进行研究分析得出的。薛恩指出，作为“自我概念”中最重要的内容，“人对自身才能的感知”是真正有了职业经历、工作体验后，才能够正确、清楚地估测出来的。

（二）管理人才的职业生涯系留点

薛恩把麻省理工学院管理系毕业生的系留点划分为下述五种类别。

1. 技术性能力

这种人的整个职业生涯核心，是追求自己擅长的技术才能和职能方面的工作能力的发挥。其价值观是愿意从事以某种特殊技能为核心的挑战性工作。这批毕业生最后从事的是技术性职员、职能部门领导等职业。

2. 管理能力

这种人的整个职业生涯核心，是追求某一单位中的高职位。他们沿着一个单位的权力阶梯逐步攀升，直到达到全面执掌权力的高位。这种管理能力体现为分析问题、与人们周旋应付和在不确定情况下作出难度大的决策。他们追求的目标为总裁、常务副总裁等。

3. 创造力

这种人的整个职业生涯核心，是追求某种创造性努力。这种努力的结果是他们创造了新产品、新的服务业务，或者搞出什么发明，或者开拓建立了自己的某项事业。这批毕业生中，有的人在所奋斗的事业、创造、发明中已经成功；有的人仍然在奋斗和探索着。

4. 安全与稳定

这种人的整个职业生涯核心，是寻求一个组织机构中安稳的职位。这种职位能有稳定的前途，能够使个人达到一定的经济地位，从而充裕地供养家庭。

5. 自主性

这种人的整个职业生涯核心，是寻求“自由”和自主地工作。具体来说，是能够自己安排时间，能够按照自己的意愿安排工作方式和生活方式。他们最可能离开常规性的公司、企业，但是其活动与工商企业活动及管理工作仍然保持着一定的联系。其职业包括教书、提供咨询、写作、经营一家店铺等。

（三）其他职业生涯的系留点

薛恩的上述研究结论是对名牌大学管理系毕业生的研究，其结论的适应性有着一定的范围。鉴于社会职业的广泛性，薛恩还提出了四种不同于名牌大学管理系毕业生的社会从业人员可能具有的职业生涯系留点。

（1）基本认同，其含义是在一些社会阶层较低的职业层面，一个人的头衔、制服和其他职务标记可以成为“自我”定义的基本根据。例如，哈佛大学的校工不说自己是校工而强调自己“在哈佛工作”的身份。

（2）服务，亦即劳务。

（3）权力欲及扩展。

（4）工作中的多样性追求。

第三节　组织职业生涯规划的操作

一、组织的职业生涯观

每个组织都有自己的运转目标，每个组织都有自己的组织结构，每个组织也都有自己的用人需求。组织为了顺利达到自身的目标，必须基于成员们的能力、人格、需要、动机，使用本组织的人力资源，这就要对员工进行规划。

但是，员工规划的着眼点是不同的：20 世纪 70 年代至 80 年代，组织的人员规划是立足于组织选拔人员的规划。近年来，发达国家的经济组织对于员工的规划，已经进入“职业生涯规划”（career planning）阶段。其立意已经不仅是把“对员工前途的提供与帮助”作为员工激励的手段，而且也成为组织管理工作的新思路，其“新”处在于组织发展与员工发展的一致化和互相促进。因此，职业生涯规划成为现代组织用人和长期发展的战略性任务。从人力资源开发与管理的角度看，组织的职业生涯规划也构成现代人力资源管理的重要内容。

二、技术与管理——组织中职业生涯的两条路

在任何组织中，员工都有从事技术性工作和管理性工作的两种可能，即有走技术专家和管理者两条不同的职业生涯发展道路。这两条路对于人们所从事的职业岗位来说，有着工作性质的差别。应当指出，“技术”道路在这里是广义的，它不仅仅是指“工程师”“研发人员”等职业，还包括“会计师”“广告师”“测评师”等业务精英的职业。

根据工作性质的不同，组织合理地选拔人员，根据个人的素质潜能帮助其寻找合适的工作目标并进行培训，是组织对员工进行职业生涯设计的重要工作内容。究竟选择哪一条道路，最终要根据员工的能力专长、人格特征条件和个人意愿。下面对管理者与技术专家两种工作任务进行分析，详见表 9-2。

表 9-2　　管理者与技术专家的工作比较

管理者的任务	技术专家的任务
● 劝导、指导、指挥他人	● 好为人师
● 对情感和态度很敏感	● 富有直觉和创造性
● 评价他人的工作	● 评价数据系统或方法
● 预算、分析和控制成本费用	● 对技术工作不惜代价
● 有很好的表达能力	● 有高超的分析能力
● 传达上级意图，实施组织政策	● 善于逻辑推理，不喜欢照搬照抄
● 指出使用什么方法	● 确定具体方法
● 根据不充足的材料作出决策	● 收集的数据多多益善
● 承认组织机构的等级制	● 承认客观事实的层次性
● 寻求各种经营目标之间的关系	● 寻求各种技术之间的关系

资料来源：［美］M. K. 巴达维．开发科技人员的管理才能．北京：经济管理出版社，1987：85.

三、职业生涯规划的实施

（一）制定职业生涯规划表

职业生涯规划表，是组织对于员工实施职业生涯规划与管理的主要方法之一，

也是设计、实施和观察职业生涯规划与管理的重要工具。

职业生涯规划表可以有不同的内容和多种模式，要根据一个组织的具体情况和职业生涯规划与管理需要选择和制定。基于职业类别、生涯目标体系内容和生涯通道的综合内容，将“人生”“长期”“中期”“短期”各个规划时期的目标与实施内容列项，可以形成职业生涯规划表（见表 9－3）。

表 9－3　　　　职业生涯规划表

第　次职业生涯计划　　　　上次计划时间：　　年　月　日

<table>
<tr><td>姓　名</td><td></td><td>员工编号</td><td></td></tr>
<tr><td>年　龄</td><td></td><td>性　别</td><td></td></tr>
<tr><td>所学专业</td><td></td><td>学　历</td><td></td></tr>
<tr><td>目前任职岗位</td><td></td><td>岗位编号</td><td></td></tr>
<tr><td>目前所在部门</td><td></td><td>部门编号</td><td></td></tr>
<tr><td>计划制订时间</td><td>年　月　日</td><td>部门负责人</td><td></td></tr>
<tr><td colspan="4">职 业 类 型
（在选定种类的题号上画钩，可选择两个或以上）
1. 管理　2. 技术　3. 营销　4. 操作　5. 辅助
如选择的职业类别更具体、细化，请进一步说明：</td></tr>
<tr><td colspan="4">人 生 目 标
人生目标结构：
1. 岗位目标：
2. 技术等级目标：
3. 收入目标：
4. 社会影响目标：
5. 重大成果目标：
6. 其他目标：
人生通道：
（1）图示（简略）：
（2）简要文字说明：
实现人生目标的战略要点：</td></tr>
<tr><td colspan="4">长 期 目 标（通常在 10 年以上）
长期目标结构：
长期通道：
实现长期目标的战略要点：</td></tr>
</table>

中期目标（通常在3年以上）
中期目标结构：
中期通道：
实现中期目标的战略要点：
短期目标（通常在1年以上）
短期目标结构：
短期通道：
实现短期目标的战略要点：

资料来源：马士斌．生涯管理．北京：人民日报出版社，2001：60-63.

（二）组织对员工的评估

组织评估是组织指导员工制定职业生涯规划的关键，它对于组织合理地使用、开发人才和员工职业生涯规划目标的实现都有重要影响。组织评估的渠道主要有三种：

（1）在选择员工的过程中收集有关的信息资料（包括能力测试，员工填写的有关教育、工作经历的表格以及人才信息库中的有关资料）作出评估。

（2）收集员工在目前工作岗位上表现的信息资料（包括工作绩效评估资料、有关晋升推荐或工资提级等方面的情况）作出评估。

（3）通过心理测试和评价中心法作出评估。发达国家的许多大企业都设有评价中心，有一支经过特别培训的测评人员队伍。

前两种方法在我国的一些组织中已得到应用。

（三）进行职业生涯发展咨询

在制定职业生涯发展规划时，员工往往有下列问题需要咨询以获得帮助：

（1）我现在掌握了哪些技能？我的技能水平如何？我如何去发展和学习新的技能？发展与学习哪些方面的新技能最为可行？

（2）我在目前工作岗位上真正需要的是什么？如何才能在目前的工作岗位上既达到使上司满意，又使自己满意的程度？

（3）根据我目前的知识与技能，我是否可以或有可能从事更高一级的工作？

（4）我下一步朝哪个职位（或工作）发展为好？如何去实现这个目标？

（5）我的计划目标是否符合本组织的情况？如果我要在本组织实现我的职业计划目标，应接受哪些方面的培训？

组织的人力资源部门及各级管理人员，应能够为员工回答上述问题，并根据本组织的实际情况，协助员工制定出切实可行的职业规划，并对其目标的实现和途径进行具体的指导。

四、职业生涯规划年度评价

年度评价，是职业生涯规划与管理的一项重要手段。从基本意义上说，年度评价是周期性地对组织职业生涯规划与管理进行“盘点”，它有利于组织检查职业生涯规划与管理工作的效果，发现存在的问题，根据组织及环境的变化及时调整职业生涯规划工作，而且还可以使职业生涯规划与管理的对象了解情况，积极参与并及时作出调整。

职业生涯规划年度评价的具体方法，包括自我评价、直线经理评估和全员评估几种。一般来说，自我评估是自主和自觉的评估，也是能够取得实效的评估；直线经理评估比较详细，能够与组织的工作有机地结合，而且容易跟进组织的职业生涯管理措施；全员评估类似于人力资源绩效评价中的360度考核，评估结果比较全面和客观。

在年度评价之后，往往要进行职业生涯年度会谈，并采取职业生涯规划调整措施。这里不赘述。

五、日常的职业生涯工作

（一）招聘与职业生涯规划

在一个组织中进行职业生涯管理，对于选拔合格员工是极为重要的。为此，用人单位在招聘方面，要对组织政策进行调整。这包括两个主要方面：其一，在招聘过程中，突出对应聘者价值观、人性和潜力的选择，要选拔具有“自我实现人”特征和与组织文化、价值观相同的求职者；其二，职业生涯导向的招聘对象，定位在“初级岗位补充空缺”，因为组织的中高级岗位基本上要留给员工发展之用。

（二）职务调配与职业生涯规划

晋升和调配，是人力资源管理中的经常性工作，这些工作大量涉及员工的个人前途与发展，因而应当在职业生涯规划与管理中给予高度关注。传统的人事管理，以组织需要为出发点对员工进行调配，对员工的考虑很少。在现代人力资源管理中，员工工作岗位的调配应当是具有职业生涯导向的，它强调根据员工的职业生涯发展需要进行。除了职业岗位的晋升外，在同一层次、不同职业或职务岗位上的横向移动，也具有工作再设计的功能，它能够对员工起到增加第二岗位以至第三、第四岗位的工作能力，增强职业适应能力，增加信息和开阔眼界，建立比较广泛的联系的作用。其结果，不仅为以后的晋升积累一定的条件和创造一定的机遇，而且也拓宽了员工的职业生涯发展道路，为员工成功地进入不同的职业通道创造条件。

（三）培训与职业生涯规划

在组织从事职业生涯规划与管理的情况下，培训工作不仅目标明确、具体，而且很容易和员工的需求相结合，从而取得较好的培训效果。在该方面应当注意的是，培训要有超前意识，并要与职业生涯规划有机地结合。

职业生涯培训可以分为内部培训和外部培训。一般来说，内部培训和日常工作结合较紧，对职业生涯规划工作的支持面也大；外部培训则与未来的晋升联系更加密切，尽管其投入较大，但其激励效果更好。这两种方法应根据具体情况选择使用。

（四）绩效考评与职业生涯规划

人力资源管理中的绩效考评，主要目的在于帮助员工寻找绩效方面的问题及其原因，进而采取改进绩效的行动。在推行职业生涯规划的情况下，绩效考评既可以帮助员工改进绩效，达到修正职业生涯发展偏差的作用，也是修改或调整职业生涯计划的重要依据。

本章小结

职业是人为了取得收入而从事的具有市场价值的活动，人的职业发展历程就是职业生涯。本章介绍了职业和职业生涯的基本范畴，分析了个人职业生涯发展中的关键点，并对职业生涯系留点（职业锚）进行了介绍。人力资源开发与管理工作涉及人的职业生涯，本章介绍了职业生涯规划的思路、工作平台发展道路等基本内容，并对组织中职业生涯规划操作的具体内容进行了阐述。

关键概念

职业	职业生涯	职业适应
职业生涯规划	职业生涯系留点	职业锚
三维结构理论	职业生涯规划年度评价	

思考讨论题

1. 职业生涯的含义是什么？职业生涯的主要道路有哪几条？
2. 职业生涯可以分为哪三个时期？如何在职业生涯发展中处理好这三个时期的任务？
3. 个人职业生涯发展的关键点有哪些？你如何处理好自己的关键点？
4. 分析职业生涯规划在组织管理中的地位。组织在人力资源管理中进行职业生涯规划的原则和方法是什么？
5. 为什么要考虑员工的职业生涯规划？应当考虑员工的哪些个人发展要求？
6. 如何处理个人发展与组织目标、组织前景的关系？
7. 假定你是一家跨国公司人力资源总监，你对公司的经理层、技术人员、业务工作人员和一线操作人员如何进行职业生涯规划？请设计一套工作方案。

第四篇

组织的人力资源管理

第十章

人力资源使用（上）——员工关系

导入案例

好老板与伤司机

好 老 板

小林离开飞云运输公司，凭着一身高超的驾驶本领，被一家外企招聘录用，做了老板的专职司机。小林的工作挺让人羡慕：开着崭新的小轿车，工作很有规律，不再没日没夜地跑长途，还有不少闲下来的时间，可以读读书。干了两个月后，公司给他提薪到 8 000 元，比原来运输公司的工资多了一倍，他决定留下来长期干。小林很努力，工作干得很顺，老板对他也不错，让他用心学习，以后有机会可能送他去培训、改做业务。小林心里美滋滋的。

不过，女友阿芳却没有那么乐观，有着一些担忧："外企好是好，但大家都知道员工的流动性很大，不知何时就被'炒了鱿鱼'。况且公司还没有和你签订劳动合同呢!"小林不以为然，说道："不必想得太多，老板还说以后让我搞业务，怎么会辞退我呢？再说，这时找公司要求签订合同，反倒不好，影响自己的前途。放心吧，靠劳动挣工资，这里辞退了我，还能找一家更好的单位。"

伤 司 机

工作了半年以后，有一次公司装修办公室，小林在帮助搬家具的时候，不慎在有积水的楼梯上摔倒，昏迷不醒，送入医院急救。经检查，小林颅内出血，马上进行手术治疗。手术、住院费用共花了 6 万元。

两个月后，小林出院，在家休养。阿芳到公司报销医疗费，办公室主任说："小林是自己不小心摔倒的，又不是出车时受的伤，是他自己的责任，与公司无关。而且他又是临时工，不享受医疗保险。我们在他住院期间发给他工资，也没有让他出摔坏家具的修理费，就已经是照顾了。"阿芳还听小林的同事说，老板得知小林有脑震荡后遗症后，准备辞退他。

阿芳找到律师咨询。律师说："小林没有和公司签订劳动合同，无法按合同的条款告公司，很多事无法认定。不过，你可以到劳动仲裁委员会申诉，讨个说法，寻求帮助。"

经过劳动仲裁的裁定：小林与公司有事实劳动关系，小林的伤系因从事公司的工作而引起，属于工伤，公司对小林的摔伤负有责任。由于该公司没有加入工伤保险，也没有为小林缴纳医疗保险，所以小林不能从社会保险部门获得工伤保险和医疗保险。公司方面须承担小林的医疗费用，为小林支付医疗费、护理费和营养费；此外，公司也不得在小林的工伤医疗期内辞退他，而应当照付工资。国家的劳动仲裁制度，为小林讨回了公道。

不过，仲裁员告诉小林和阿芳，如果有劳动合同，在工伤治愈、劳动合同未到期的情况下，公司就应当给小林安排力所能及的工作。没有劳动合同，没有法律契约，显然企业就没有义务给小林安排工作，小林就只能另谋出路了。

第一节　员工关系基本分析

一、劳动者的基本权利

在市场经济条件下，组织中的员工应当具有以下方面的基本权利：

（1）自由就业、择业权。用人单位在选择雇员时，应以平等的态度对待求业者，以平等的地位签订劳动合同。用人单位不得向劳动者收取押金，不得强制求业者接受用人单位的条件。

（2）得到适当的劳动条件权。用人单位应当为劳动者提供必要的职业安全卫生条件，不得任意延长工时、强迫劳动者加班加点。

（3）合理工资权。劳动者要求按劳付酬，雇主不得违反契约克扣工资和拖延工资。雇主必须执行各地政府规定的最低工资。

（4）享受社会保险权。用人单位必须参加社会保险，为本企业劳动者投保。

（5）组织与参加工会权。在企业中应当建立工会组织，雇主不得反对和限制劳动者参加工会。

（6）其他权利。如企业员工的知情权、职工的民主管理权、职工提请劳动争议调解、仲裁与法律解决的权利等。

在我国的《宪法》《劳动法》《劳动合同法》《劳动争议调解仲裁法》《工会法》和各种行政规定中，有大量对于劳动者合法权益保障的内容。应当注意的是，要使这些法律、法规、制度、政策全面化和完善化，逐步与国际接轨，尤其是要注重实施，注重监督，严格执法，从而达到其有效性。

二、组织的管理风格

不同的组织和组织管理者有着不同的管理风格，其根本差别在于：只承认组织的单一目标，还是也承认人力资源个人的双重目标。由此，人力资源与组织的关系就有双方对立甚至冲突、双方和平共处与互利、员工参与组织和更为和谐的员工与组织一体化几种不同的关系。

帕塞尔（Purcell）和西森（Sisson）提出了“五种管理风格”的学说，其具体内容如下。

（一）传统式管理

传统式管理即权威主义的管理，这是小企业的典型风格。该种管理风格倾向于严厉管理雇员，并不顾及劳动关系，管理方对工会抱有敌意，所采取的是对抗方式。在这种组织文化下，雇主的付出很少。

（二）温情式管理

温情式管理比传统式管理前进了一大步，该种理念承认雇员的作用。温情式管理的雇主谨慎地选择合适的员工，付给员工高于市场水平的工资，并全力促使雇员忠诚地实现组织目标。但是，这种管理风格的组织目标仍然是单一的。

（三）协商式管理

协商式管理侧重于解决问题。这一管理风格与前面两种管理风格不同，属于双重目标，组织承认工会，并把工会看作是合伙人，认为它代表雇员的意见，组织强调要与工会协商以解决问题。这类组织还注重改进工作效率，以提高生产率和增加雇员福利，对组织与员工的利益加以兼顾。

（四）法制式管理

法制式管理与协商式管理有相同之处，即管理者重视与工会的合作，并通过工会实行雇员参与管理制度。它与协商式管理的不同之处是，该管理方式下的劳动关系有较多的竞争性和对抗性，更加强调正式的和约定的协议，劳动关系双方一般势力均衡，在企业中进行和平的劳资谈判。

（五）权变式管理

所谓权变，是指面对不同情景，因时、因地、因对象地采取不同的办法应对和解决问题。权变式管理是视即时的情况而制定组织方案和劳动关系方式。在权变式管理的情况下，工会可能被承认也可能不被承认，员工的参与度可能高也可能低，组织采取什么样的管理方法和手段是有较大的灵活性的，这种灵活性主要取决于组织的收益率。

三、促进员工关系和谐的措施

在长期的管理实践中，很多企业积累了许多行之有效的管理方法，例如全面质量管理制度、员工建议制度、发明奖励制度、目标管理制度等。一般来说，这些管理方法的主旨是对员工才能和地位的承认，是主张员工与组织的合作，致力于员工关系和谐。

在充分承认员工的基础上，很多企业进一步实行了员工参与管理制度，包括对公司计划的参与、解决问题的参与、组织变革的参与、工作任务的参与，以至财务的参与。一些组织还实行了员工持股计划。员工参与管理和员工持股计划这两项制度，可以使组织中的员工大大提高主人翁意识，从而与组织有着一种良好的关系。

第二节　劳动合同

在市场经济条件下，劳动关系是通过签订劳动合同、人事合同之类的人力资源雇佣合同而形成的。我国为了规范劳动合同的订立与管理，要求采取书面的形式。2007 年颁布的《中华人民共和国劳动合同法》（2012 年进行了修正），对劳动合同的有关方面作出了全面规定。

一、劳动合同的订立

劳动合同，是对用人组织雇用员工和个人进入某个组织就业时双方订立的协议或契约。

根据我国《劳动合同法》的规定，劳动合同双方在订立合同时应当遵循合法、公平、平等自愿、协商一致、诚实信用的原则。劳动合同订立的这一原则，是劳动合同订立的指导方针，应当贯穿于劳动合同订立的全过程，具有普遍约束力，也是衡量当事人双方订立的劳动合同合法性、有效性的依据。

“合法”是达到劳动合同有效性并使劳动合同能够受到法律保护的前提，是把劳动关系纳入法制轨道的根本途径。合法原则体现在以下五个方面：

（1）订立劳动合同的目的必须合法。当事人不得以订立劳动合同的合法形式掩盖不法意图和不法行为，达到不良企图，例如有的犯罪分子利用“订立合同雇工交押金”等来诈骗钱财。

（2）订立劳动合同的主体必须合法。当事人双方必须具有法律、法规规定的主体资格。从业者一方必须达到法定劳动年龄，具有劳动权利能力和劳动行为能力。用人单位一方必须具备法人资格或者具有公民资格，并具备承担劳动合同义务的能力。用人单位要由法人代表或者法人代表指定的人签字。

（3）订立劳动合同的内容必须合法。当事人双方在合同中设定的权利义务条款，必须符合我国《宪法》《劳动法》《劳动合同法》等法律，必须符合政府的有关法规，必须符合国务院、国家人力资源和社会保障部、有关部委和各级政府关于劳动管理、人事管理方面的有关政策和行政规定。

（4）订立劳动合同的程序、形式必须合法，要经过双方协商认可，要形成书面合同即合同文本，要有双方当事人或者其代表“签字画押”。劳动合同采取书面形式，有利于双方当事人履行合同，也有利于政府管理部门的监督，在发生纠纷后也有据可查，便于处理。劳动合同签订后，双方当事人必须各持有一份。

（5）订立劳动合同的行为必须合法，不得有强迫和欺骗行为。

“平等自愿”是订立劳动合同的核心原则。平等，是指在订立劳动合同时，双方当事人之间的地位完全平等。地位平等，表现在订立劳动合同的双方当事人都是以劳动关系主体资格出现的，互不隶属，各自独立，订立劳动合同的内容要依照法律的规定，一方不能强迫另一方接受自己的条件。自愿，是指订立劳动合同的双方当事人，以各自的起初意志表示自己的意愿。

“协商一致”即从业者个人和用人单位双方互相协商各项内容，在双方达成一致意见的情况下，确定合同的各项条款。我国正在推行集体合同制度，从业者在利益一致、对于劳动合同内容要求一致的情况下，由工会负责人或者其他人作为代表，与用人单位方面进行集体协商。

二、劳动合同的条款

（一）必备条款

根据我国《劳动合同法》的规定，劳动合同的必备条款有以下几条：

（1）用人单位的名称、住所和法定代表人或者主要负责人；

（2）劳动者的姓名、住址和居民身份证或者其他有效身份证件号码；

（3）劳动合同期限；

（4）工作内容和工作地点；

（5）工作时间和休息休假；

（6）劳动报酬；

（7）社会保险；

（8）劳动保护、劳动条件和职业危害防护；

（9）法律、法规规定应当纳入劳动合同的其他事项。

（二）双方约定的其他条款

根据《劳动合同法》的规定，用人单位与劳动者可以在劳动合同中约定试用期、培训、保守秘密、补充保险和福利待遇等其他有关事项。这一规定的目的是保护用人单位与劳动者双方的合法权益。

三、劳动合同的期限

根据期限的不同，劳动合同可分为下述三种类型。

（一）固定期限劳动合同

固定期限的劳动合同是订立的劳动合同明确了具体的期限，如 1 年、3 年、5 年等。这种合同直接、明确地规定了合同的起始和终止时间。合同终止之日就是合同期限届满之日。

（二）无固定期限劳动合同

无固定期限劳动合同是订立合同当事人在合同中只写明起始日期，而没有写明终止日期。合同的期限不固定，根据双方当事人的意愿可长可短。需要注意的是，这种合同一般应当明确规定解除合同的条件，不符合解除条件的，任何一方都不得解除合同。我国《劳动法》规定，在同一用人单位连续工作满 10 年以上，就应当订立无固定期限劳动合同。

（三）以完成一定工作为期限的劳动合同

这是把“完成某项工作”作为终止条件的劳动合同。这种合同，实际上是固定期限劳动合同的变相表现形式。

四、劳动合同的法律效力

（一）劳动合同的生效

劳动合同依法订立后，即具有法律约束力。劳动合同当事人双方在合同文本上签字或盖章即生效。

（二）无效的劳动合同

在社会现实生活中，有的劳动合同虽然是当事人双方所订立的，但所订立的劳动合同违反了国家的法律、法规，因此不具有法律效力。无效的或部分无效的劳动合同包括：

第一，合同的内容违反了国家法律、行政法规强制性规定的；

第二，以欺诈、胁迫的手段或者乘人之危，使对方在违背真实意思的情况下订立或变更劳动合同的；

第三，用人单位免除自己的法定责任、排除劳动者权利的。

应当指出，即使一个劳动合同有无效的内容，如果不影响其他部分的效力，其他部分仍然有效。

对于无效劳动合同的确认权，在于劳动争议仲裁机构或者人民法院。

第三节 劳动争议

一、劳动争议的产生

劳动争议产生的原因有多方面，在不同体制、不同国家和不同单位产生纠纷的原因各不相同，但根本原因是劳动关系双方的利益差异和冲突。具体来说，造成劳动争议的原因主要有以下几点：

(1) 劳动关系双方在某些权益上不能达成一致，就可能导致争议的产生。

(2) 随着客观条件的变化，员工管理与员工关系都会发生变化。例如，先进技术的应用提高了劳动生产率，导致工作定额的提高；企业讲求经济效益，尤其是在竞争压力巨大的情况下，要对现有员工进行调整甚至裁员；在通货膨胀的条件下，工人要求增加工资；等等。这些都会引发劳动关系双方利益的冲突。

(3) 由于双方立场不同、出发点不同，对劳动法规或劳动合同的理解和解释就有可能不同，从而在执行过程中可能产生劳动争议。

(4) 组织的信息沟通不良，妨碍问题的解决，积累起来会形成纠纷。

(5) 管理者的官僚主义和不公正问题，容易激化矛盾，导致劳动争议。

二、劳动争议基本分析

(一) 劳动争议的概念

劳动争议，是劳动关系的一种矛盾状态，又称为劳动纠纷或劳资纠纷。劳动关系产生的过程即生产资料与劳动者结合的过程，也就是雇佣的实现。劳动关系的主体是用人单位和劳动者，双方的根本利益是不一致甚至是对立的，这就决定了劳动争议的不可避免性。

具体来说，劳动争议概念具有以下要点：

(1) 劳动争议的主体可以是个人或团体。进一步来说，可以是单个劳动者或多个劳动者与单个单位或单位团体，而不仅仅局限于某一单位和某个劳动者之间。

(2) 争议的内容应当属于劳动法调整的范围。否则，就不是劳动争议，而属于其他关系，如老板殴打员工、雇员伤害雇主不属于劳动纠纷，而是刑事问题。

(3) 争议的焦点是劳动权利和义务。不是由于劳动权利受侵犯或劳动义务不发生所导致的争议，也不是劳动争议。

(二) 劳动争议的范围

根据我国《劳动争议调解仲裁法》第 2 条的规定，适用于该法的劳动争议的范围是：

(1) 因确认劳动关系发生的争议；

（2）因订立、履行、变更、解除和终止劳动合同发生的争议；

（3）因除名、辞退和辞职、离职发生的争议；

（4）因工作时间、休息休假、社会保险、福利、培训以及劳动保护发生的争议；

（5）因劳动报酬、工伤医疗费、经济补偿或者赔偿金等发生的争议；

（6）法律、法规规定的其他劳动争议。

判定是否属于劳动争议，有两个衡量标准：一是看争议双方是否是劳动法意义上的主体；二是看是否是关于劳动权利和义务的争议。

三、劳动争议处理

（一）劳动争议处理原则

我国《劳动法》和《劳动争议调解仲裁法》对劳动争议处理的原则作出了规定。具体包括下述几项原则。

1. 合法原则

劳动争议处理的合法原则，即在处理劳动争议过程中，承担处理职责的机构必须坚持以事实为依据，以法律为准绳，对争议案件进行审查和处理。对当事人双方在适用法律上一律平等、一视同仁，对任何一方都不偏袒、不歧视，对被侵权或受害的任何一方都同样予以保护。

2. 公正原则

在劳动争议中要坚持公正原则，即要求劳动争议处理机构在处理劳动争议时，秉公执法，一切依据客观实际作出判断和裁决。为实现公正原则，劳动争议处理实行回避制度。

3. 及时原则

劳动争议发生后，当事人双方应及时进行协商，协商不成的应当及时向劳动争议处理机构申请处理。劳动争议处理机构应当依据法律、法规所规定的时限及时受理，抓紧审查和作出处理决定，按时结案；当事人不执行决定的，要及时进行解决，以保证案件的顺利处理和处理结果的最终落实。

4. 着重调解原则

我国劳动法规定，在用人单位内，可以设立劳动争议调解委员会，劳动争议发生后，当事人可以向本单位或当地的劳动争议调解委员会或调解组织申请调解，调解不成的再申请仲裁。我国劳动法还规定，调解原则适用于仲裁和诉讼程序。

（二）劳动争议处理程序

我国处理劳动争议的机构是劳动争议调解委员会、仲裁委员会和人民法院，处理的程序包括调解、仲裁和诉讼。

1. 劳动争议调解

劳动争议调解是指劳动争议调解组织对用人单位与劳动者的纠纷，在查明事实、分清是非、明确责任的基础上，依据法律或合同约定，推动双方互相谅解以解决争议的方式。

劳动争议调解组织有：（1）企业的劳动争议调解委员会；（2）依法设立的基层人民调解组织；（3）乡镇、街道设立的有劳动争议调解职能的组织。企业的劳动争议调解委员会由职工代表、企业代表组成，对企业内部的劳动争议进行调解。

调解组织调解劳动争议，没有严格的程序要求，一般包括调解准备、调解开始、调解实施、调解终止几个阶段，其过程是受理、调查、调解。受理是在劳动争议发生后，由争议双方或一方提出口头或书面的调解申请。调解组织收到当事人申请之日起 15 日内未能达成调解协议的，当事人可依法申请仲裁。

2. 劳动争议仲裁

仲裁也称公断，是一个公正的第三者对当事人之间的争议作出评断。其特点是专业性较强，又较司法程序简便、及时。

劳动争议仲裁机构是国家授权、省级劳动行政部门进行指导、依法处理劳动争议的组织，它是在县、市、市辖区设立的劳动争议仲裁委员会，由劳动行政部门代表、工会代表、用人单位代表三方面人员组成，委员会中的人数为单数，实行少数服从多数的原则。该委员会下设仲裁员，仲裁员一般情况下即可作出仲裁。情况复杂、矛盾大的，则由多人组成仲裁庭处理。仲裁员可以是专职，也可以是兼职，具有一定的条件要求。

劳动争议仲裁委员会主管的案件包括：发生争议后直接向仲裁委员会申请仲裁的劳动争议；调解不成，当事人向仲裁委员会申请仲裁的劳动争议，由仲裁庭或仲裁员进行仲裁。

仲裁庭裁决劳动争议案件前，应当先行调解，调解无效或一方当事人反悔的即进行仲裁。当事人对裁决不服的，自收到裁决书之日起 15 日内，可向人民法院起诉；期满不起诉的，裁决书即发生法律效力。

在正常情况下，仲裁的申请有时效的限制。我国《劳动争议调解仲裁法》第 27 条规定，劳动争议申请仲裁的时效期间为一年。仲裁时效期间从当事人知道或者应当知道其权利被侵害之日起计算。因拖欠劳动报酬发生争议的，在劳动关系存续期间劳动者申请仲裁不受仲裁时效期间的限制；在劳动关系终止后，应当自劳动关系终止之日起一年内提出。

3. 劳动争议诉讼

劳动争议诉讼是人民法院按照民事诉讼法规定的程序，以劳动法规为依据，对劳动争议案件进行审理的活动。按照规定，劳动者如果对仲裁庭的裁决不服，可以自收到仲裁裁决书之日起 15 日内，向人民法院提起诉讼。

用人单位如有证据证明劳动争议仲裁裁决有下列情形之一的，可以自收到仲裁裁决书之日起 30 日内向人民法院申请撤销裁决：

（1）适用法律、法规确有错误的；

（2）劳动争议仲裁委员会无管辖权的；

（3）违反法定程序的；

（4）裁决所根据的证据是伪造的；

（5）对方当事人隐瞒了足以影响公正裁决的证据的；

（6）仲裁员在仲裁该案时有索贿受贿、徇私舞弊、枉法裁决行为的。

人民法院经组成合议庭审查核实仲裁裁决有上述规定情形之一的，应当裁定撤销。

仲裁裁决被人民法院裁定撤销的，当事人可以自收到裁定书之日起 15 日内就该劳动争议事项向人民法院提起诉讼。

第四节　人力资源保护

一、人力资源保护基本范畴

人力资源保护，在这里是指对于作为经济资源的人体的保护，尤指劳动者的职业安全健康方面的保护，也称为劳动保护。人力资源保护所涉及的内容，一般是职业病的预防、意外事故的预防以及更广泛的安全健康内容。人力资源保护是一项复杂而重要的工作，需要许多领域的专业知识，例如工业卫生学、职业医学、安全工程学、环境科学、心理学等。

职业病、意外事故以及其他不良劳动条件，会对劳动者的人身安全和健康造成生理上的危害，如图 10－1 所示。

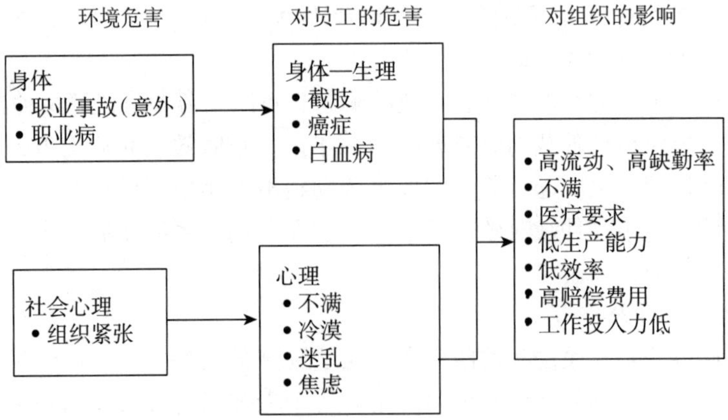

图 10－1　企业职业安全与卫生基本因素及危害

随着经济社会的进步和职业结构的变化（如白领数量大大增加），颈椎病等与职业活动有关的疾病和工作压力过大等职业心理健康问题，也已经引起人们的重视。

二、职业健康——职业病的防治

（一）职业病的种类

职业病，是指由于从事某种职业劳动而患的疾病。职业健康是要求通过劳动保护来防治职业疾病。2002 年我国发布的《职业病目录》将职业病分为 10 类 115 种，2013 年颁布的《职业病分类和目录》将职业病更新为 10 类 132 种。这 10 大类是：职业性尘肺病及其他呼吸系统疾病；职业性皮肤病；职业性眼病；职业性耳鼻喉口腔疾病；职业性化学中毒；物理因素所致职业病；职业性放射性疾病；职业性传染病；职业性肿瘤；其他职业病。

（二）职业病的预防

预防职业疾病是一项系统工程，它要求采取各种综合措施，针对不同行业、不同工种的特点制定不同的预防办法。下面从法律制度、技术措施两个方面加以阐述。

1. 法律制度

我国法律法规中有关职业安全健康即劳动保护的内容，是指国家为了保护劳动者在生产、工作过程中的健康，防止和消除职业危害而制定的各种法律和制度的总和，包括各种工业生产卫生、医疗预防、健康检查等技术和组织管理措施的规定。

我国关于职业健康的法律和制度主要有：《中华人民共和国职业病防治法》《中华人民共和国尘肺病防治条例》《工业企业噪声卫生标准》等。另外在《中华人民共和国劳动法》中还规定了对女职工和未成年职工实行特殊劳动保护。各用人单位应当建立单位内部全面的劳动安全卫生管理制度体系，诸如卫生责任制度、卫生技术措施、计划管理制度、卫生教育制度、卫生检查制度、劳动卫生监察制度、职业病的防治和处理制度等。

2. 技术措施

预防职业病因行业、工种、工作条件不同而要求采取不同的技术措施。主要有如下几个方面：

（1）防止有害物质的危害。在某些产品的生产过程中会产生大量粉尘、有害气体和液体。员工如果吸入或直接接触这些物质，轻则损害健康，重则引起中毒。因此，企业应采取相应的防护措施，加强通风排气，正确使用各种防护用品，对废气、废液综合利用或净化处理，以免排入空气和河流中而使附近居民的健康受损和破坏生态环境。

（2）防止噪声、强光、辐射的危害。在工业生产流程中，许多环节会产生强烈的噪音、强光等。如电焊、冶炼、锻压、纺织等作业，都会产生噪声、强光而损害工作者的视觉、听觉器官。因此，必须采取消音、防震、遮光、隔离、屏蔽的措施，使用保护耳膜、眼睛和身体各部位的防护用品。

（3）降低劳动对人体器官的伤害。用人单位要合理安排员工的工作时间与强度，并制订各种保健计划，以促进员工身体状况的改善。有时，工作中的社会心理环境的改善也可以减少劳动对个体器官的伤害。

（4）妥善处理危险品。危险品必须妥善存放、有效管理，并谨慎、合法地使用。用人单位在制定有关的管理措施时，必须明确说明在工作场所要恰当、合理地使用所有危险品，同时，要对员工进行使用程序等方面的相关培训。

（5）其他措施。主要包括：改进工艺和采用新技术，尽量采用仪表控制，远距离操作，使有毒有害因素与操作者隔离；建立安全检查制度，以预防为主，对患职业病的员工及时治疗；提供本组织所有有害物质的手册和安全数据档案，手册的内容包括：关于一般和特殊的危险、防护程序、正确的储存和销毁方法。

三、职业安全

职业安全，是在职业活动中保护人力资源的人身安全，其工作的核心在于预防事故。为了保证组织的职业安全，需要建立健全下述几项制度。

（一）安全生产责任制度

在各级政府部门设置负责安全保护、依法对企业的安全生产和劳动保护实行监督、检查的机构。在各用人单位，要有专门的管理组织，通过贯彻职业安全健康责任制度，规定组织的负责人、劳动保护专职管理机构和专职人员、组织的各职能部门直至每一个员工的安全责任与权利，把“安全为主”“预防为主”的方针用制度固定下来，并加以保证。

（二）安全生产教育制度——预防事故的制度建设

安全生产教育是落实组织安全计划的思想基础。安全生产教育制度的主要内容是：安全观念教育、劳动保护方针政策的教育、规章制度教育、劳动纪律教育、安全技术知识教育、典型经验和事故教训的教育等。

（三）安全生产检查制度

安全生产检查的内容分为查思想、查现场、查隐患、查管理、查制度等几方面。安全检查的形式有定期检查、普遍检查和专业检查等。对安全检查中发现的问题，需要采取切实的措施加以解决。

（四）伤亡事故报告制度

用人单位在发生员工因工伤亡事故后，要按照国家相关规定进行报告。这一制度可使有关管理部门和发生伤亡事故的组织，及时了解和研究工作人员伤亡事故的原因，同时也意味着要对事故责任人进行追查，以督促管理者和员工树立安全责任意识，有效防止事故的发生。

本章小结

本章对市场经济条件下劳动者的自由就业、择业及适当的劳动条件等权利进行了阐述，并分析了与之相关的组织管理风格，阐述了促进劳动关系和谐的各种手段。本章还阐述了劳动合同订立的原则、内容、法律效力和管理问题，介绍了劳动争议的产生原因、处理原则和处理程序，进而阐述了人力资源职业安全健康保护这一重要内容。

关键概念

劳动者基本权利	劳动关系	劳动合同
劳动合同法	劳动合同条款	无效劳动合同
劳动争议	劳动争议处理原则	劳动争议调解
劳动争议仲裁	仲裁员	劳动争议诉讼
人力资源保护	职业病	职业健康
职业安全	安全生产责任制度	

思考讨论题

1. 如何理解员工关系的实质？

2. 如何看待市场经济条件下社会劳动关系的性质？我国的劳动关系已经发生了哪些变化？还会发生哪些变化？

3. 如何促进企业员工关系的和谐？

4. 撰写一份劳动合同。思考：签订劳动合同时需要注意哪些问题？

5. 劳动争议处理的原则和程序是什么？

6. 搜集和分析一个劳动争议案例，并进行讨论。

7. 对人力资源保护的意义何在？

8. 如何保护员工的职业安全健康？

9. 富士康公司的“十几跳”反映了该公司存在哪些劳动关系问题和职业健康问题？

第十一章

人力资源使用（下）——行为管理

导入案例

海尔集团的激励制度

一、员工身份转换激励

在著名企业海尔集团，员工分为试用、合格、优秀三种类型，在这三类员工之间实行严格考核基础上的动态转换。凡新进员工均有试用期。试用期满，如果符合职位要求，即可转为合格员工。在试用期内表现优异、有发明创造者可提前转为合格员工。合格员工中的佼佼者即可转为优秀员工。合格员工也可能因为不思进取而转为试用员工，优秀员工也可能因为工作中的失误而转为合格员工以至试用员工。“三工”的动态转换，激励员工发挥创造性，积极向上。

二、业绩动态考核激励

四等级动态考核以海尔集团的中层管理员工为实施对象。集团规定，中层管理人员必须在明确职责划分和管理目标的基础上实行定期考核，并根据其职位要求制定了适合不同序列中层管理人员的考核标准，考核结果分为A、B、C、D四个等级，分别代表优秀、合格、基本合格、不合格四种考核评价。评为B级的中层管理人员属于合格；评为A级的中层管理人员绩效更为优异，称为“美誉干部”；评为C级的人员说明其工作平庸，应当及时改进；评为D级的人员则可能被降职或免职。由于考核的内容明确、标准具体，以实实在在的工作表现和工作实绩为依据，因此这种中层管理人员考核的四等级划分对于个人有着很强的激励和督促作用。

三、技术职务晋升激励

海尔集团十分重视调动专业技术人员的积极性，注意充分发挥专业技术人员的一技之长。海尔的双线型技术职务管理是指不同序列的专业技术人员可以依据其学识、水平和贡献，评定、晋升适当的专业技术职务，有一技之长的技术工人也能按规定晋升技师。

海尔集团还设置了营销员、营销师、高级营销师、营销专家的专业职务序列，激励员工做营销工作、热爱市场营销工作。

四、职位工资透明激励

海尔集团工资计算的透明度很高。员工在一线操作一天，即可按照职位工资单价与生产工卡记录的质量、物耗、设备、均衡生产、安全文明生产五项考核指标，计算出自己一天的工资收入。这种客观、公开的按劳分配制度，也是非常有效的激励手段。

第一节　员工的类型

从个人在组织之中的角色角度，一般可以把员工分为五大类型。①

一、操作工

操作工是一般单位员工中数量最大的部分，他们从事操作机器、运用工具、看管设备、驾驶车辆之类的工作。他们的工作，有的需要高超的技术，如光学镜片的技师；有的则不需要高超的技术，如保洁人员。

一般而言，操作工的地位较低、报酬也低，同时，由于技术进步的影响，不少工作正在逐渐被机器所代替。

从心理学的角度看，从事操作性工作的人，通常在追求“专业精湛”“亲和”“安全”等动机方面得分较高，而且在“处理事物”和“应用科学”的才能方面也能得高分。

二、管理者

凡有人群在一起共同工作，就必然有管理活动存在，这种管理的职能包括制定目标、控制进度、协调活动、拟订计划和采取应对行动等。

一般来说，管理工作很琐碎，责任以及要求很多，这要求从事者具备足够的智力，要情绪愉快，能冷静地寻求更好的做事方法。管理职业可能吸引追求“物质报酬”“权力”“影响”“地位”等动机高并具备“执行”和“管理”才能的人。

三、分析师

在大型组织机构中，其生产经营工作相当复杂，因此需要由专业人员来设计有效的工作程序体系，以便能够控制其庞大和复杂的局面，维持组织的正常运转。例

① ［美］拿破仑·希尔．经营你的一生．李伟，译．北京：台海出版社，2001：306－308.

如，研制新的电脑或组织大型歌舞晚会都是很困难的事，只有运用高超技术和科学管理，才能完成这种庞大、复杂的任务。分析师在组织之中也兼具顾问的角色，这是因为他们较高的专业技术水平赋予了其较大的影响力。产品设计师、系统分析师、金融理财师、心理测评师等都属于这一类。

分析师是“创意”“专业精湛”“安全”动机高分者并拥有“应用科学”“执行”“管理”等才能者的较好选择。目前，这一职业的从业者有日益增加的趋势。

四、辅助员

在任何单位，都不可能让员工全部从事生产、经营、技术工作，而必须要有员工从事收发、扫地、餐饮等辅助性工作。从事辅助性工作的人员，大都职位比较低，升迁机会比较小，他们常常只讲自己“有工作”，而不说“干某种职业”。

从事辅助性工作的人，一般具有“专业精湛”“亲和”“安全”等动机高分，也同时具备“照顾”“协助”“处理事物”的才能。

五、领导人

任何一个组织，都需要有好的带头人来统筹大局，把组织带向成功。在各个组织之中，领导人都具有高度权威，其角色通常是负责拟定整体经营战略、进行指挥并在组织发展方面作决策。

领导人职业生涯可能会吸引“物质报酬”“权力”“影响”“意义”“地位”等动机的高分者，并要求他们具备“执行”“管理”“自我表达”等才能。

第二节　员工的归属感

一、员工归属感的内容

员工归属感，即员工对于组织的归属感，也称组织认同感①，英文为 organizational commitment（OC），是指组织的员工对自身工作组织的认同、奉献和忠诚态度，它导致员工对于组织长期的、全面的、自觉的工作积极性。②

员工对组织的归属感，直接的原因是组织对员工需要的满足并提供保护，但更重要的是员工对组织目标及价值观的尊崇与接受。前者产生的激励是因组织的外在牵动，是组织与员工的交换性；后者的激励则是组织价值内在化而生成的内在驱动，是道德性的和自觉性的。

---

① ［美］罗伯特·L. 马希斯，约翰·H. 杰克逊．人力资源管理培训教程．北京：机械工业出版社，1999：41.

② 余凯成．人力资源开发与管理．北京：企业管理出版社，1997：166－169.

高组织归属感，对于搞好人力资源开发与管理、发挥人力资源效能具有重要作用：

（1）大量的利组织行为：工作热情积极、主动尽责，奉献与牺牲，不计报酬。

（2）组织价值观的内在化：高度的忠诚心、使命感与责任感。

（3）对组织的感情依恋及对组织成员身份的珍视。

余凯成根据管理学理论和对我国管理现实的研究，提出了我国员工的组织归属感模型（见图 11－1）。

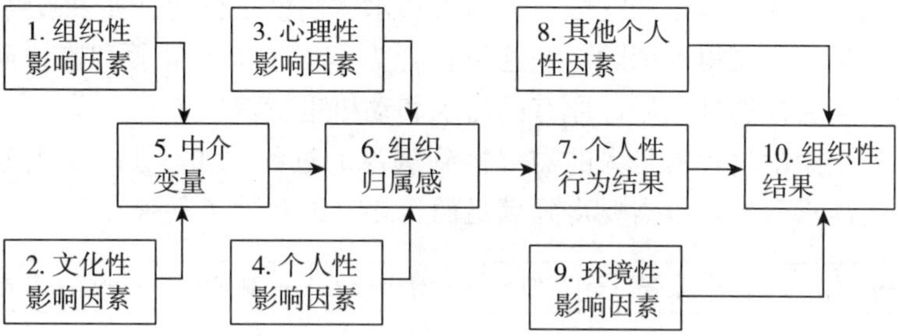

图 11－1 组织归属感模型

二、影响员工归属感的因素

培养员工的高组织归属感是管理者的根本性任务，这比对个别员工进行激励的意义要大得多。影响员工归属感的因素包括以下几个方面：

（1）组织性因素。其中又分为管理性因素、组织的结构性因素、工作性质与内容本身的因素和组织的经济性因素四个类别。

（2）文化性因素。主要指价值与信念，既包括社会意义的文化，也包括处于亚文化层次的组织文化。它具体体现在是否以人为中心、群体性、敬业精神、提倡实效、鼓励互惠等。

（3）心理性因素。主要包括员工对工作生活质量的满意感，以及组织内的分配公平感等。

（4）个人性因素。包括人力资源本身状况、个性和其他个人特征，如对自己在组织中前程的预计等。

第三节 人力资源激励

一、激励范畴分析

（一）激励的含义与过程

激励（motivation），本意是一个有机体在追求某种既定目标时的意愿程度。它有激发动机、鼓励行为、形成动力的含义，也就是人们常说的调动积极性。

激励可以看作是人的需要获得满足的过程。心理学家指出，人类的行为基本上都是动机性的行为，也就是说，人的行为都是有一定目的和目标的。而这种动机又起源于人的需求欲望。有需求欲望，就产生动机，有动机就可能付诸行动。当需要未被满足时就会产生紧张感，造成人的身体或心理失去平衡而感到不舒服，进而激发个体的内驱力，这种内驱力将导致寻求特定目标的行为。例如，饥饿时大脑会支配人去寻求食物，口渴时大脑会支配人去寻求水源。这种大脑指挥人去行动的心理过程就是动机。下厨房炒菜和吃饭、去超市买水饮用就是行为。如果最终目标实现，则需要得以满足，紧张得以消除。在这里，行为是为消除不舒服和紧张而达到目标的一种手段。当目标达到之后，原有的需求和动机也就消失了。

因此，一个激励过程就是人的需求得到满足的过程，如图 11-2 所示。它以未能得到满足的需求开始，以需要得到满足而告终（即解除了紧张）。

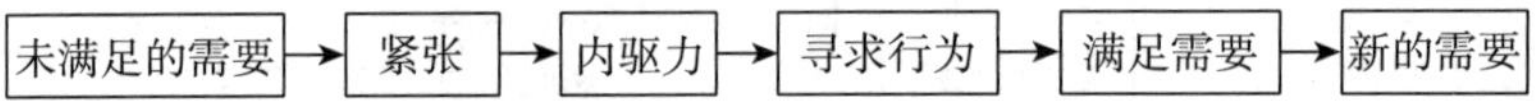

图 11-2　激励过程

由于人们总是有不同程度的多种需求，而且当一种需求得到满足之后，新的需求将会反馈到下一循环过程中去。因此，激励的过程也是循环往复、持续不断的。

从组织的角度看，激励是指通过高水平的努力实现组织的目标，而这种努力以能够满足个体的某些需要为条件。因此，在激励过程中起作用的关键因素有个人的需要、个人的努力和组织目标三个方面，这就成为人力资源管理的重要内容，也构成人力资源开发与管理操作体系中的一个部分。

（二）激励的类型

不同的激励类型对行为过程会产生不同程度的影响，因此激励类型的选择是做好激励工作的一个前提条件。激励有多种类型，可以从不同角度进行划分。

1. 从内容角度划分

从激励内容的角度，可以把激励分为物质激励与精神激励两种类型。

（1）物质激励。物质激励是从满足人的物质需要出发，对物质利益关系进行调节，从而激发人的向上动机并控制其行为的趋向。物质激励多以加薪、减薪、奖金、罚款等形式出现。

（2）精神激励。精神激励是从满足人的精神需要出发，对人的心理施加必要的影响，从而产生激发力，影响人的行为。精神激励多以表扬和批评、记功、评先进、授予先进模范称号或处分等形式出现。

物质激励和精神激励二者的目标是共同的，但它们作用的着力点是不同的，前者主要作用于人的物质需要的满足，后者则着眼于人的心理，是对人的精神需要的满足。

2. 从性质角度划分

从激励性质的角度，可以把激励分为正激励和负激励两种类型。

（1）正激励。正激励是当一个人的行为符合组织的需要时，通过奖励的方式来鼓励这种行为，以达到保持这种行为的目的。正激励的手段有奖金、奖品、晋升、表扬、树立先进典型等。

（2）负激励。负激励是当一个人的行为不符合组织的需要时，通过制裁的方式来抑制这种行为，以达到消除这种行为的目的。负激励的手段可以是物质方面的，如降低工资级别、罚款等；也可以是精神方面的，如批评、通报、处分等。

正激励与负激励都以对人的行为进行强化为目的，但它们的取向相反。正激励起正强化的作用，是对行为的肯定；负激励起负强化的作用，是对行为的否定。

3. 从对象角度划分

从激励作用对象的角度，可以把激励分为内激励和外激励两种类型。

（1）内激励。内激励源于人们对工作活动本身及任务完成所带来的满足感。它是通过改进工作设计使员工对工作感兴趣和启发诱导来激发员工的主动精神，使员工的工作热情建立在高度自觉的基础上，以发挥出内在的潜力。

（2）外激励。外激励是运用环境条件来制约人们的动机，以此来强化或削弱相关行为，进而提高工作意愿。它多以行为规范或对工作活动和完成任务付给适当报酬的形式出现，以此来限制或鼓励某些行为，如建立岗位责任制以对失职行为进行限制，设立合理化建议奖以激发员工的创造性。

二、激励理论

管理学家、心理学家和社会学家从不同的角度研究了激励问题，提出了许多理论。这些理论基本上可以分为下述四类。

（一）内容型激励理论

内容型激励理论侧重研究激发动机的因素。由于这类理论的内容都围绕着如何满足需要进行研究，因此也称为需要理论。它主要包括马斯洛的“需求层次论”、赫茨伯格的“双因素理论”、麦克利兰的“成就需要激励理论”和奥德弗的“生存—相关—成长理论”（ERG）等。

马斯洛的需求层次论启示管理者们，要在工作中找出有关的激励因素，采取相应的组织措施来满足不同层次的需要，以引导员工们的行为，从而实现组织目标。针对各个层次的需要，管理者们应注意下述几点。

1. 满足员工们的基本需要

在现代的组织环境中，管理者可以通过增加工资、改善劳动条件和生活条件、给予更多的业余时间和更长的工休时间等办法来激励员工，调动员工的积极性，并为员工提供安全、有保障、能长期从事的职业。

2. 满足和谐人际关系的需要

一些为人们提供交往机会的活动能产生较大的吸引力。当领导者和管理人员发现员工们追求的是这一需要时，可开展一些有组织的体育活动、联欢活动等，来增进员工相互间的感情，逐步形成集体公认的行为规范。通过这种激励，可使员工产生较高的满意感和对组织的忠诚感。

3. 满足尊重需要

当员工们做出成绩时，进行公开奖励和表扬、发给荣誉奖章、设立光荣榜，并提供更多的独立自主地从事工作的机会，可以提高员工们对工作的满足感。

4. 促进员工创新和发挥潜能

有着“自我实现”需求的人，会把他们的创造性和建设性技能贡献于工作中。领导者和管理人员应很好地利用员工的创新心理和能力，吸引更多的组织优秀成员参与决策，注重民主管理，倾听员工的意见，给技术精、水平高、能力强的人安排重要工作，让他们充分认识到自身价值。同时，在设计工作程序、规定制度与执行计划时，也应当给予员工施展才能的机会。

马斯洛的需求层次论是经典性理论，但其使用价值有一定的局限。管理学家们在实践中又提出了新的需要激励理论。

（二）过程型激励理论

过程型激励理论着重研究从动机的产生到采取具体行为的心理过程。这类理论都试图弄清人们对付出劳动、功效要求、薪酬奖励价值的认识，以达到激励的目的。它主要包括弗隆姆的“期望理论”、亚当斯的“公平理论”和洛克的“目标设置理论”等。这里仅重点介绍前两种理论。

1. 期望理论

按照期望理论，个体动机行为的活动过程为：“个人努力→个人成绩→组织报酬→个人目标”。该理论的核心是“期望值”。一个人积极性被调动的程度取决于各种目标的价值大小和期望值的乘积。用公式表示为：

激励力量＝目标价值×期望值

这一理论说明，激励对象将目标价值看得越大，估计实现的可能性越大，激发的力量也就越大；期望值的大小则决定于目标的价值大小和目标实现的可能性两个因素。因此，应当在人力资源使用和管理中，解决努力与绩效的关系、绩效与报酬的关系、报酬与满足个人需要的关系。

2. 公平理论

公平理论是指个人将自己的投入-报酬关系与他人进行比较得到一定的感受，这种感受的反馈会影响下一步的努力。公平理论对管理实践有很重要的价值。首先，公平理论强调组织对待员工公平的重要性，管理人员应该让员工们充分感受到他们受到了公平对待。其次，公平理论还提出在以人为中心的管理中，不仅应注意组织中每个人的自身状况，还要特别注意组织内外的人与人之间比较的影响，防止人的“社会比较”引起行为的负效应。

（三）行为改造型激励理论

行为改造型激励理论着眼于行为的结果，认为当行为的结果有利于个人时，行为会重复出现；反之，行为则会削弱和消退。这类理论以斯金纳的操作性条件反射为基础，侧重研究对被管理者行为的改造修正，主要有“强化论”“归因论”“力场论”“挫折理论”等。

斯金纳的强化理论，又称行为修正理论，它是指行为与影响行为的环境之间的关系，即通过不断改变环境的刺激因素来达到增强、减弱或消除某种行为的过程。对行为的强化类型包括正强化和负强化，即通过鼓励或者反对来改变一定的行为，从而达到组织的预期目标。

（四）综合型激励理论

激励是一个十分复杂的问题，涵盖众多因素。学者们一直试图开发出包含与激励有关的所有主要因素的复杂激励理论和模型。在上述三类激励理论的基础上，一些学者提出了综合型激励理论，波特-劳勒模型就是其中一种较成功的模型。

波特-劳勒模型以期望理论为基础，认为一定的激励会产生一定的努力，并导致相应的工作绩效；通过达到一定绩效，可以获得所期望的外在性与内在性奖酬，这是工作者的真正目标。波特-劳勒模型见图 11－3。

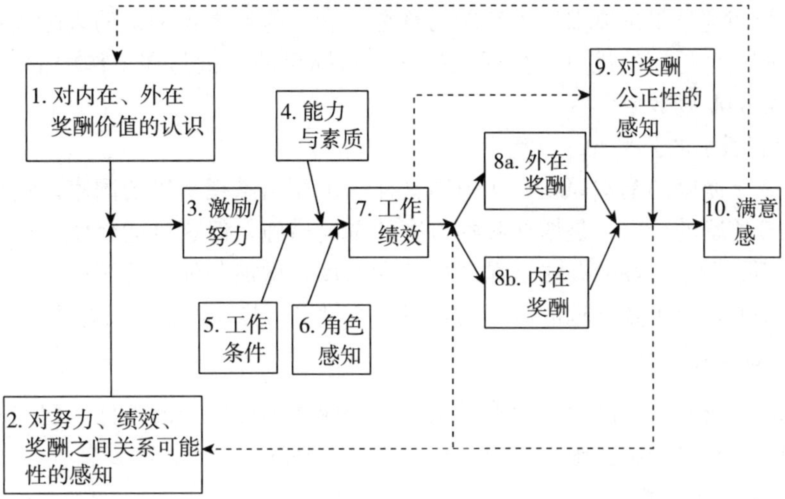

图 11－3　波特-劳勒模型

三、激励的应用

（一）对一般员工的激励

1. 以绩效为中心

要把工作绩效以及对企业的奉献与个人的报酬收入紧密结合起来。一般来说，在工资结构中，岗位职务工资是工资构成中的不变部分，其比例应当在 70%以下；

业绩工资为工资构成中的可变部分，应当占30%以上。许继电气公司董事长王纪年提出，一个企业的活工资低于15%时，就到了“死亡线”。实际上，美国企业的工资“死活”比例为30∶70；日本企业的工资“死活”比例为50∶50；许继电气公司的工资“死活”比例为40∶60，其激励作用比较大。此外，企业还可从利润中提取一部分作为奖励基金，重奖为企业作出突出贡献的员工。

2. 采取弹性奖励的手段

弹性奖励是根据员工的需要，有针对性地选择奖励的时间和地点。这是因为，有人希望得到奖金，有人可能希望休假的时间长一点，另一些人则渴望晋升，还有人更珍惜进修学习的机会。用弹性奖励办法代替固定的奖励办法，会起到较好的激励作用。

3. 对不同类型员工的权变激励

根据不同的特点，员工可以分为四类，相应地就要有不同的奖励办法：

（1）第一类员工是善于听命执行的守成者。他们负责任、守纪律，但不愿冒险。对于这种特点的员工，要定期表扬，侧重于有形奖励。

（2）第二类员工是喜欢迎接挑战的叛逆者。他们喜欢行动，不重理论，追求自由，要把新任务交给他们，奖励办法是让他们去学习和组建新团队。

（3）第三类员工是有远见卓识的策略者。他们善于思考和分析复杂问题，不仅看眼前，也重视未来。对其授权或实行弹性工作时间，对这类人会有较好的激励作用。

（4）第四类员工是追求环境和谐的尊重人者。他们重视和谐的人际关系，追求公平，因而结合他们的优点，公开表扬他们对同事的友情与在工作中的合作精神，会起到一定的激励效果。

4. 达到激励的公平

公平，是激励的基本原则。在中国这样一个相当重视平等的国家，更应当注意公平。拉开奖励的档次，是增加激励力度的重要措施，但这可能会使不少员工在心理上感到不平衡。最好的办法是提高员工参与度，增加分配的透明度，让员工相信分配是公平的、差距是合理的，否则，组织所付出的奖励再多也没有效果。

（二）对管理人员的激励

懂技术、善经营、高素质的管理层是组织成功不可缺少的条件。建立和完善企业激励制度，对管理层实施有效的激励，非常重要。

1. 引入竞争机制

管理层是经营决策者联系普通员工的桥梁，是上情下达和下情上达的主要沟通渠道，是能动性地发挥人力资源创富价值的一个重要环节。建立开放、流动的用人机制，实行管理岗位竞争上岗，使能者上、庸者下甚至平者下，形成能升能降的制度，有利于选拔优秀人才和保证组织经营管理决策的顺利实施。一些企业实行的“末位淘汰制”，就是一种有效的竞争激励措施。

2. 适度授权

授权，可以增强各层次管理人员的工作责任感和积极性，提高其管理能力，使管理者获得相应的培训和发展机会，这也有利于组织培养未来的领导者。此外，授权还有利于组织打破严格等级观念，让更多的中低层管理者参与组织的经营决策，有利于集思广益，提高决策的科学性和有效性。

授权是一种很好的激励方式，它既能够满足管理者的权力需要，也可以使管理者真正有效地从事工作。但必须注意适度授权，有效监督，防止滥用职权。因为，组织的管理者在招聘、解聘、任命、奖惩、剥夺下属员工的某些权利以至开除员工方面，有了很大的个人权力。因此，在授权的情况下，必须建立员工意见申诉和监督处理机制，使授权沿着合理的轨道运行。

3. 用好薪酬杠杆

确定合理的薪资水平，将管理者的个人报酬与其工作业绩直接挂钩，有利于激励的实现。实行目标管理，是运用薪酬杠杆进行激励的有效手段。

从现代管理的角度看，对高层管理人员进行物质奖励的常见方式是年薪制和期权制度，这两种方式的优点是，将企业经营业绩与经营者个人收入直接挂钩。经营者与产权所有者以签订合同的方式，把个人收入与企业的经济效益直接联系起来。企业经济效益好，经营者就能拿到较高的年薪，还可能获得其他奖励，尤其是随着经营活动的有效开展和企业市场价值的大幅度提升，经营者可以得到巨额的回报；如果企业经济效益差，经营者只能拿到基本工资，甚至可能被解职。这既有利于从经济利益方面对经营者进行激励，也有利于对其进行有效的约束。

4. 强调精神激励

在市场经济条件下，精神激励并不过时。需求理论告诉我们，高层次人员往往有着更高层次的需求，他们要求发挥自己的聪明才智，追求自我价值的实现，而且往往具有很强的自我实现欲望，反映在管理工作中，即他们具有最大限度地发挥自己的才能与利用组织资源的需要。因此，突出他们的经营思想、创新精神，承认他们的工作努力和绩效，可能比物质奖励更具有威力。

对于管理人员的精神激励，要注意针对性，不能停留在发奖状、开表彰会上，而是要为他们提供良好的工作条件，给他们提供充分施展才能的空间，使他们从工作中获得最大的心理满足，体验工作成就所带来的乐趣。

第四节　工作满意感

一、工作满意感基本分析

（一）工作满意感的含义

在员工的职业生涯过程中，一般意义上的工作满意感，通常是指某个人在组织内的工作中，对工作本身及其有关方面（包括工作环境、工作状态、工作方式、工作压力、挑战性、人际关系等）有良性感受的心理状态。

例如，一个人做清洁工，工作辛苦、工资很低并且被别人轻视，这样，他对自己现在的工作肯定很不满意，希望得到更好的工作，这时他的工作满意感就很低；另一个人在图书馆从事管理工作，有着明亮的办公室、和善又有文化的同事、稳定又较高的工资、优厚的福利待遇等，他觉得这份工作比较可心、比较惬意，他的工作满意感就较高。

（二）工作满意感与人的职业生涯

从组织的角度看，个人工作满意感的高低，不仅是影响组织业绩的重要因素，而且是影响人才流动的重要因素，因而也是影响个人职业生涯发展的重要因素。美国俄亥俄州立大学的研究表明，员工的流动与工作满意感之间存在着紧密的反向联系。在我国，这方面的问题很大，因此，组织应当抓住“其中的关键，就是必须改变传统的以工作为中心的领导方式，辅之以对人的价值的思考”①。

工作满意感与职业流动即生涯变动的关系见图 11－4。

		工作构成导向	
		高	低
关心人的关系导向	高	高绩效 满意 低流动	低绩效 满意 低流动
	低	高绩效 不满意 高流动	低绩效 不满意 高流动

图 11－4　工作满意感与职业流动的关系

（三）把握工作满意感的意义

组织的管理层了解员工的工作满意感信息，对于搞好人力资源开发与管理具有重要意义。

1. 监控组织状况

工作满意感是管理层把握组织发展状况的重要工具。通过工作满意感的调查，可以了解组织员工的总体满意度水平，也能找出满意或不满意的具体领域（如对员工的服务不够）以及具体的员工群体（如市场销售部门或即将退休的员工）。换句话

---

① 孙彤，许玉林．组织行为管理学．北京：红旗出版社，1993：174－175.

说，员工工作满意感调查可以反映员工对自己的工作感受如何、这些感受集中在工作的哪些方面、哪些部门明显地受到了影响、涉及哪些人的态度（如主管、一般员工或专业人员）。这是改进组织管理的重要依据，也为人力资源开发与管理工作提供了具体的内容和对象。

2. 改进组织管理

通过员工工作满意感的调查，可以看到员工对上级的看法，如在分派工作、给予指导、领导作风等方面的意见，这有利于从多种角度改进人力资源开发与管理工作。

通过员工工作满意感的调查，还可能改善组织中的沟通状况。一般来说，人们开展一项活动就可能会增加组织的沟通，在进行员工的工作满意感调查时，这种沟通作用更为明显。

3. 调动员工的积极性

从一般的角度看，员工工作满意感调查的直接结果，可能使员工郁积的一些意见和情绪得到宣泄，使员工感到轻松，减少组织中的问题。从积极的角度看，进行工作满意感的调查，使员工感到自己在组织中受到关心，因而能够增加组织的凝聚力，从而大大调动员工的工作积极性。

4. 促进员工的发展

通过工作满意感的调查，可以进一步发现组织的问题和员工的潜力，从而可以有针对性地安排员工的培训规划，并为员工的职业生涯规划与管理提供依据。

二、影响工作满意感的因素

（一）决定工作满意感的根本因素

工作满意感受到主观和客观多方面因素的影响，例如职位、工资、荣誉、与上下级和同事的关系、组织中的文化、工作氛围等。在分析人的工作满意感中，非常重要的就是一个人是否能得到自己希望得到的东西。也就是说，决定一个人的工作满意感的根本因素，是人的各种需要和价值观。

例如，我们看到有时员工并不在意工资的高低，那么，什么是比工资还重要的东西呢？如果一个人希望从工作中学到更多的知识、技能和实践经验，或是以自己暂时的“忍让”换取未来的更好利益和高职位时，他就不会苛求工资的一时高低。显然，晋升可能、学习机会、职位安稳等影响和决定人们职业生涯的因素都是很重要的，这比一时的工资高低对于人的价值更大。

著名的“斯特朗-坎贝尔测验”的创始人之一、美国心理学家戴维·坎贝尔指出：工作的差别、工作对人的意义的“三个重要方面”，一是“工作本身的内容”，二是“合作共事的有哪种人”，三是“工作所提供的独特报酬”。① 卡茨和马能能认

① ［美］戴维·坎贝尔．人生道路的选择．长沙：湖南人民出版社，1987：83－84.

为，这三个方面都是“工作满意感的激发点”，其中第一个方面是内在因素，第二、第三方面是背景性因素。[①]

（二）工作五核心因素

哈克曼、劳勒等学者在进行大量工作分析的基础上，提出了工作由“技能多样性、任务完整性、任务重要性、工作自主性和工作结果反馈”五个核心因素构成的学说。其具体内容为[②]：

（1）技能多样性。即从事某种工作职务，要求工作人员以多种技巧和能力来完成。

（2）任务完整性。即工作职务要求工作人员完成可以辨认的一项完整的任务的程度，也就是从开头一直干到末尾，做出一件“看得见结果”的工作的程度。

（3）任务重要性。即工作职务能对本组织的人或更大范围内的人的生活造成实在的并可以感知到影响的程度。

上述三个核心方面，形成员工对自己所从事工作（职位）“意义”的认识。

（4）工作自主性。即工作者在安排工作进度的快慢及确定工作将怎样进行方面的自由、独立和自主权的大小程度。这一核心方面，使得员工对工作具有责任感心理。

（5）工作结果反馈。即员工从工作本身（例如自己进行质量检验），或者从上级、同事、质量检验员以及其他员工那里，得到自己“工作情况好坏”的信息。这使得员工对自己的工作成果状况有所了解。

以上五个核心方面的总和，构成一项工作或职位的激励潜力。解决好上述五个核心方面的问题，有利于解决人力资源的工作动力问题。

但是，这五项因素还要受到“工作人员的能力与技术、个人成长需要的强烈程度和背景条件的满足”三项调节因素的影响，才能够取得激励的效果。见表 11－1。

表 11－1　工作核心因素、心理状态和结果的关系

工作的核心方面	员工心理状态	产生的结果
1. 技能多样性 2. 任务完整性 3. 任务重要性	体验到工作的意义	高度的内在工作激励 高质量的工作绩效
4. 工作自主性	体验到对工作结果的责任	对工作的高度满意感
5. 工作结果反馈	了解到工作活动的真正结果	低缺勤率与离职率
	调 节 因 素 工作人员的能力与技术 工作人员个人成长需要的强烈程度 背景条件的满足	

① ［美］爱德加·薛恩．组织心理学．北京：经济管理出版社，1987：110.

② 同①，111－113.

本章小结

本章首先分析了组织之中员工的类型，阐明了员工的归属感问题，从行为科学这一管理科学分支的角度讲述了激励理论的主要内容，介绍了波特-劳勒综合激励模型，对激励类型进行了划分，并具体阐述了对一般员工的激励和对管理人员的激励。本章最后对员工的工作满意感及其影响因素进行了分析。

关键概念

员工类型	归属感	激励
需求层次论	公平理论	双因素理论
期望理论	综合激励模型	权变激励
授权	工作满意感	工作五核心因素

思考讨论题

1. 组织中的员工包括几种类型？对他们应当进行什么样的管理？
2. 从你的综合条件看，你认为自己适合成为哪种员工？
3. 影响员工对于组织归属感的因素是什么？如何提高归属感？
4. 什么是激励？主要的激励理论有哪些？
5. 如何搞好对一般员工和管理人员的激励？
6. 什么是工作满意感？结合实际，谈谈提高员工工作满意感的意义。
7. 如何理解“工作的意义”？如何运用此思想做好人力资源管理工作？

第十二章

考核与绩效管理

导入案例

DY 集团业绩考核中的问题

DY 集团是世界著名的跨国公司，在 66 个国家拥有 20 多万名员工和 300 多个办事机构，其业务涉及电子、机械、航空、通信、商业、化学、金融和汽车等领域。该公司在中国各地投资兴建了几十家生产和销售公司。由于各个公司投产的时间都不长，内部管理制度的建设还不完善，因此在业绩考核中采用设计和实施相对比较简单的“强制分配法”。公司的最高管理层发现这种业绩考核方法存在着许多问题，但是又无法确定问题的具体表现及产生的原因，于是他们请了一家管理咨询公司对企业的员工业绩考核系统进行诊断和改进。

咨询公司的调查人员在实验性调查中发现，该外资企业在中国的各个分公司都要求在员工业绩考核中将员工划分为 A、B、C、D、E 五个等级，A 代表最高水平，E 代表最低水平。按照公司的规定，每次业绩考核中要保证员工总体的 4%～5%得到 A 等评价，20%的员工得到 B 等评价，4%～5%得到 D 或 E 等评价，余下的大多数员工得到 C 等评价。员工业绩考核的依据是工作态度占 30%，业绩占 40%～50%，遵守法纪和其他方面的权重是 20%～30%。被调查的员工们认为，在业绩评价过程中存在着轮流坐庄的现象，并受员工与负责评价工作主管的人际关系的影响，结果使评价过程与员工的工作业绩之间联系不够紧密，因此，业绩考核虽然有一定的激励作用，但是作用不太大。而且评价的对象强调员工个人，而不考虑各个部门之间业绩的差别。在一个整体业绩一般的部门工作，工作能力一般的员工就可以得到 A 或 B；而在一个整体业绩好的部门，即使员工非常努力，也很难得到 A 甚至 B。员工们还指出，他们认为员工的绩效考核是一个非常重要的问题，这不仅是因为考核的结果将影响到自己的奖金数额，更主要的是员工需要得到一个对自己工作成绩的客观公正的评价。员工们认为：业绩评价的标准比较模糊、不明确。例如，销售公司人员抱怨，销售业绩不理想在很多情况下都是由于市场不景气、自己所负责销售的产品在市场上的竞争力不强造成的，这些都是自己的能力和努力无法克服的，但是在评价中却被评为C甚至D，所以觉得目前这种业绩考核方法很不合理。

现在，咨询公司已经结束了实验性调查，下一步咨询公司要向这家公司的中国管理总部提交一份工作报告，指出公司业绩考核体系中存在的主要问题和今后的改进方向。

第一节　考核与绩效管理基本分析

一、绩效考核范畴

（一）绩效考核的定义

“绩效”（performance），其含义是“表现”，是个体或群体的工作表现、直接成绩和最终效益的统一体。“考核”一词，其含义是评价、评估，是对被考核对象进行评价和打分。

绩效考核，是指对员工在工作过程中表现出来的工作业绩（工作的数量、质量和社会效益等）、工作能力、工作态度以及个人品德等进行评价，并用之判断其与岗位的要求是否相称的活动。绩效考核是人力资源开发与管理中非常重要的范畴，是管理工作中大量应用的手段。绩效考核的目的是，确认员工的工作成就，改进员工的工作方式，提高工作效率和经营效益。

（二）绩效公式

绩效受多种因素的影响，是员工个人素质和工作环境共同作用的结果。了解绩效的相关因素，对正确设计和实施绩效考评有着重要作用，绩效与这些影响因素的关系可以用以下的公式来表示：

$$P = f(s, m, o, e)$$

在这一函数式中，P（performance）指绩效；s（skill）指技能，实际上是指员工本身的工作能力和基本素质；m（motivation）指激励，实际上是指员工的工作态度，包括工作积极性和价值观等各种因素；e（environment）指环境，即员工进行工作的客观条件，包括物质设施条件、制度条件、人际关系条件等；o（opportunity）指机会，即取得业绩的外部机遇。

二、绩效考核的原则

（一）公开与开放原则

在绩效考核中，应最大限度地减少考核者与被考核者之间的神秘感，绩效标准和水平的制定通过双方协商来进行，考核结果公开，使得考评工作公开化。同时进行客观的考核，注重用事实说话，切忌主观武断。

（二）反馈与提升原则

在绩效考核的工作流程中，及时将考核结果与员工进行沟通，其目的是有利于缺陷的改进和优势的发挥。这种反馈和提升，实际上构成了绩效管理。

（三）定期化和制度化原则

定期化和制度化的绩效考核，有利于组织全面了解员工的情况，有利于及时发现组织中的问题，促进组织的健康发展。

（四）可靠性与正确性原则

可靠性与正确性也就是强调绩效考核的信度和效度。所谓信度，是指在绩效考核中强调结果的一致性和稳定性，即强调不同评价者对同一评价对象评价的一致性。主要判断方法有重测方法、考评者内部信度、考核量表的内在信度等。所谓效度，是指绩效考核结果与要考核的内容的相关程度，即强调绩效考核方法测量人的能力和实际绩效内容的准确性程度。基本评估方式有内容效度、预测效度、结构效度。

（五）可行性与实用性原则

可行性是指绩效考核与组织的客观环境之间的适应性。实用性是指绩效考核与实际考核对象之间的适应性。

三、绩效考核的内容

（一）绩效考核三大项目

从“绩效考核”一词的字面，可以看出对人力资源的考核以实际成效为中心，注重人们的劳动成果。但是，仅仅看“绩效”也还是不够的。实际上，许多考核都把员工的工作态度和行为也作为考核的内容。从总体上看，考核项目分为“个人特征”（包括技能、能力、需要、素质）、“工作行为”和“工作结果”三大方面。[①]

上述这三大方面的指标，内容上各有侧重，其适用范围有所不同，也分别存在一些不足，具体分析见表 12－1。

表 12－1　　绩效考核项目的适用性

	个人特征	工作行为	工作结果
适用范围	适用于对未来的工作潜力作出预测。	适用于评价那些可以通过单一方法或程序化的方式实现绩效标准或绩效目标的岗位。	适用于评价那些可以通过多种方法达到绩效标准或绩效目标的岗位。

① 石金涛．现代人力资源开发与管理．上海：上海交通大学出版社，1999：164－165；张一驰．人力资源管理教程．北京：北京大学出版社，1999：175.

续前表

	个人特征	工作行为	工作结果
不足	没有考虑情景因素，通过预测效度较低； 不能有效区分实际工作绩效，员工易产生不公正感； 将注意力集中在短期内难以改变的人的特质上，不利于绩效改进。	需要对那些同样能够达到目标的不同行为方式进行区分，以选择真正适合组织需要的方式，这一点是十分困难的； 当员工认为其工作重要性较小时意义不大。	结果有时不完全受被考核者的控制； 容易诱使被考核者为了达到一定的结果而不择手段，使组织在获得短期效益的同时丧失长期利益。

不同的组织会根据自己的特点选择相应的指标作为绩效考核的依据。绩效考核指标不仅会因组织的不同而不同，而且在同一组织中，不同性质的岗位选择的考核指标也会有很大的区别。

（二）绩效考核项目指标体系

为了使绩效考核具有操作性，还必须对考核的内容做进一步的细化，形成考核项目指标体系。在工作分析的基础上，根据考核及整个人力资源开发与管理工作的需要，把要考核的各方面分解为体现工作性质及相关方面具体内容的项目，规定出真正用于考核的各项详细指标，进而形成考核的指标体系。

1. 绩效评价指标的构成

（1）指标名称。即对评价指标的内容作出的总体概括。

（2）指标定义。即指标内容的操作性定义，用于揭示评价指标的关键可变特征。

（3）标志。评价指标中用于区分各个级别的特征规定就是绩效评价指标的标志。

（4）标度。即用于对标志所规定的各个级别包含的范围作出规定，揭示各级别之间差异的规定。

标志和标度是一一对应的，因此常常把标志和标度统称为绩效评价中的评价尺度。

2. 评价尺度的类型

（1）量词式。采用带有程度差异的形容词、副词、名词等词组表示不同的等级水平。

（2）等级式。使用一些能够体现等级顺序的字词、字母、数字等。

（3）数量式。它有两种形式，一是离散型，二是连续型。

（4）定义式。对每一个评价指标的不同标志设定相应的标度，对标度有比较详细的说明和定义。

3. 绩效评价指标的基本要求

（1）内涵明确清晰。每一个绩效评价指标都应有明确的含义，以避免不同评价者对评价指标内容产生不同的理解，减少评价误差的产生。

（2）具有独立性。每一个评价指标一定要有独立的内容、独立的含义和界定。

（3）具有针对性。评价指标应针对某个特定的绩效目标，反映出相应的绩效标准。

（三）各项目的分值分配

在列出考核的各项具体指标以后，考核管理部门就根据考核的重点，对每个指标分别给予加权及赋值打分。这一过程体现了某一指标在整个考核体系中的位置与重要性。应当指出的是，加权和赋值打分过程十分关键，对某一因素的加权、打分不同，会导致考核结果的完全不同。同时，它具有政策导向的作用，还会引导被考核者的行为。这一方法详见本章后面的内容。

四、绩效管理

（一）绩效管理基本思想

所谓“绩效管理”（performance management），指的是以目标为导向，管理者与员工在确定目标与任务要求以及努力方向达成共识的基础上，形成利益与责任共同体，共同促进组织与个人努力创造高业绩，成功地实现目标的过程。

绩效管理的思想源于20世纪30年代舒哈特（Shewhart）提出的质量持续改进循环，即著名的PDCA循环。绩效管理作为现代人力资源管理理念，可以说是传统的员工绩效考核的升华。

绩效管理的理念，既把员工的绩效提升到管理层面上，通过对员工工作绩效良莠的评价和反馈，激起员工的工作热情和创新精神，又通过绩效信息的分析，帮助员工提出改进措施，制订改进计划，将员工的职业生涯规划与组织的发展紧密结合，提高员工的个人工作绩效，从而推动组织达到既定的战略目标，实现组织的可持续发展。

（二）绩效管理系统和绩效管理模型

绩效管理系统由三部分构成：绩效标准的界定、绩效的衡量（考核）与绩效信息的反馈。

首先，进行绩效标准的界定。绩效标准以工作分析为基础，明确员工绩效的哪些方面对于组织是重要的。

其次，通过绩效的衡量（评价）对各个绩效方面进行衡量，这是类似狭义的考核。

最后，通过绩效反馈，将绩效衡量或评价结果反馈给员工，使之能根据组织的目标来改进自己的行为、方式与方法，提升绩效，为实现以后的目标做好准备。可以说，这是绩效管理各环节的灵魂。

绩效管理系统必须能够精确地对绩效标准的达成水平进行衡量；能够将绩效标准与企业内部及外部的顾客需求联系起来而发挥战略职能的作用；还应有一个能够根据环境约束所产生的影响而调整绩效管理系统的动态过程。

在此基础上构建绩效管理模型，见图12-1。

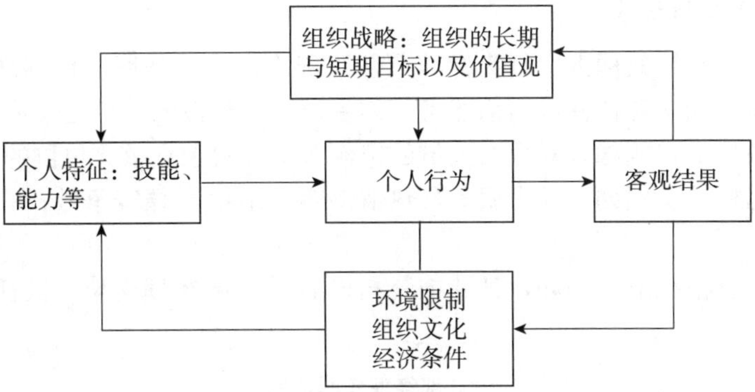

图 12-1 绩效管理模型

资料来源：［美］雷蒙得·A. 诺伊，等．人力资源管理：赢得竞争优势．北京：中国人民大学出版社，2001：344.

第二节 绩效考核流程

绩效考核的流程通常按照制订考核计划、进行技术准备、选拔考核人员、收集资料信息、考核分析评价五个环节进行，最后，还要将考核结果进行运用。

一、制订考核计划

为了保证绩效考核顺利进行，人力资源部门应当事先制订考核工作计划。

首先，明确考核的目的和对象。不同的考核目的，有不同的考核对象。例如，为评职称而进行考核，对象是专业技术人员；而评选先进、决定提薪奖励的考核，则往往在全体员工的范围内进行。

其次，选择考核内容和方法。不同的考核目的和对象，重点考核的内容也不同。例如，发放奖金，应以考核绩效为主，着眼点是当前行为；而提升职务，既要考核业绩，更要注意其品德及能力，着眼点是发展潜力。考核的方法与考核的内容是相互关联的，应根据不同的考核内容确定有效的考核方法。

最后，要根据不同的考核目的、对象和内容，确定考核时间。例如，人的思想品德及工作能力是不会迅速改变的，因此，考核间隔期可长一些，一般是一年一次；工作态度及工作业绩则变化较快，间隔期应短一些，生产、销售人员的业绩可每月考核，而专业技术人员、管理人员则一年考核一次为佳。

二、进行技术准备

绩效考核是一项技术性很强的工作，其技术准备主要包括确定考核标准、选择或设计考核方法等。

（一）确定考核标准

考核标准包括绩效标准、行为标准及任职资格标准。任职资格标准也称职务规范或岗位规范。确定考核标准与前述考核体系设置是类似的或者是具体化的。

（1）绩效标准。例如，对生产人员的定额要求，对独立核算单位的利税指标等。

（2）行为标准。例如，要求服务员热情待客，不得与顾客争吵；采购员不得收受回扣等。

（3）任职资格标准。例如，某装饰公司设有设计部经理岗位，其任职资格见表12-2。

表12-2　设计部经理任职资格

条件	最低要求
学历方面	装饰设计专业本科以上学历，或具有实际设计经验的同等学力。
知识方面	必须具备从事经理业务的良好知识；非常熟悉公司的政策；必须理解、接受公司的目标和标准。
能力方面	强有力的领导品质；有分析、解决问题的能力；良好的沟通及人际交往能力；勤奋实干，综合素质高。
经验方面	有2年～3年以上的设计部管理经验。

（二）选择或设计考核方法

在选择、设计考核方法环节，要解决的问题包括：考核目的确定需要哪些信息？从何处获取这些信息？采用何种方法收集这些信息？常用的收集、记录考核信息的方法有：考核记录、工作日志、生产报表、备忘录、现场视察记录、事故报告、交接班记录，以及各种统计账目和有关的会计核算资料等。

三、选拔考核人员

选拔考核人员是关系考核成败的大事。在选择考核人员时，应考虑两方面的因素：一是能够全方位地对员工的工作表现进行观察；二是有助于消除或者减少个人偏见。按照上述两方面因素的要求，通常考虑下面的人选。

（一）直接主管

员工的直接主管一般能够全面了解员工日常的工作表现，因此他们通常是最好的考核人员。其主要缺点是可能会因他们的个人偏见、与员工的矛盾或者私交等，影响评价的客观性。

（二）高层管理者

在不少组织的考核工作中，由一名高级管理者对员工直接主管的考核进行检查和补充，这可以抵消某些直接主管的偏见。

（三）相关部门管理者

员工有时要接受几个部门的管理，例如，车间会计核算人员既受车间主任的领导，也受财务部的领导。因此，有时可以组成一个考核小组，对员工进行考核。这有利于消除个人考核偏见，还可以增加考核的信息量。

（四）同事

同事的评价是对上述考核的补充。作为被考核者的同事，他们与被考核者朝夕相处，因此，同事评价具有较高的信度。① 需要注意的是，同事之间的友情、敌意等因素常常影响到他们评价的客观性。

（五）下级人员

在考核工作中，可以组织被考核者的下属员工来评价他们的上级，考核其在信息沟通、工作任务委派、资源配置、信息传递、协调下属矛盾、公正地处理与员工之间关系等方面的能力。下属评价要与其他评价的信息结合使用。

（六）自我考核

自我考核可以使员工对自己的工作行为及时进行控制。第一，员工寻找各自存在的问题，并制定有针对性的解决问题的措施。第二，制定某一阶段的目标，这些目标要与个人的每日计划相联系，以达到实现目标的功用。第三，采取一系列能够实现的奖惩措施，对自己进行督促，保证工作目标的实现。

（七）客户

对与组织外部的客户和社会公众大量接触的服务性职务，客户的评价十分重要。虽然评价的结果往往是不十分全面的，但在某些方面的参考价值较大。

（八）专家

外部人力资源考核、测评专家，具有专业水平高、客观公正的优点，但也有费用高、时间不能保证和了解情况片面、不深入的缺点。

四、收集资料信息

作为考核基础的信息，必须做到真实、可靠、有效。收集资料信息要建立一套与考核指标体系有关的制度，并采取各种有效的方法。以生产企业为例，成套的收集信息的方法有：

（1）生产记录法。对生产、加工、销售、运输、服务的数量、质量、成本等数据填写原始记录和统计。

（2）定期抽查法。定期抽查生产、服务、管理工作的数量、质量，以代表整个期间的情况。

（3）考勤记录法。对出勤、缺勤及其原因进行记录。

（4）项目评定法。采用问卷调查形式对员工逐项评定。

---

① 张一驰．人力资源管理教程．北京：北京大学出版社，1999：171.

（5）减分抽查法。按职务（岗位）要求规定应遵守的项目，制定违反规定扣分的办法并进行登记。

（6）限度事例法。抽查在通常线以上的优秀行动或在通常线以下的不良行动，对特别好或特别不好的事例进行记录。

（7）指导记录法。不仅记录员工的所有行动，而且将主管的意见及员工的反应也记录下来。①

五、考核分析评价

这一阶段的任务，是对员工个人的各方面作出综合性的评价结果。分析评价是由定性到定量再到定性的过程，其具体过程如下所述。

（一）确定单项的等级和分值

确定等级，是对单一考核项目的量化。一般来说，对员工某一个评价项目评定等级划分，常用的有 10 等级法、7 等级法、5 等级法、4 等级法四种。其中 5 等级法可以分为：优秀、良好、合格、稍差和不合格（见表 12－3）。

表 12－3　5 等级划分法

	优秀	良好	合格	稍差	不合格
表现	非常出色	比组织期望的水平高	达到组织期望的基本要求	比组织期望水平低，但不妨碍业务	水平低，已妨碍业务
以出勤为例	全年无迟到	个别月份有过迟到	偶尔迟到，平均每月不超过 1 次	迟到较多，每月迟到 2～3 次	迟到频繁，每月 4 次以上
以业绩为例	完成业绩 120％以上	完成业绩 100％～120％	完成业绩	未完成业绩任务，但在 80％以上	完成业绩不足 80％

在划分等级后，还要赋予不同等级以不同的数值，作为考核评价的数量依据。赋值有不同的方法，以最常见的 5 等级为例，可以把优秀定为 10 分，良好定为 8 分，合格定为 6 分，稍差定为 4 分，不合格定为 2 分，见表 12－4。

表 12－4　5 等级考核的赋值法

等级	优秀	良好	合格	稍差	不合格
单向等差赋值 A	5	4	3	2	1
单向等差赋值 B	10	8	6	4	2
单向非等差赋值	10	6	3	1	0
双向对称赋值	4	2	0	－2	－4
累进对称赋值	3	1	0	－1	－3
不对称非等差赋值	2	1	0	－2	－4

① 白嘉．企业人力资源主管．北京：经济管理出版社，1999：197.

（二）对同一项目不同考核结果的综合

通常同一项目由若干人对某一员工进行考核，所得出的结果是不相同的。为综合这些考核意见，可采用算术平均法或加权平均法。如假设上级评定为 5 分，下级评定为 2 分，相关的两个部门评定为 2 分与 3 分，按算术平均综合，其工作能力得分为 3 分［(5＋2＋2＋3)÷4］。

若考虑到上级意见更为重要，权数为 2，相关部门权数为 1.5，下级权数为 1，则加权平均综合为 4.9 分［(5×2＋2×1＋2×1.5＋3×1.5)÷4］，结论就与前面有所不同。

（三）对不同项目考核结果的综合

评价一个人的能力时，要将其知识、学历、判断能力、人际交往能力等综合起来考虑。这时需要根据考核的主要目的确定各考核项目的权数值。例如，提薪晋级时不同考核项目的权重示例见表 12－5。

表 12－5　推荐提薪晋级因素权数表　单位：%

因素		管理层	中间指导层	操作层
成绩	工作质量	30	20	25
	工作数量	20	10	35
	小计	50	30	60
态度	纪律性	—	8	5
	协作性	—	8	5
	积极性	10	12	5
	责任性	10	12	5
	小计	20	40	20
能力	工作知识技能	4	8	10
	判断分析能力	6	5	10
	人际关系能力	5	5	—
	领导能力	5	5	—
	决策能力	10	7	—
	小计	30	30	20
合计		100	100	100

六、考核结果运用

考核结果可以为组织管理提供大量有用的信息，主要的应用范围包括：向员工反馈考核结果，帮助员工改进绩效；为任用、晋级、提薪、奖励等人力资源管理措施提供依据；检查企业管理各项政策，如检查企业在人员配置、员工培训等方面是否有成效等。对考核结果的运用，反映了绩效管理的流程。

第三节　常用绩效考核方法

一、简单排序法

（一）简单排序法的含义

简单排序法也称序列法或序列评定法，即对一批考核对象按照一定标准排出“1，2，3，4……”的顺序。例如，把销售部门所有业务员按销售数量或金额进行排队，最高的为第一位，最差的排在最后。该方法的优点是简便易行，且具有一定的可信性，可以完全避免趋中倾向或宽严误差。其缺点是考核的人数不能过多，以5～15人为宜；而且只适用于考核同类职务的人员，应用范围受限，不适合在跨部门人事调整方面应用。

（二）简单排序法的操作

第一步，拟定考核的项目。项目的数量和内容，应当根据所考核职务的具体状况进行设计。

第二步，评定小组就每项内容对被考核人进行评定，并排出序列。最好的第一名排序为1，第二名排序为2，以此类推。

第三步，把每个人各自考核项目的序数相加，得出各自的排序总分数，以总序数最小者为成绩最好，即总体情况的第一名。排序的结果又分为简单排序和分级排序两种做法。前者是根据序数的多少，从小到大排成从第一名到最后一名的排名序列；后者是按序数得分的多少划分为若干等级，如总序数15以内的等级属于优，16～30的等级为良，31～45的等级为中，46～60的等级为及格，60以上的等级为差。

需要指出的是，上述方法是各个项目的简单相加。由于各个项目有着不同的重要性，更好的做法是对不同的项目确定不同的权重，然后进行加权计算。

二、强制分配法

（一）强制分配法的含义

强制分配法，也称硬性分布法，是根据统计学的正态分布原理按预先规定的比例将被考核者分配到各个绩效类别上的方法。考核者按预先确定的概率，把考核对象分为五个类型，如优秀的占5%，良好的占15%，合格的占60%，较差的占15%，不合格的占5%。

（二）强制分配法的适用性

采用强制分配法，可以防止滥评优秀人数或被考核者得分十分接近的结果，有效地减少了趋中倾向和宽严误差，它可以用于确定员工奖金发放的等级。该方法的问题是，它基于“各部门中都有相同的绩效类别分布”的假设，因而难以区分各部门的好坏差异，也很难把小样本单位（如一个只有 5 个人的研发小组）强制分配到五个绩效类别中。

严格地说，强制分配法并不是一种评价方法，而是一种划分比例和限制考核分数的方法。这种方法通常是和其他方法结合使用，而不是单独使用。

三、要素评定法

（一）要素评定法的含义

要素评定法也称功能测评法或测评量表法，是把定性考核和定量考核结合起来的方法。

该方法的优点：一是内容全面；二是定性考核和定量考核相结合；三是能体现多角度、立体考核的原则；四是使用计算机处理测评结果，手段先进。通过定量考核和对定性考核结果的数量化的处理，可以形成绩效量化结构，从而对每个员工的绩效状况进行定位，而且可以在员工之间和不同时期的绩效状况之间进行比较。

该方法的缺点：一是烦琐复杂；二是考核标准说明是定性语言，高度概括，较难掌握，因而在实践中可能出现打分中间化倾向或其他考核误差。

（二）要素评定法的操作

第一步，确定考核项目。这些项目又可划分为若干要素（即指标）。所考核的项目和要素指标，因考核对象的职业领域或职务层次的不同而不同。

第二步，先将每个要素（指标）按优劣程度划分为若干等级，一般为 3～5 级。3 级为“好、一般、差”；4 级为“好、较好、一般、差”；5 级为“优秀、良好、一般、较差、差”。然后，给每个等级打相应的分数，并以定性的语言、简洁的文字写出每一等级的标准说明，制定出统一的考核标准表和测评量表。

第三步，对考核人员进行培训，使其掌握考核标准，熟悉操作方法。

第四步，实施考核活动，把测评量表发给考核者打分。考核一般包括上级领导者考核、同级同事考核、下级考核和自我考核四个方面。

第五步，对所取得的考核原始资料进行分析、调整和汇总。调整有着两方面的原因，其一是由于参加考核的各方面人员对被考核者的了解程度不同，因此他们所打分数的重要性程度也不同；其二是每个考核要素在整个指标体系中的重要程度也不同，因此，需要制定第二套权数折算量表。具体方法是，先按有关要素的重要程度分别规定其比重（即加权）；然后把每个被考核者各个要素的数据输入计算机，由计算机程序对数据加以处理，计算每个要素加权后的分数；最后汇总得出每个被考核者的总评成绩。

四、工作记录法

工作记录法，也称生产记录法或劳动定额法，一般用于对企业生产工人操作性工作的考核。该方法是先设置考核指标，指标通常为产品数量、产品质量、时间进度、原材料消耗和工时利用状况等，然后制定生产记录考核表，由班组长每天在班后按工人的实际情况填写，经当事人核对无误后签字，交基层统计人员按月统计，作为每月考核的主要依据。

该方法的优点在于参照标准较为明确，易于作出评价结果。其缺点在于标准的制定，特别是针对管理层的工作标准制定难度较大，缺乏可量化衡量的指标。此外，工作记录法只考虑工作结果，对那些影响工作结果的其他客观因素不予以反映，其结果有时较为片面。目前，在绩效评价中，工作记录法常常与其他方法一起使用。

五、关键事件法

关键事件法，是指对那些能够对组织效益产生重大影响（包括积极影响和消极影响）的行为进行记载考核的方法。例如，营销经理在商务谈判中的举措、售货员对顾客退货或重大产品质量问题的处理、保安人员面对罪犯时的行为等。在采用关键事件法时，应当对员工进行一段时间的观察，把在考察期间内的关键事件次数都真实地记录下来，得出结论，并把这些资料提供给考核者用于对员工业绩考核。

运用关键事件进行评价必须经过以下三个步骤：

（1）准备阶段。该阶段的主要工作就是提取关键行为，编制关键行为表。在工作中有许多对工作的成功与失败有决定意义的行为，称为关键行为。获取关键行为，可以采用调查法，包括谈话、问卷法等。特别应注意，这些行为既包括最成功的行为，也包括最无效的行为。调查完成后，编制关键行为记录表。

（2）评定阶段。主管人员直接观察被考核者的行为，一旦发现有好的关键行为，则在记录表中相应的地方作记号；同样，发现有失败的关键行为，也在记录表中作相应的记录。

（3）分析阶段。汇总一个时期的关键行为记录，根据每个被考核者关键行为出现的次数以及程度进行评定，最后得出总体结论。

六、360 度考核法

（一）360 度考核法的含义

360 度考核法是一种从多角度进行的比较全面的绩效考核方法，也称全方位考核法或全面评价法。这种方法是选取与被考核者联系紧密的人来担任考核工作，包括上级、同事（以及外部客户）、下级和被考核者本人，用量化考核表对被考核者进行考核，采用 5 分制来记录考核结果，最后用坐标图来表示，以供分析。

（二）360 度考核法的实施方法

首先，考核主持者要听取被考核者的 3～6 名同事和 3～6 名下属的意见，并让被考核者进行自我评价。听取意见和自我评价的方法是填写调查表。

然后，考核者根据这些调查表对被考核者的工作表现、能力状况等方面作出评价。根据考核项目的不同对各个考核者得分确定不同的权重。

评价结果出来后，考核者要将所有同事和下属的评价调查表全部销毁，然后，考核者与被考核者见面，将评价报告拿出来与被考核者一起讨论。在分析讨论考核结果的基础上，双方一起讨论，定出被考核者下年度的绩效目标、评价标准和发展计划。

（三）360 度考核法的优缺点

360 度考核法的优点在于，能够使上级更好地了解下级，鼓励员工参与企业管理和管理自己的职业生涯，同时也促使上级帮助下属发展，培养员工的责任心，改善团队合作状态。其缺点是花费时间太多，通常只适用于管理者。此外，这种方法的实施受组织文化的影响非常大，在我国实施这种考核方法，可能会遇到保密性、同事之间的竞争、人际关系的影响、缺少发展机会等方面的困难。

第四节　考核与绩效管理一体化方法

一、目标管理法

（一）对于目标管理法的认识

1. 目标管理法的含义

目标管理法（management by objectives，MBO）是一种综合性的绩效管理方法，而不仅仅是单纯的绩效考核技术手段。目标管理法是由美国管理学大师彼得·德鲁克提出的，他认为“每一项工作都必须为达到总目标而展开”。

目标管理是一种领导者与下属之间的双向互动过程。在制定目标时，上级和下属依据自己的经验和手中的材料，各自确定一个目标，然后双方进行沟通协商，找出两者之间的差距以及差距产生的原因；之后重新确定目标，再次进行沟通协商，直至取得一致意见，即形成了目标管理的期望值。

2. 目标管理法的优点

目标管理法的优点较多，主要有：

(1) 考核职能由主管人员转移到直接的工作者，因而能保证员工的完全参与；

(2) 员工的目标由本人参与设定，在实现业绩目标后，员工会有一种成就感；

(3) 改善授权方式，有利于促进员工的自我发展；

(4) 促进良性沟通，加强上下级之间的联系。

总之，目标管理法是一种适用面较广、有利于整体绩效管理的考核方法。但它也有一定的局限性：某些工作难以设定短期目标，因而难以实行该方法；有时员工们在设定目标时偏宽松；一些管理者也对“放权”存在抵触情绪。

（二）目标管理法的实施步骤

1. 确定工作职责范围

每个员工在工作时都要弄清楚自己的职责。确定工作职责的常用方法是：员工和上级各自列出员工的主要职责，然后双方把所列清单放在一起进行比较，最终达成一致，从而产生双方同意的员工工作目标的清单。

2. 确定具体的目标值

目标为员工与主管提供了计划和衡量业绩的依据。员工以书面形式设定目标清单，它既包括定量目标，也包括定性目标，并体现出责任、承诺和义务、优先顺序以及实现目标的日期。在目标值的确定中，应注意以下几点：

（1）员工的个人绩效目标必须依据组织的战略目标及本部门的分目标来制定，要使个人目标与这两个大目标尽可能一致。

（2）目标确定时应当考虑到员工的能力素质和以往的业绩，切忌凭主观设置。

（3）目标一般要符合以下要求：其一，目标数以 5 个或 6 个为宜，不宜太多，且应有针对性；其二，目标是可以衡量和比较的；其三，目标是成果导向型的，例如销售人员的目标，应当侧重于销售收入增长率、新市场开拓率等指标，对技术部门，则应当考核创新性指标。

3. 审阅、确定目标

设定目标后，员工将其送交上级主管进行审阅，这时主管要帮助下级对目标进行评估并最后确定指导方针。讨论完毕后，即生成一致同意的目标。

4. 实施目标

这一阶段是目标管理的推进阶段。在目标实施的过程中，执行者有充分的自主权。当然，该阶段上级应当进行有效的控制，而不是放任自流。在执行中，如出现了不可抗拒的因素，上下级之间可以通过沟通，对目标进行适度调整。

在该阶段，目标的执行者要定期（通常是每季度）和不定期向上级主管人员汇报进展情况。汇报时应重点说明工作是否按预定计划正在完成、存在哪些主要问题。汇报情况能使上级主管深入了解计划的偏离情况，给予一定的帮助，并在必要时采取适当措施。

5. 总结报告

在目标管理预定时间的期末，执行者要提供一份工作完成情况报告，包括所取得的主要成绩、存在的问题、对实际结果与预期结果之间偏差的陈述等。企业可制定专门的目标管理表格，供员工自我评价用。

6. 考核及后续措施

运用目标管理方法考核，关键要看员工的目标达成情况，要找出达成目标的成功原因或者没有达到目标的失败原因，为下一次制定目标奠定基础。此外，还要制订计划，帮助员工改进下一阶段的工作。这实质上构成一种循环。

二、关键绩效指标法

（一）关键绩效指标的含义

关键绩效指标（key performance indicators，KPI），其“关键”一词的含义是指组织在某一阶段战略上要解决的最主要问题。绩效管理体系相应地针对这些问题的解决设计指标，这就是关键绩效指标。关键绩效指标是用来衡量某一职位工作人员工作绩效表现的具体量化指标，是对工作完成效果的最直接衡量方式。关键绩效指标来自对企业总体战略目标的分解，反映最能有效影响企业价值创造的关键驱动因素。

可以说，KPI 法依据的是一个重要的管理学原理——“二八原理”。在一个企业的价值创造过程中，存在着“20/80”的规律，即 20%的骨干人员创造 80%的价值。只要抓住 20%的关键行为，对其进行分析和衡量，就能抓住业绩评价的重心。因此，设立关键绩效指标的价值在于使经营管理者将精力集中在对绩效有最大驱动力的经营行动上，及时诊断生产经营活动中的问题并采取提高绩效水平的改进措施。

（二）KPI 指标体系建立流程

KPI 指标体系如图 12-2 所示。KPI 指标体系的建立流程如下所述。

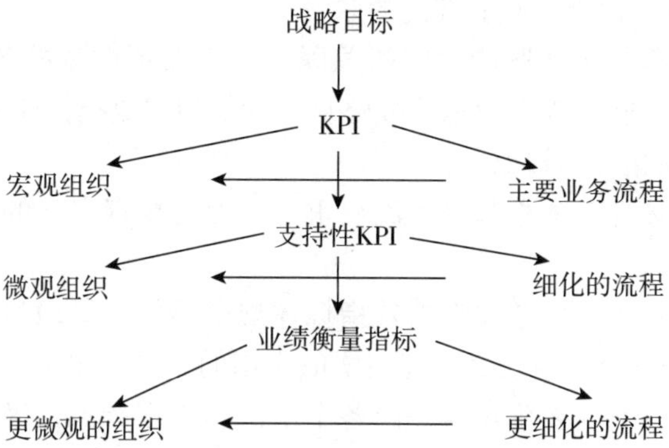

图 12-2 KPI 指标体系

1. 分解企业战略总目标，建立各个子目标

在通常情况下，企业的总体战略目标均可以分解为几项主要的支持性子目标。在本环节，要完成以下三项工作：

（1）企业高层确立企业的总体战略目标；

（2）由企业(中)高层将战略目标分解为主要的支持性子目标；

（3）将企业的主要业务流程与支持性子目标之间建立关联。

把公司级的 KPI 指标逐步分解，首先分解到子公司、分公司或事业部，进而分解到部门，再由部门分解到各个职位。按此层层分解的方法，来确定各部门、各职位的关键业绩指标，并用定量或定性的指标确定下来。

目前常用战略目标分解的方法是“鱼骨图”分析法，如图 12－3 所示，它可以帮助我们在实际工作中抓住主要问题、解决主要矛盾。

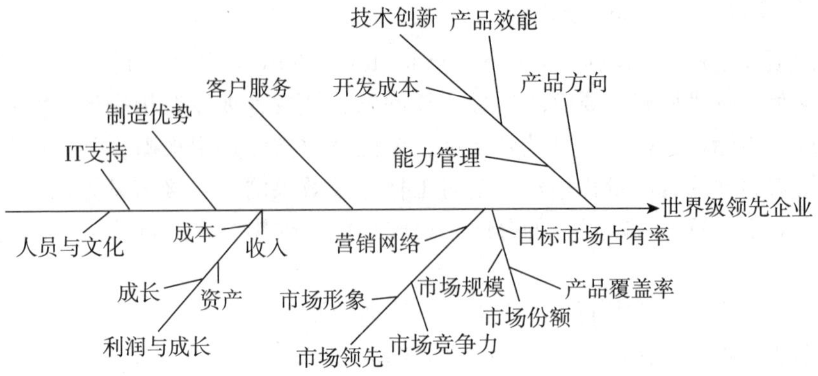

图 12－3　战略目标分解鱼骨图方式示例

2. 确定各支持性的业务流程目标

在确认对各战略子目标的支持性业务流程后，需要进一步确认各业务流程在支持战略子目标达成的前提下流程本身的总目标，并进一步确认流程总目标在不同维度上的详细分解内容。

3. 确认各业务流程与各职能部门的联系

本环节建立流程与工作职能之间的关联，从而在更微观的部门层面建立流程、职能与指标之间的关联，为企业总体战略目标和部门绩效指标建立联系。

4. 部门级 KPI 指标的提取

本环节要从上述环节建立起来的流程重点、部门职责之间的联系中提取部门级的 KPI 指标。

（1）明确工作产出。由于关键绩效指标体现了绩效对组织目标增值的部分，所以 KPI 指标是根据对组织绩效目标起到增值作用的工作产出来设定的。因此，要想设定关键绩效指标，首先要确定组织内各个层次的工作产出。确定工作产出的基本方法是绘制客户关系图。

（2）考核指标的建立。在确定关键绩效指标时要运用 SMART 原则，其具体做法见表 12－6。

表 12－6　关键绩效指标的 SMART 原则

原则	正确做法	错误做法
specific （具体的）	切中目标 适度细化 随情景变化	抽象的 未经细化的 复制其他情景中的指标
measurable （可度量的）	数量化的 行为化的 数据或信息具有可得性	主观判断 非行为化描述 数据或信息无从获得

续前表

原则	正确做法	错误做法
attainable (可实现的)	在付出努力的情况下可以实现 在适度时限内可实现	过高或过低的目标 期限过长
realistic (现实的)	可证明的 可观察的	假设的 不可观察或证明的
time-bound (有时限的)	使用时间单位 关注效率	不考虑时效性 模糊的时间概念

(3) 绩效考核标准的设定。制定绩效考核标准时，要针对不同岗位的实际情况，对不同职位设定不同的考核参数，而且尽量将考核标准量化、细化，使考核内容更加明晰、结果更为公正。同时，公布考核标准并使之得到员工认可，避免暗箱操作。

(4) 审核关键绩效指标。对关键绩效指标进行审核的目的主要是确认这些关键绩效指标是否能够全面、客观地反映被考核对象的工作绩效，以及是否适合于考核操作，从而为适时调整工作产出、绩效考核指标和具体标准提供所需信息。

(5) 目标、流程、职能、职位目标的统一。根据部门 KPI 指标、业务流程以及确定的各职位职责，建立企业目标、流程、职能与职位的统一。

三、平衡计分卡①

(一) 平衡计分卡基本分析

1. 平衡计分卡的含义

所谓“平衡计分卡”(balanced score card，BSC)，是指通过财务、客户、内部流程及学习与发展四个方面指标之间的相互驱动的因果关系，展现组织的战略轨迹，从而实现绩效考核（绩效改进）与战略实施的综合管理方法。平衡计分卡是 1990 年美国诺兰诺顿学院研究开发的绩效测评模式，1996 年一些在中国有业务的跨国公司开始运用这种方法。进入 21 世纪以来，平衡计分卡作为战略管理工具的理念和方法开始在中国受到重视并得到广泛运用。

传统的绩效考核方法的特点是，往往仅限于考核财务指标。然而，财务指标是一些滞后的指标，只能说明过去的行动取得了哪些结果，至于驱动业务的一些关键因素有没有改善、朝着战略目标迈进了多少步仍然无从知晓。

平衡计分卡的出现，则完全改变了财务指标一统天下、绩效考核指标极端失衡的状况。平衡记分卡在传统的财务指标的基础上，引入了客户、内部流程和学习与成长这三个方面的指标，这些新指标衡量的正是企业良好业绩的驱动力。这四个指标结合起来，构成了内部与外部、结果与驱动因素、长期与短期、定性与定量等多种平衡，从而为企业的绩效考核管理，提供了立体、前瞻的测评依据。

① 毕意文，孙永玲．平衡计分卡中国战略实践．北京：机械工业出版社，2004：70－72.

2. 平衡计分卡考核的四个视角

平衡记分卡从四个不同的视角，提供了一种考察价值创造的战略方法。

（1）财务视角。其目标是解决“股东如何看待我们”这类问题。企业经营的直接目的和结果是为股东创造价值，因此从长远角度来看，利润始终是企业所追求的最终目标，财务方面是其他三个方面的出发点和归宿。财务指标包括销售额、利润额、资产利用率等。

（2）客户视角。其目标是解决“顾客如何看待我们”这类问题。客户角度是从质量、性能、服务等方面，考验企业的表现。主要包括两个层次的绩效考核指标：一是企业在客户服务方面期望达到绩效目标而必须完成的各项指标，包括市场份额、客户保有率、客户获得率、客户满意度等；二是针对第一层次的各项目标进行细分，形成具体的绩效考核指标，如送货准时率、产品退货率、合同取消数等。

（3）内部运作流程视角。其目标是解决“我们擅长什么”这类问题。这是平衡计分卡与传统绩效考核方法最大的区别。企业是否建立起合适的组织、流程、管理机制？在这些方面存在哪些优势和不足？内部角度从以上方面着手，制定考核指标，关注公司内部效率，如生产率、生产周期、成本、合格品率、新产品开发速度、出勤率等。内部过程是公司改善经营业绩的重点。

（4）学习和成长视角。其目标是解决“我们是在进步吗”这类问题。企业的成长与员工能力素质的提高息息相关，企业唯有不断学习与创新，才能实现长远的发展。主要指标包括员工士气、员工满意度、平均培训时间、再培训投资和关键员工流失率等。

3. 平衡计分卡与企业战略管理

平衡计分卡的最大特点是始终把战略和愿景放在核心地位，其实质是将战略规划落实为具体的经营行为，并对战略的实施加以实时控制。所以平衡计分卡是一种战略管理的工具，它的四个维度几乎涵盖了企业的各个方面，在企业的组织战略设计与执行落实战略之间成功架起了一座桥梁。

平衡计分卡提供了一个可以帮助企业高层管理者建立成功战略的工具，那就是企业战略的因果关系图。

（二）平衡计分卡的实施方法

具体说来，一个组织要建立和实行平衡计分卡，需要进行如下几项工作。

1. 建立公司愿景与战略

企业战略要力求满足适合性、可衡量性、合意性、易懂性、激励性和灵活性，并对每一部门均具有意义，使每一部门都可以采用一些业绩衡量指标去完成公司的愿景与战略。

2. 建立组织的四类具体目标

进一步，要成立平衡计分卡小组或委员会去解释公司的愿景和战略，并建立“财务、顾客、内部流程、学习与成长”四类具体的目标。

目标的衡量是平衡计分卡管理系统的基础和关键，选择和设计对企业运营最为恰当、有效的衡量指标至关重要。平衡计分卡体系的建立需要系统性地把一个企业的战略与其价值定位、具体目标及具体目标的衡量指标连接起来。“因果关系分析”是平衡计分卡提供的一个有力工具，它能够帮助企业领导层确定最适合企业战略的具体目标。

3. 为四类目标确定业绩衡量指标

业绩衡量指标的设计和选择与目标设计和选择同样重要，因为绩效指标能够帮助组织检验战略设想并不断在结果中总结经验。SMART 原则和管理“二八原则”是确定业绩衡量指标的基本原则。

战略图描绘的因果关系分析把企业战略思想具体化为各个角度的目标，四个角度的所有目标代表着管理层实现关键财务目标的整体设想。战略图内的所有目标必须分解出具体的衡量指标。有些目标的绩效指标可以从企业已经存在的财务或其他信息系统中的指标库中选择，而有些目标的绩效指标则需要特别设计。绩效指标的设计和选择赋予管理层一个机会，去加强他们对于达到最重要的目标所需方法和手段的判断力。

4. 加强企业内部沟通与教育

有了业绩目标后，就开始实施平衡计分卡。这时，要利用各种不同沟通渠道，如定期的内部刊物、信件、公告栏、标语、会议等，让各层次管理人员都知道企业的愿景、战略、目标与业绩衡量指标，建立起绩效管理的理念。

5. 实施绩效指标的测量与管理

此后，要确定平衡计分卡中的年、季、月业绩衡量指标的具体数字，并与企业的计划和预算相结合。同时，注意各类指标间的因果关系、驱动关系及连接关系。

进一步，要将对考核对象的年、季、月报酬奖励制度与平衡计分卡挂钩，从而加大绩效管理的效果。

在平衡计分卡的实施过程中，要主动采用员工意见，以修正平衡计分卡的衡量指标并改进企业的战略。

（三）平衡计分卡的适用性

1. 平衡计分卡的优点

（1）以企业竞争战略为出发点。平衡计分卡将有助于增强企业竞争力的内容，诸如顾客导向、质量提升、快速反应、团队合作等加以整合，对企业明确工作重点、全面提高管理水平与竞争优势意义重大。

（2）全面动态地评估。相对于传统的绩效评估，平衡计分卡通过全面、动态地评估企业、部门、个人绩效，达到适当运用资源，快速响应瞬息万变的市场，逐步实现战略发展和长远竞争优势的目的。

（3）有效防止次优化行为。平衡计分卡迫使管理人员把所有的重要指标放在一个系统考虑，并将注意力集中于由当前和未来绩效的关键指标构成的一个简短清单上，避免某一方面的改进以牺牲另一方面的效率为代价，甚至付出更高的成本，从而实现其有效优化工作行为的目的。

（4）提出具体的改进目标。平衡计分卡提出了企业、部门和个人的具体的改进目标及其改进时限，避免一些取得高绩效的员工不再继续努力改进自身工作。

2. 平衡计分卡的限制条件

（1）对信息系统的灵敏性要求高。信息系统在帮助管理人员实施平衡计分卡方面作用显著。例如，当平衡计分卡体系中出现了未预期到的信号时，管理人员可以查询信息系统，找出问题的根源所在。但若信息系统不够灵敏，它就会成为绩效评估的致命弱点。

（2）对企业管理基础的要求较高。平衡计分卡建立在对企业经营战略正确理解的基础之上，要求企业管理人员不但能够明确企业的竞争优势与劣势，而且能够清楚行业特点与竞争对手的战略，并立足长远，提出对企业长期战略成功密切相关的绩效评估指标。同时，成功实施平衡计分卡，不仅需要各级管理者的理解和支持，还需要相当的配套措施，这一切都要求企业具备良好的管理基础。

第五节　绩效考核的操作

一、控制考核误差

为了做好绩效管理工作，必须首先解决好绩效考核过程中容易出现的错误，控制考核误差。绩效考核误差可以分为两类：一类与考核标准有关；另一类与主考人有关。

（一）考核标准方面的问题

1. 考核标准不严谨

当考核项目设置不严谨、考核标准说明含糊不清时，考核者打分时必然有一定的任意度，这会导致考核评价的不正确。

2. 考核内容不完整

在考核体系中，如果考核内容不够完整，尤其是关键绩效指标有缺失，不能涵盖主要内容，自然不能正确评价被考核人的真实工作绩效。

（二）主考人方面的问题

1. 晕轮效应

晕轮效应也称“光环效应”，是指在考察员工业绩时，由于只重视一些突出的特征而掩盖了被考核人其他的重要内容，往往影响考核结果正确性的现象。例如，经理看到某员工经常早来晚走、忙忙碌碌，对他的工作态度很有好感，在年终考核时对他的评价就较高，对他的综合表现，甚至对其工作的主要方面却忽视了（如重视营销人员的服务态度好坏而忽视其销售额）。

2. 宽严倾向

宽严倾向包括“宽松”和“严格”两个方面。宽松倾向指考核中所做的评价过高，严格倾向指考核中所做的评价过低。这两类考核误差的原因，主要是缺乏明确、严格、一致的判断标准，不同的考核者掌握的评分标准各不相同，往往依据自己的经验来考核。在评价标准主观性很强，并要求考核者与员工讨论评价结果时，很容易出现宽松倾向，因为考核者不愿意因为给下属过低的评价而招致其不满，进而导致其在以后的工作中变得不合作；当考核者采用的标准比组织制定的标准更加苛刻时，则会出现严格倾向。

3. 平均倾向

平均倾向也称调和倾向或居中趋势，是指大多数员工的考核得分都居于“平均水平”的同一档次，并往往是中等或良好水平。这也是考核结果具有“集中倾向”的体现。与过宽或过严倾向相反，考核者不愿意给员工们“要么优秀、要么很差”的极端评价，无论员工的实际表现如何，统统给中间或平均水平的评价。但实际上这种中庸的态度，很少能赢得员工的好感，反而会起“奖懒罚勤”的负作用。这种平均倾向与我国的平均主义传统文化有一定的联系。

4. 近因效应

近因效应是考核者只看到考核期末一小段时间内的情况，而对整个评估期间的工作表现缺乏了解和记录，以“近”代“全”，使考核评估结果不能反映整个评估期内员工绩效表现的合理结果。产生这种情况的原因，通常是考核者对被考核者近期表现印象深刻，或者被考核者在临近考核期时有意表现自己。

5. 首因效应

首因效应是指考核者凭“第一印象”作出判断的问题。当被考核者的情况与考核者的“第一印象”有较大差距时，考核者就可能因存在首因效应而产生偏见，在一定程度上影响被考核者的得分。

6. 个人好恶

凭个人好恶判断是非，是绝大多数人难以察觉的弱点，甚至是人的一种本能。在考核评价他人时，很多人都会受到“个人好恶”的影响。所谓“成见”，就是这种考核中的问题。因此，考核者应该努力反省自己的每一个判断是否因个人好恶而导致不公的结论。采用基于事实（如工作记录）的客观考评方法，或由多人组成考核小组进行考核，有助于减少个人好恶所导致的考核误差。

二、考核申诉与处理

（一）考核申诉产生的原因

当发生以下情况时，有可能引发考核申诉：其一，被考核员工对考核结果不满，或者认为考核者在评价标准的掌握上不公正；其二，被考核员工认为组织对考核结果的运用不当、有失公平。

无论问题出在哪里，组织都应该对员工的考核申诉认真地进行了解、分析并给予正确、合理的处理。因为通过对考核结果的处理，有助于改进组织中存在的一些问题，从而提高组织的绩效。

（二）处理考核申诉的要点

1. 尊重员工的申诉

在处理考核申诉的过程中，要尊重员工的个人意见，这就要求考核申诉处理机构应认真分析员工所提出的问题，找出产生问题的原因。在处理考核申诉的过程中，应当对员工表现出耐心，如果是员工方面的问题，应当“以事实为依据、以考核标准为准绳”，对员工进行说服和帮助；如果是组织方面的问题，则必须对员工所提出的问题加以改正，并将处理结果告知员工，对其有所交代。

2. 把处理考核申诉作为互动互进的过程

绩效考核是为了用好人力资源，是为了实现组织的经营目标、完善人力资源政策和促进员工的发展，而不是组织用来管制员工的工具，即绩效考核应当是一个互动互进的过程。因此，当员工提出考核申诉时，组织应当把它当作一个完善绩效管理体系、促进员工提高绩效的机会，而不要简单地认为员工申诉是“一些小问题”，甚至认为是员工在“闹意见”。

3. 注重处理结果

在处理考核申诉的问题时，如果所申诉的问题属于考核体系的问题，应当完善考核体系；如果是考核者方面的问题，应当将有关问题反馈给考核者，以使其改进；如果确实是员工个人的问题，就应该拿出使员工信服的证据，并要注意处理结果的合理性。

三、完善绩效考核的措施

为了减少绩效考核中的偏差，保证考核过程和结果的正确性，需要采取下述措施。[①]

（一）采用客观性考核标准

在绩效考核中，要尽量采用客观性的考核标准。用于绩效考核的标准，必须是与工作密切相关的。以职务说明书为依据制定考核项目和标准，是一个简便有效的方法；如没有现成的职务说明书，必要时可以进行专门的职务分析来确定工作信息，制定考核标准。

需要注意的是，一些主观性较强的品质因素（如主动性、热情、忠诚和合作精神等）虽然很重要，但它们难以界定和计量，容易产生歧义，在评价时应当尽量少采用。

（二）正确选择考核方法

每种考核方法都有其优点和缺点。正确选择考核方法的原则是：根据考核的内容和对象选择不同的考核方法，使该方法在此次考核中具有较高的信度和效度，能

---

① 邵冲．人力资源管理概要．北京：中国人民大学出版社，2000：82.

公平地区分工作表现不同的员工。

（三）选拔合适的人员担任考核者

绩效考核工作应当由能够直接观察到员工工作的人承担，甚至由最了解员工工作表现的人承担。一般情况下，绩效考核的主要责任人是员工的直线经理。这是因为，直线经理在观察员工的工作绩效方面处在最有利的位置，而且这也是他（她）应该承担的管理责任。但是，直线经理不可能对下属的所有工作全部了解，同时还可能存在“领导者人为操纵考核”的问题，因此，考核者还应当包括考核对象的同事、下属和本人，以避免这一问题。

（四）培训考核工作人员

对考核者进行培训，是提高考核科学性的重要手段。通过培训，有助于减少考核者方面引起的误差问题，特别是晕轮效应、宽严倾向和集中倾向误差。

进行考核培训，首先要让考核者认识到，绩效考核是每一个管理者的工作组成部分。同时，要让考核者正确理解考核项目的意义和评价标准，掌握常用的考核方法，并能够选择合适的考核方法。此外，通过培训，还要让考核者了解在绩效考核过程中容易出现的问题以及可能带来的后果，以避免这些问题的发生。

（五）做到“考核有依据，结论必客观”

在考核工作中，每一项考核的结果都必须以充分的事实材料为依据，如用具体事例作为评分的理由。这可以避免凭主观印象考核和由晕轮效应、成见效应等所产生的问题。

（六）以“公开”保证考核的公正

绩效考核必须公开，这不仅仅是考核工作民主化的反映，也是组织管理科学化的客观要求。考核评价作出以后，要及时进行考核面谈，由上级对下级逐一进行，以反馈考核评价的结果，让员工了解自己的考核得分和各方面的意见，同时也使管理者了解下级工作中的问题及意见。将考核结果反馈给员工，有利于使员工更客观地认识自己，扬长避短，做好工作；对绩效考核结果的保密，只会导致员工不信任与不合作的后果。

（七）进行考核面谈

向员工反馈绩效信息的面谈既是一种机会，也可能是一种风险。在这样的谈话中，管理者主要关注的是如何既强调员工工作表现中的积极方面，同时仍就员工应如何改进进行讨论。

本章小结

绩效是指员工的工作行为、表现及其结果。绩效考核是人力资源管理的重要环节，也是各项人力资源开发与管理活动的依据。本章阐述了绩效考核的基本概念与原理，阐述了考核的流程，介绍了组织常用的考核方法，如简单排序法、工作记录法、360度考核法、目标管理法、关键绩效指标、平衡计分卡等。本章还对控制考核误差、考核申诉的处理和完善绩效管理的措施进行了阐述。

关键概念

绩效	绩效管理	绩效考核项目
绩效考核流程	简单排序法	强制分配法
要素评定法	工作记录法	目标管理法
360度考核法	关键事件法	平衡计分卡
考核面谈	晕轮效应	近因效应
首因效应	考核结果反馈	考核申诉

思考讨论题

1. 什么是绩效？什么是考核？你认为绩效考核对组织有哪些作用？它可以用在人力资源开发与管理的哪些方面？

2. 绩效考核原则有哪些？你认为绩效考核时应该坚持的最重要的原则是什么？

3. 简述绩效考核的基本流程。

4. 常用绩效考核方法包括哪些？你认为本章介绍的各种绩效考核方法的优缺点是什么？请对它们的适用范围作出评价。

5. 以某个企业或其他组织为对象，设计一套员工绩效考核的方法和程序。

6. 绩效考核中一般可能存在哪些问题？

7. 分析各种不同角色的考核工作人员的长处和局限性。

8. 如何通过绩效考核与绩效管理，做好组织的工作，提高组织的运行效率？

9. 分析某家电制造公司的经营状况，试列出其市场营销部的KPI指标。

10. 试设计一家企业的平衡计分卡中财务、客户、内部流程、学习与发展四大项之下的二级、三级指标体系。

11. 用5等级法为你们班同学的学习情况打分，并为你实习单位同事的工作状况打分。

12. 为什么要有考核申诉的工作？由谁来主持？应当处理哪些方面的问题？

第十三章

薪酬设计与管理

导入案例

高福利留不住人才

上任一年的红桥饭店总经理朱明认为，要调动员工的积极性，提高服务质量，必须建立一套公平合理的报酬制度。

朱明在上任的头三个月，便要求人力资源部对红桥饭店的所有职务（岗位）进行分析，每一项职务都编制了职务说明书，对职务的性质、任务、职责等进行了详尽的描述。同时，朱明运用各种手段进行工资调查，从而获得了同类饭店各类员工的报酬水平的有关资料，并按这种水平制定工资标准。此外，还建立了比较全面的福利制度，包括：正式职工在工作一年之后，饭店将提供一周的假期，在此期间工资照付；员工的继续服务年限达到十年以上，就可以享受医疗保险、住房补贴、退休金计划等福利。这些福利在其他饭店是不提供的。但是，红桥饭店的员工对这些福利措施似乎并不在意。

一年来，朱明遇到了好几个问题。其一，基层管理者流动率高，朱总上任的一年中，就有5个领班辞职。他不明白领班们为何要辞职。面谈时，每个领班都给他同样的答案：他们在红桥饭店工作愉快而且人际关系很好，不过是该辞职的时候了。其二，行政文秘人员抱怨他们的工资和保安的一样，而保安则抱怨他们的工资少于厨师。企业内部抱怨不断增加，朱总陷入一种困惑之中：为什么红桥饭店提供的报酬水平不低，尤其是有较全的福利政策，但员工们仍抱怨依旧？他只好去向薪酬管理顾问咨询。

问题是：企业工资制度为了实现外部公平，就要进行同行工资调查；为了实现内部公平，就应进行岗位工作评价。红桥饭店在工资制度设计中，把最核心的问题——员工的“劳”是否在“得”中体现这一点忽略了。

如果你是朱明总经理的薪酬管理顾问，为了减少员工的抱怨和留住人才，你会提出什么建议？

资料来源：韩淑娟，赵凤敏．人力资源管理．合肥：安徽人民出版社，2000：371－372.

第一节　薪酬基本分析

一、薪酬的概念

薪酬（compensation），是指用人单位以现金或现金等值品的任何方式付出的报酬，包括员工从事劳动所得到的工资、奖金、提成、津贴以及其他形式的各项利益回报的总和。所谓“薪”，原意为柴火，是具有一定使用价值的物品；在经济活动中则特指雇用劳动的代价，它一般是金钱形式的，如薪水、薪金。所谓“酬”，是给予的回报，它具有一定的褒义色彩。“薪”“酬”二字放在一起，就有组织对于员工的劳动给予承认和褒奖的含义。

“薪酬”一词有广义和狭义之分。狭义的薪酬是与“劳动”直接联系的部分，“工资”一词“因工作而花费的钱财”的字义正好反映了狭义薪酬的内涵。广义的薪酬则是与上述雇佣关系有关的组织各项付出或员工得到的酬劳，包括用人单位的福利和各种其他的待遇，如使员工获得利益和承认等。

二、薪酬有关学说

（一）公平理论

美国学者斯达西·亚当斯提出公平理论。该理论指出，当一个人察觉到自己在工作上的努力（投入）对由此所得到的报酬（所获结果）的比，与其他人的投入对结果的比相等时，就认为是公平的。这说明人们在判断分配是否公平时，并不是比较所获结果的绝对量多少，而是比较付出与所得的比值。该公式为：

$$\frac{\text{自己所得}}{\text{自己付出}}=\frac{\text{他人所得}}{\text{他人付出}}$$

在确定一个单位的工资水平和工资政策时，公平性是重要的出发点。实际上，组织必须顾及两个方面的公平性：内部的公平性和外部的公平性。内部公平性指企业内部的职工感受公平，认为基本上做到了劳酬相符。进一步来说，内部公平是把报酬基点建立在科学的职务分析上和个人劳动得到了恰当的承认和补偿的“个人公平”方面。外部公平性则是指企业的工资水平必须以市场工资率为基准，进一步来说是要在与同行业的竞争中有利于吸引和留住人才。见图 13－1。

（二）激励理论

激励理论是非常重要的管理理论，也是非常重要的薪酬理论。如第十一章所述，激励功用的大小取决于两个因素：一是效价，即所追求目标的价值；二是期望值，即所追求目标得以实现的可能性的大小。

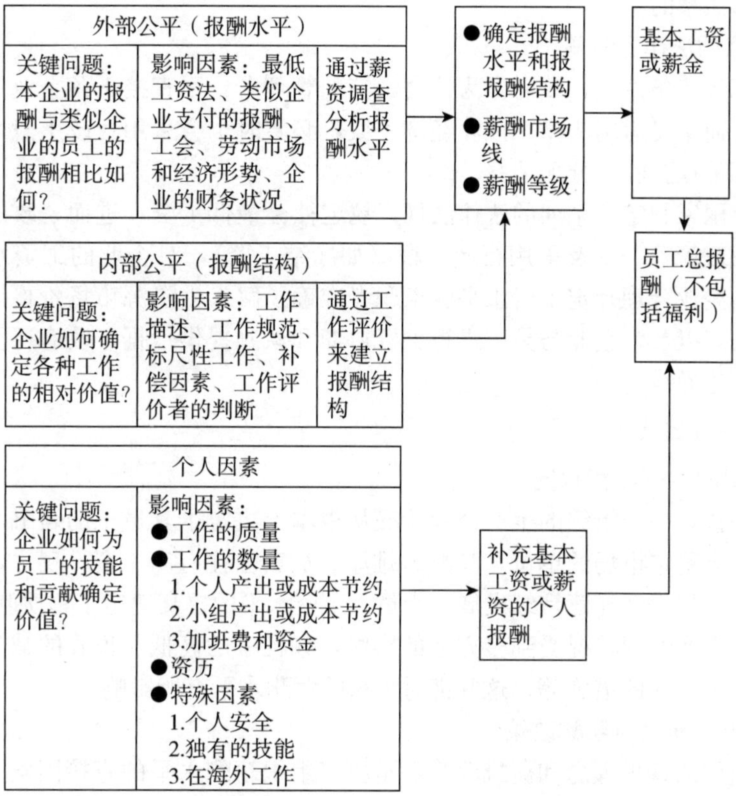

图 13-1 公平理论的作用

资料来源：张一驰．人力资源管理教程．北京：北京大学出版社，1999：229.

上述模式说明：目标价值和期望值的不同组合，决定着不同的激励程度，要使被激励对象的激励力量最大，效价和期望值都必须高。只要效价与期望值中有一项的值很低，对被激励对象来说就缺乏激励力量。此外，影响激励水平的因素，还有关联程度、奖酬、能力和选择等因素。

运用激励理论调动员工的积极性，需要处理好努力与成绩的关系、成绩与报酬的关系、报酬与满足个人需要的关系，这是组织制定薪酬政策时需要加以遵循的。

三、影响薪酬水平的因素

（一）外部因素

1. 人力资源市场供求状况

在人力资源市场上，工资作为一种价格信号，是由市场机制决定的，即由人力资源供求变化来决定。当人力资源供给大于需求时，市场工资率就会降低；当人力资源供给小于需求时，市场工资率就会提高。组织的工资水平，就是以市场工资率为基准和参照系的。

2. 国家的法律和政策

在市场经济条件下，政府作为社会经济的管理者，不直接干预企业工资水平的确定过程，而主要运用法律手段和经济手段，必要时也会采用行政手段来调控市场工资率和调节社会收入分配关系。

首先，国家制定一系列的法律法规，规定社会最低工资。进而，政府通过工资政策、税收政策等，以及采用行政手段（如冻结工资），对企业的工资水平进行调控。为了给企业合理确定工资水平、求职者准确了解人力资源市场价格以合理地择业提供依据，以及为企业与员工进行工资协商和谈判提供依据，政府还发布各职业工种的工资指导线。

（二）内部因素

1. 组织的生产经营状况

一般来说，一个组织的生产经营状况从根本上决定了其员工的薪酬水平。生产率水平高、有稳定市场的单位，其财力雄厚，员工往往有高工资；反之，员工的工资就低。组织的生产经营持续发展，为员工工资水平的提高奠定了物质基础。

组织的生产经营状况受到多方面的影响，如税率的高低、税收的减免、产品的利润率、竞争对手的措施等，这些都对组织的薪酬水平有所影响。

2. 组织的理念与薪酬政策

一个组织的管理理念和薪酬政策，是决定组织薪酬水平的直接因素。出于外部竞争、内部激励的考虑和组织的用人政策，组织的决策层在薪酬方面会产生成为同行业“领导者”或“追随者”的意向，相应地，人力资源部门就制定出高于市场工资水平或与市场工资水平持平的工资政策。例如，某高科技公司要大力吸引人才，就实行高薪政策；某工厂生产率低，产品的人工成本高，就实行工资持平政策并强化管理。

3. 组织的工资管理制度

组织工资管理制度的选择，也是影响员工薪酬相对水平和绝对数量的因素。例如，是选择加大等级差距和“活工资”的激励性制度，还是实行高固定工资的比较稳妥的制度?

员工的劳动可以分为潜在劳动、流动劳动和凝固劳动三种形态，这是实行不同的薪酬制度与同一制度内不同报酬结构的基本出发点。

4. 员工的绩效状况

一般来说，薪酬是与个人的劳动贡献紧密挂钩的。一个员工的劳动贡献大，往往是由于其劳动能力强、劳动付出多并形成了有效劳动，这时他（她）的薪酬水平就高；相反，一个员工的能力差、劳动付出少，不能形成有效劳动时，薪酬水平肯定就低。

第二节　薪酬管理原理

一、薪酬分配的基础——劳动形态

劳动是取得报酬的原因，但是，劳动是复杂的，因而薪酬分配也是复杂的。这里首先对劳动的三种形态问题进行比较。

（一）潜在劳动——可能的贡献

潜在劳动是人实际上的劳动能力，这是招聘和任职时对人力资源个体的预期效益进行估算的依据。应当指出，把它作为组织对劳动成果进行价值分配的依据并不恰当，其缺点在于它是尚未使用、尚未创造价值的事物，因此，应当在对之运用并形成劳动成果以后，再进行成果与预付价值的“结算”。

（二）流动劳动——现实的付出

流动劳动是人力资源个体在工作岗位上的活动，它是已经付出的劳动，用之作为发放劳动报酬的依据，显然比潜在劳动要好。不过，可能存在虽然一个人付出了劳动，但由于个人、组织或市场的原因最终不能实现价值的情况。因而把流动劳动作为价值分配的依据也有一定的局限性，因此也不是根本的衡量标准。

（三）凝固劳动——实现的价值

凝固劳动是进行劳动后的成果，如产量是多少、销售额有多少等，这是劳动价值的具体表现，因而应当是衡量劳动价值的最好方式。在大部分组织和工作岗位，都应当以此来进行计量、发放工资薪酬。但是，在一些员工的工作难以与业绩直接对应、合理挂钩时（如消防队员、学校的班主任），以及难以进行工作评价时（如新产品研究开发人员），是无法使用这种方法的。

上述三种劳动形态各有各的特点、各有各的用途，应当综合考虑，取长补短，配合使用。

二、薪酬的结构

人力资源薪酬是组织因为用人所付出的成本和对于人力资源所作贡献的回报，它有不同的内容。人力资源薪酬的内容结构如图 13－2 所示。

（一）内在薪酬

内在薪酬是满足个人心理需求的内容，而不是“经济性”的内容，是非物质性的、无形的报酬。具体来说，其内容包括：工作中参与决策；较大的工作自由度；较大的责任；个人有兴趣的工作；成长的机会；活动的多元化。内在薪酬是所从事的“工作”本身给员工带来的酬劳，可以说，它是相当有效的激励手段。

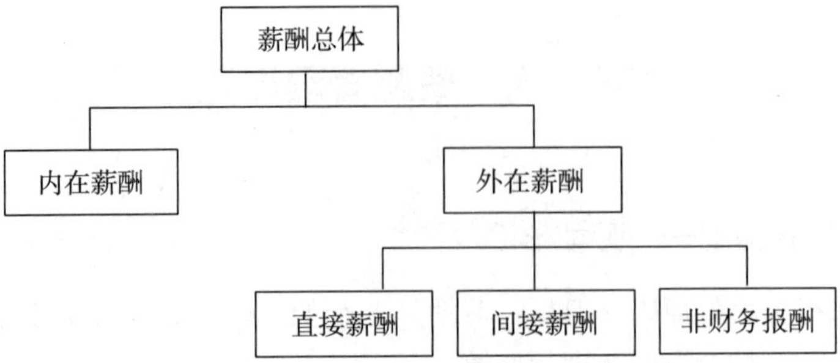

图 13-2　人力资源薪酬结构

（二）外在薪酬

外在薪酬属于经济性待遇，它包括直接薪酬、间接薪酬和非财务报酬。

1. 直接薪酬

直接薪酬是一般意义上人们的工资薪酬收入，这是人力资源报酬的主体。它包括基本薪酬（计时工资或计件工资）、奖金、工资性津贴、加班工资、业绩工资（如销售提成）、分红、利润分享、股权期权等。津贴的种类较多，有的是低差异、高刚性，如地区津贴；有的是高差异、低刚性，如技术津贴、出差补贴。

2. 间接薪酬

间接薪酬包括组织的福利开支、人力资源养护费用（如医疗保险、养老保险等）和非工作时间（节假日和病假）的经济给付。组织的福利项目很多，如带薪休假、住房补贴、免费午餐、员工食堂或伙食补助、交通接送或交通补贴、培训教育资助、家庭困难补助、集体组织旅游、节日和生日礼物、优惠实物分配等，其中不少项目具有薪酬的性质。

由于人们的需要众多、差异很大，可以实行由员工选择项目内容的自助弹性福利计划。自助弹性福利计划有三种类型：

（1）附加型。在福利计划之外，提供若干其他福利措施，供员工选择。

（2）“核心”加“选择”型。核心福利部分是每个员工享有的基本福利，弹性选择福利部分则附有价格供员工任意选择。

（3）套餐型。组织推出项目内容和优惠水准各不相同的若干种“福利组合”，由员工们从中选择其一。

3. 非财务报酬

非财务报酬是个人不领取款项，但组织给予一定经济付出的待遇。例如，较舒适的办公设施、特定的餐厅和停车位、配备秘书和赋予动听的头衔等。

三、薪酬管理的目标

薪酬管理在人力资源开发与管理中居于非常重要的地位，它既是组织日常管理工作最主要的内容，也是组织战略性的工作，构成人力资源开发与管理操作系统五大体系中的一个部分。组织薪酬制度的目标如下所述。

（一）维系组织的发展

薪酬制度的设计与实行，要保证组织生产经营活动的完成，要协调好组织的人际关系，提高员工的组织凝聚力，进而达到维系和促进组织发展的目的。这就要求组织的工资水平在社会比较中的定位合理甚至较高，工资的内部分配结构合理，以达到薪酬的两个“公平”。

（二）强化激励作用

在组织的薪酬分配中，要注重薪酬制度的设计，使其对员工有较大的激励作用，以发挥员工的积极性、创造性和增强员工的责任感，促进经济效益的提高。这就要求管理者注意加强工资核算，提高人力资源管理各环节的工作水平，精心研究和制定工资薪酬分配方案。组织的工资模式或者思路，有能力工资、绩效工资、年功工资等。对于经营性单位而言，一般采取绩效工资模式，贯彻“业绩优先”的原则，因此，要强化效益工资和“活”工资的调节力度。

（三）开发和吸引人才

组织薪酬制度的设计要有利于调动管理人员、技术人员的积极性，有利于开发和吸引人才。在现代组织中，人力资源被看作最重要的财富，在人力资源中，人才又是最为珍贵、创造效益极大（因为人力投资回报极大）和非常稀缺的资源。这就要求用人单位更加仔细地研究管理人员、技术人员的工资方案，并及时反馈，及时进行调整。

第三节　薪酬体系设计

一、岗位工作评价

（一）岗位工作评价的目的

为了使工资薪酬达到公平性和科学性，用人单位在确立自己的工资水平时，要在组织内部进行岗位工作评价，以实现劳酬相符；还要对外部同行单位的工资水平进行调查，把握和比较本组织工资水平与市场工资水平的关系，使自己具有合理的薪酬策略。这是组织薪酬管理的基础和出发点。

（二）岗位相对关系的确定

为了达到薪酬分配的内部公平性，必须解决好组织内部各个岗位的相对关系。要从组织的职务说明书出发，并考虑工作中的劳动定额以及一些其他因素（如工作角色的重要性、劳动环境等），确定工作岗位的等级或职级。岗位的相对关系，可以分为“纵”和“横”两个方面。

从纵向的角度看，同类型的一系列工作岗位中，有高低不同的等级，如技术员、助理工程师、工程师、总工程师等。一般来说，工作量付出多的岗位，就评为较高的岗位等级或职级；工作量付出少的岗位，就评为较低的岗位等级或职级。因此，反映工作付出和劳动贡献的岗位等级（或职级），就能够直接与工资报酬挂钩了。等级较高的岗位支付相对较高数量的工资，等级较低的岗位支付相对较低数量的工资，这就实现了组织内部职工所付出的劳动量与所获取报酬的比值大体相当的格局，即达到了薪酬的内部公平。

从横向的角度看，在各个组织中都有不同的工作类型或工作系列，如公司中有生产、营销、技术、管理、后勤等系列，大学中有教师、教务管理、后勤服务等系列。不同的工作系列但处于同一岗位等级的岗位，应当支付大致相等的工资量，这也体现着薪酬的内部公平。

岗位评价方法即职务分析的步骤方法，这里不赘述。

二、市场薪资调查

岗位工作评价是对本组织的岗位工作所支出的劳动量进行衡量评价，组织根据岗位工作评价结果制定自己的基本工资标准，确定本组织的工资水平。这一标准是否符合同行业的工资行情（市值）、是否符合同行业的市场工资率，有赖于工资调查。

对同行业进行工资调查的方式，主要有下述几种。

（一）非正式调查方式

1. 电话询问

对于调查小部分岗位的工资，电话询问是收集资料的好方法。在市场竞争激烈的情况下，组织往往对自己的工资资料保密，但有时可以通过电话询问的方式得到一定的信息。例如，在某公司招聘会计时，可以打电话询问其会计岗位的工资报酬情况，从而取得这一岗位的工资资料。

2. 非正式讨论方式

在各种有关的专业会议上，可以通过会下交流方式询问同一产业、同类型单位的工资薪酬情况。

3. 其他方式

从一些单位的招聘广告中，以及流出员工方面，特别是到本企业应聘者口中，也可以获得外部工资福利的有关资料。

（二）正式调查方式

正式调查方式包括通过问卷和访问方式收集有关资料。该调查方式的优点在于它可以调查得很详细；其缺点是所花费的时间较长，而且许多单位出于保密的原因，拒绝回答问题，造成访问不能顺利进行和问卷回收率低。

（三）统计部门或专业机构提供

组织可以从政府统计部门或专业研究机构每年发布的调查报告和统计资料中，获得有关行业、系统各有关职业和级别的工资资料。例如，我国的政府劳动保障部门发布的“劳动力市场价位”、各地人才市场的工资信息。

在市场薪资调查之后，要把所得到的各种数据进行整理，然后汇总成表，以供制定本组织的工资薪酬方案之用。

三、绘制工资等级表

组织的薪酬制度多种多样，比较简便易行的方法是，根据组织岗位工作评价的结果绘制反映现行薪酬水平的工资等级表。

（一）设计职务工资类型

根据员工担任的岗位职务支付的工资，即职务工资。职务工资有单一型和范围型两种类型。

单一型是一职一薪，即一个职务（或岗位）等级内设一个工资额。例如，7 个职务等级有 7 个工资额，或 7 个岗位等级有 7 个工资额。

范围型是一职多薪，即一个职务（或岗位）等级内设若干工资级或薪阶，从而一个职务等级内具有若干工资额。实行职务工资制的组织，多采用范围型。我国公务员的工资等级表即属于一职多薪的类型。

从范围型职务工资来看，由于一职多薪，使每一个职务等级即工资等级都有一个最高点（顶薪点）和最低点（起薪点）工资额，它们之间的差额叫做工资幅度（或薪幅），这个幅度表示每个工资等级可能支付的范围。由于范围型工资设定了工资幅度，因而它具有以下两个优点：

（1）灵活性。组织可以根据劳动市场的变化，适当地对工资待遇进行调整。为了吸引人才，组织还可以选择某个职务等级内的较高级别工资待遇。

（2）在同一职务（或岗位）等级内，组织可以根据员工的绩效优劣和工龄长短等不同情况给予差别待遇。这可以成为对人力资源进行长期管理的手段。

（二）确定职务工资级差

范围型职务工资在工资级差设计中有两种类型，即无覆盖式和覆盖式。

1. 无覆盖式工资

无覆盖式工资，即上一个职务等级（或岗等）的最低一级工资大于或等于下一个职务等级（或岗等）的最高一级工资。以营销人员的工资为例，其无覆盖式工资如图 13－3 所示。

例如，普通营销员的工资为：3 500 元～10 000 元；
高级营销员的工资为：10 001 元～20 000 元；
明星营销员的工资为：20 001 元～30 000 元；
营销经理的工资为：30 001 元～50 000 元。

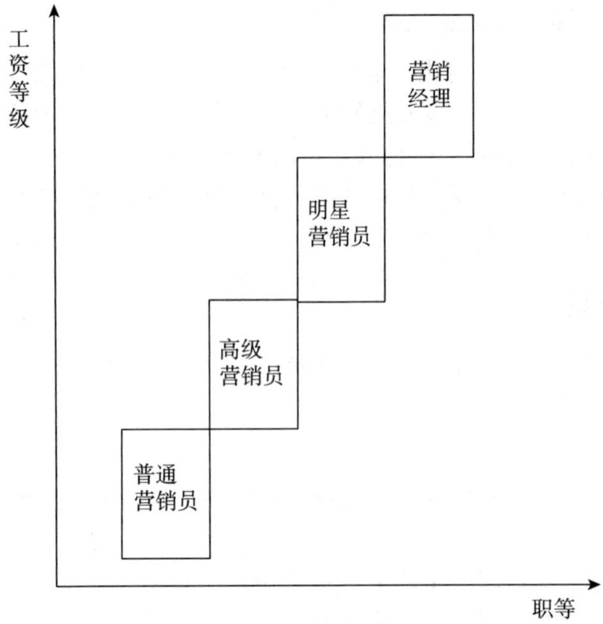

图 13-3　营销人员无覆盖式工资

2. 覆盖式工资

覆盖式工资，即上一个职务等级的最低一级工资等于下一职务等级的中间级工资。也就是说，在两个相邻职务等级之间工资有部分重叠。与无覆盖式工资相比，一般来说，覆盖式工资成本低，具有较强的灵活性，而且使那些职责程度差别不太大的岗位，工资差距不致过分悬殊。同样以营销人员的工资为例，其覆盖式工资如图 13-4 所示。

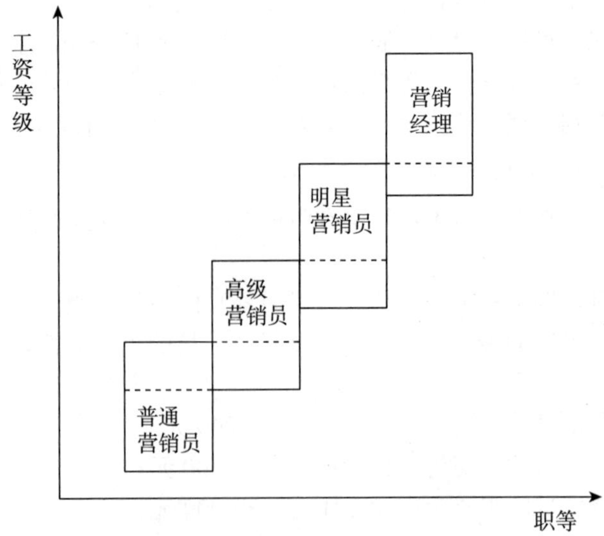

图 13-4　营销人员覆盖式工资

例如，普通营销员的工资为：3 500 元～12 000 元；
高级营销员的工资为：10 000 元～35 000 元；
明星营销员的工资为：22 000 元～35 000 元；
营销经理的工资为：30 000 元～50 000 元。

（三）制作工资等级表

在明确了职务工资类型与级差方式以后，就可以制作规定一个组织各种工资水平的完整的工资等级表了。

通过岗位工作评价，各个岗位间都取得了相对价值，每个岗位也都具有分值。在此基础上，要根据工作量的相近程度统一划分岗等。例如，200 分以下的岗位为第一岗等，200 分～400 分的岗位为第二岗等，400 分～600 分的岗位为第三岗等，600 分～800 分的岗位为第四岗等，800 分～1 000 分的岗位为第五岗等，1 000 分～1 200分的岗位为第六岗等……至此，一个岗等就是一个工资等级，也是一个职务等级。工资等级表就是根据岗位工作评价的结果绘制。

（四）协调不同职务类型之间的关系

将本组织的工资等级表与对社会薪资调查的结果进行比较，可以发现二者在对应的职务等级工资之间的差别。

如果二者大致拟合，或者差别不大且可以解释，或者有理由存在相当差异的情况下，就可以参照社会水平制定或修订自己的各个系列、各个等级的工资数额，最后形成本组织的等级表。

如果二者偏离太大，就需要进行分析，对差异明显的工资等级曲线的工资数额进行调整。

四、薪酬水平的比较与确定

这里的薪酬水平比较，是指本组织的薪酬水平与社会同行业的薪酬水平的比较。

（一）趋同政策

如果本组织的薪酬政策是要趋同于社会同行业的薪酬水平，该组织就要根据同行业工资水平来确定自己的工资水平。从理论上讲，对低于市值的岗位，要增加工资以达到市场水平；对高于市值的岗位，则应相应降低现行工资以符合市场水平。

但是在现实生活中，如果调低员工的工资，会极大地挫伤员工的积极性。为了避免这一问题，一般的做法有三种：其一，暂时冻结增资或减缓日后的增资幅度，使偏高的工资在一段时间后回落到市值水平；其二，在可行的情况下，增加员工的岗位工作量，提高员工的工作效率，使其劳动贡献与工资待遇相符合；其三，对具备资格条件的员工予以调职或晋升。

（二）高工资政策

在组织具有经济能力的情况下，也可以实行高于或低于市场薪酬水平的政策。

应当注意的是，如果组织的工资水平增加过多，则会增加人工成本、缩小利润空间，使产品失去价格竞争力。

在实行高工资政策的情况下，如果员工因获得较高工资而受到激励，提高了工作效率，则可能是另一种情况：工资虽然偏高，但提高了利润，从而获得经济效益。同时，高工资能吸引外界优秀人才和留住内部优秀人才，可能会取得极好的经济效益。

（三）低工资政策

如果组织的规模小、财力有限，并且经营不善，则只能采用低工资政策。需注意，工资水平过低，是无法吸引优秀人才的，原有的人才也会逐渐"跳槽"、另谋高就。

第四节　常见薪酬制度

一、薪酬制度的含义

薪酬制度即人们常说的工资制度，它是作为用人单位的组织根据国家法律和政策及本单位经营特点和管理工作的需要，制定的有关薪酬分配的一系列原则、标准、规定和方法的总和。从微观层面理解薪酬制度，是指组织内部进行工资管理的付薪标准与支付规定。

薪酬制度是组织管理的核心内容之一，是组织制度与组织文化的鲜明反映，恰当的薪酬制度对组织的经营管理有着相当积极的作用。因此，薪酬制度成为人力资源开发与管理工作中的一个"重头戏"。

二、薪酬制度的主要类型

我国企业现行的基本薪酬制度大体分为下述几类。

（一）绩效型工资制度

绩效型工资制度是主要根据员工的动态业绩来决定支付报酬数量的制度。从一定意义上说，绩效工资的前身是计件工资。计件工资是一种依据工人生产合格产品数量或工作量，按预定单价标准计算支付劳动报酬的最常见形式。需要注意的是，不要把绩效工资简单地理解为生产品数量与工资数额挂钩，或者销售额与薪酬所得挂钩的工资形式，它实际上是建立在科学的工资计算标准和正确的管理程序基础上的工资体系，其基本特征是将员工的薪酬收入与个人业绩挂钩。

绩效型工资制度的优点是：有利于员工薪酬与可变化的个人业绩挂钩，将激励机制融于企业目标和个人业绩关系之中；有利于薪酬向业绩优秀者倾斜，提高企业生产效率和节省人力成本；有利于突出团队精神和企业形象，增强激励力度和员工的凝聚力。其缺点是容易导致员工的短期行为，不利于员工综合素质的提高和潜能的开发，还有可能导致个人利益与团队利益的矛盾。

（二）技能型工资制度

技能型工资制度是以劳动技能等级为依据，以劳动者实际劳动质量和数量确定报酬的多元组合的薪酬制度。它往往是对蓝领技能人才的分配方式。企业定出员工工作的技术等级及考核标准，要求员工具有一技之长，并按其已显现出来的能力确定其薪酬等级，支付相应的报酬。如果员工具备了更高的能力，可以向企业提出升级的请求，但高职位是有限的，人人都要努力争取，才能获得上升一级的机会。因此，技能型工资制度有利于员工自觉提高工作技能。

技能型工资制度也有不足之处，例如，有些工作比较艰苦，与劳动绩效的计算和贡献数量也往往不能挂钩，这容易造成企业的一些岗位留不住人才的问题。

（三）资历型工资制度

资历型工资制度是以员工个人的年龄、工龄、学历、本专业工作年限等因素为依据的薪酬制度，其基本性质是人的劳动积累工资。这种工资制度起源于第二次世界大战，20 世纪 50 年代在日本颇为流行，它与终身雇佣制一起，构成了独具特色的日本企业的薪酬管理制度。

这种工资制度的显著优点是最大限度地稳定了企业员工，增强员工对企业的认同感和归属感。但随着社会的进步和经济的发展，这种强调资历、不直接与绩效挂钩的工资制度的弊端日益显露，带来的后果是员工年龄结构老化、员工流动率过低、企业工资成本增加较多和企业负担加重等。

（四）结构工资制度

结构工资制度是一种复合型的工资制度，是将员工的职务与岗位特征、工作绩效、个人能力、工作资历等多种因素相结合，把它们作为构成薪酬的不同组成部分来加以衡量、计算，最后确定该员工总体工资数额的一种薪酬制度。把员工的工资分解成哪几个部分，是并不统一的，可以说，结构工资制度是上述几种工资制度的综合。

进一步说，结构工资制度较好地体现了工资的几种不同功能：工龄、学历、职务，主要反映了劳动的潜在形态；劳动工作态度、劳动条件，主要反映了劳动的流动形态；劳动成果、贡献（积累贡献），主要反映了劳动的凝固形态。结构工资不仅全面地反映了这些因素，而且还反映了满足劳动者基本生活需要的最低工资。

需要特别注意的是，实行结构工资制度要把握好各部分工资占工资总量的比例。

（五）岗效薪点工资制度

岗效薪点工资制度是一种综合性的工资薪酬制度，常简称为薪点工资制。它是具有岗位工资基本特征、非常强调绩效工资的结构工资制度。岗位薪点工资制度是我国国有企业在工资制度改革实践中创造的一种工资模式，它的内涵和基本操作过程类似于岗位工资，但在实际操作过程中更为灵活。

薪点工资制的基本思想是“在什么岗位就按什么岗位的点数算”加上“按履岗

贡献大小考核的奖罚点计酬”的分配方式。一个员工的薪点数越高，他的薪酬水平就会越高；反之，其薪酬水平就越低。

员工的工资标准不是以金额表示，而是以薪点数表示。也就是说，岗效薪点工资制度是在岗位劳动评价“四要素”（岗位责任、岗位技能、工作强度、工作条件）的基础上，用点数和点值来确定员工实际劳动报酬的一种工资制度。员工的点数通过一系列量化考核指标来确定，点值与企业和部门的效益挂钩。

此外，岗效薪点工资制度同时也有基本生活费与工龄工资部分，是融工资的保障、激励、调节职能为一体，它克服了技能型工资制度按固定数额支付工资和工资激励作用不显著等方面的不足，是使企业的工资分配与市场对企业工资的决定机制相适应的一种弹性薪酬制度。详见图 13－5。

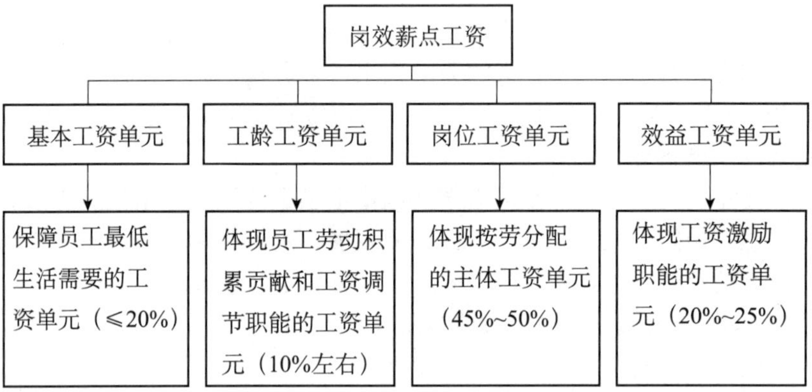

图 13－5　岗效薪点工资制度的内容

本章小结

本章从微观用人单位的角度阐述薪酬问题。首先，从概念、学说和影响因素的角度对人力资源薪酬的基本范畴进行了阐述。进而，基于潜在劳动、流动劳动、凝固劳动的分析，阐述了薪酬结构和薪酬制度目标内容。然后，对用人单位薪酬制度设计的各方面内容进行了详细说明，最后阐述了常见的五种薪酬制度。

关键概念

薪酬	人工成本	潜在劳动
流动劳动	凝固劳动	内在报酬
外在报酬	直接报酬	间接薪酬
非财务报酬	薪资调查	工资等级表
薪酬体系设计	薪酬制度	结构工资制度
岗效薪点工资		

思考讨论题

1. 薪酬的含义是什么？其各个构成部分的特点是什么？

2. 在市场经济条件下，影响工资水平的因素有哪些？

3. 在人力资源报酬方面有哪些学说？请运用有关理论分析现实的工资薪酬管理问题。

4. 与工资薪酬相关的“劳动三形态”是什么？

5. 选择一家用人单位，对其薪酬制度进行调查和分析，分析其制度中哪些工资薪酬条款反映薪酬管理理念和原则。

6. 以某个企业或事业单位、社团组织为对象，或虚拟一个单位，设计一整套员工薪酬管理方案。

7. 外在薪酬有哪些内容和项目，各部分具有哪些职能？如何发挥其作用？

8. 根据你个人或家人的工资薪酬，分析该用人单位在薪酬结构、工资等级表、薪酬水平与同行业比较各方面的状况与问题。

9. 联系实际，谈谈如何发挥工资薪酬对人力资源开发与管理，以及整个组织效益的作用。

第十四章

人力资源管理业务工作

导入案例

大数据与人力资源管理

“博士，我们需要一个关于大数据（big data）人力资源管理的讲座!”这是我听到来自“500强”的HR们的新需求，同时这也在所有需求中排名前3位。是呀，大数据的魅力已经无须证明！渴望改变的HR们又怎么会放弃这样一个“杀手级”利器？

大数据的HRM大未来

大数据是什么？简单来说，大数据就是大量的数据，其具有4V的特点：volume（大量）、velocity（高速产生）、variety（多样性）、veracity（真实性）。进一步看，就是在某些领域通过传感器和屏幕等入口自动高速产生了大量、多样的数据，这些数据辅以合理的算法和强大的云计算能力，能够告诉你这些领域的一切信息！

大数据不仅是数据量的庞大，其更是一种数据产生和处理的模式。由于是自动提取，保证数据源充分；由于是即时产生和处理，保证随时刷新；由于是全貌数据，保证永远不会出错。所以，这种模式在大多数领域都能够精准地指示资源分配。

人力资源管理是关于分配人和相关资源（培养、激励资源）的工作，如果借助大数据，将人和其他资源数据化，再用算法进行匹配，显然有无限的想象空间。其实，通过大数据实现资源的“可扩展获得”，提升资源的利用效率，也正是笔者在2011年提出的“人力资源云转型”。

具体怎么个玩法?

首先，应该把人数据化，清楚地知道“人是怎样的”，这包括：他的能力如何？行为特征如何？绩效表现如何？

基于这一基础，人力资源管理各大职能就能够显著提高效率。

在调配领域，如果将岗位数据化，明确每个岗位需要什么样的人，岂不是可以从容地招聘、调用企业内的闲置人员跨界协作？每个岗位都有最适合的人员，成本最低，效用最大。进一步看，组织机构、业务流程、岗位系统不再成为员工释放能力的边界，员工还能跨岗位担纲其他角色，以网络化的方式无边界协作，进一步将人用到极致，将人工成本投产比放到最大。

在培养领域，如果将培训资源（培训内容、形式等）数据化，岂不是可以从容地组织、推送员工最需要的培训支持？每个人获得的培训都是高度定制化的、自己最需要的，且学来能用、用来能好，从学习到实践产出的过程几乎没有损耗。

在激励领域，如果将激励资源数据化，岂不是可以从容地推送各类激励“套餐”？每个人获得的激励都是高度定制化的、自己最需要的，同样的成本支出，每个人对于全面薪酬的感知可以放大到极限。

HR 们推动大数据的困难

事实上，在传感器和屏幕遍布的今天，不少企业在硬件上已经具备了吸纳数据的可能，有些企业也将数据吸纳到了生产信息系统上。我们要思考的是，这些数据为何进入不了人力资源管理信息系统？

这主要是因为三方面的原因：

一是部门博弈问题。业务部门将生产数据导入人力资源管理信息系统，对于人力资源管理的效率无疑是一个利好，但对于部门来说，意味着权力空间被挤占。以前部门争取机构、编制、人员都可以保留一定的裕度，可以和 HR 们谈判，但导入大数据之后，几乎变成透明的，显然是弊大于利！笔者调研的一个企业，HR 意图建立大数据云平台，这意味着几个生产信息系统要与人力资源管理信息系统整合，但业务部门的领导却以安全性为由拒绝了 HR 的要求。

二是 HR 的恐惧。要打篮球的人去踢足球，他们不会愿意。面对庞大的数据，HR 们对于数据的处理能力决定了他们的地位。尽管前景广阔到可以让他们成为企业内的“上帝”，但这种角色的转换也让他们不安，与其如此，还不如将工作范围保留在自己的“安全区域”。

三是领导思路问题。当前，国内企业，甚至国外企业，重视数据的老板不多。即使在大数据如火如荼的今天，老板们办公桌都摆上了一本《大数据》，但他们内心深处依然是传统“玩法”。即使在最前沿的互联网行业，也有凡客这样因为不玩数据而使供应链失控的企业。这也难怪，凡客过去的成功本来就不是靠数据，所以，企业没有数据基因也正常，它想象不出大数据的威力，就如同你无法向地上的猛兽描述天空的精彩。这些企业中，一线的业务尚且不玩数据，更何况二线的人力资源管理？但是，部门博弈和 HR 的恐惧偏偏需要一个强势的老板来做顶层设计，如同亚马逊的贝佐斯。

所以，大数据才会走不进人力资源管理。从这个意义上说，本文开头那些主动拥抱大数据的“500 强”的 HR 们不愧是业界先锋，也许，只有当他们用大数据把人力资源管理的大未来实现时，人力资源管理才将真正迎来下一站的“云时代”！

资料来源：穆胜．大数据为何走不进人力资源管理？．http：//www.hrsalon.org/news/viewnews53d5a99f1c3cf.html，2014-07-28.

第一节　人力资源管理制度

一、人力资源管理制度总体分析

（一）制度与制度化管理

1. 制度的含义

所谓制度，是指处于一定社会中的组织和个人所应当遵循的行为规范。制度是具有约束力或者强制性的，它是把社会共同的道德要求转化为一种严格的条文或程序，成为使人的行为符合组织与社会的合理化要求的规范或规则。

2. 制度化管理的价值

制度化管理的价值在于保证人们社会角色规范的有效性。一方面，它规范与协调人们的行为，促进组织或者社会的发展；另一方面，它构成了一种强制力量，使既定的组织结构得以稳定和巩固。制度把人类行为的价值取向和动机综合为一体，以保证小到组织、大到社会运转中的同一性和连续性。不管是什么形态的社会都离不开制度，组织是社会的细胞和缩影，它也离不开制度。

（二）人力资源管理制度的特性

人力资源管理制度是组织内部所有人应遵循的一套行为规范。这套行为规范的主要特性有：

第一，管理者个人的权力是为制度服务的。在制度化管理中，职务或职位的真谛是职业，所有的管理行为都源于规章制度的规定，而不是管理者个人的身份与权力决定着制度。或者说，管理的权威性集中于规章制度，在规章制度面前人人平等。

第二，使组织有序化。制度化管理体现了人类的理性精神，它有一套环环相扣的规章体系，涉及整个管理过程，它规定了各种活动应该怎样进行，特殊情况应该怎样处理，并给每项工作确定了明确的职权和责任。这使整个组织处于有序状态，将可能出现的冲突保持在秩序所容忍的范围之内。

第三，提供组织的动力来源。人力资源管理制度客观评价员工的努力程度，对员工努力的成果进行确认和保护，建立激发员工努力的激励机制，为组织的运行与发展提供动力来源。

第四，规范具有可操作性。规范建立在劳动分工的基础上，符合现代组织管理的需要。规范是合理的、为组织成员所认同的；规范还是透明的，可以监控其落实情况。权力只有在规则范围内才是有效的。整套规章体系应保持连续性和稳定性。

（三）人力资源管理制度的作用

1. 协调组织内部的关系

任何组织内部都会有不同的分工。分工虽然能够提升劳动效率，但这也带来了怎样才能使不同分工的人及不同分工的部门之间协调与合作的问题。解决组织中管理人员协调工作任务过重的办法之一，是制定一套大家都能理解和遵守的规章制度，使大家知道在什么情况下应当如何行动。

2. 强化组织的规范

社会分工的深入发展，使生产者与生产成果相分离。团队式的工作使每个成员的实际产出成果难以精确度量，个人的贡献与报酬无法准确挂钩，这可能导致一部分人的懒惰行为。这种行为对组织是有害的，解决它的方法就是要建立一套公平合理的绩效考评制度、薪酬分配制度及激励制度等人力资源管理制度，规范组织内部员工的行为，使员工明了自己的努力程度与报酬多少的关系，从而消除这种不良行为。

3. 吸引和保留优秀人才

现代企业的竞争归根到底是人才的竞争，有了人才，企业才能在竞争中取得优势。要想在市场经济条件下最有效地吸引、开发和保留各种最聪明、最优秀的人才，必须建立良好的人力资源管理制度，通过制度发现人才、开发人才和留住人才。

4. 巩固竞争优势

所谓竞争优势，就是不仅能确保组织在市场环境中顺利运作，而且能使组织产生与竞争者显著不同的优势。人力资源管理制度对员工个人的权、责、利作出明确的界定，指明员工努力的方向，有助于员工提高技能，从整体上降低组织运作成本，保持低成本优势。

二、人力资源管理制度设计理念

（一）人力资源管理制度设计基本思想

1. 制度要体现组织的价值观念

价值观是行为主体对客体的价值判断，组织的价值观体现在其经营宗旨与战略目标上。为组织经营奠定基础的人力资源管理制度一定要体现组织的经营宗旨与战略目标。

设计人力资源管理制度必须体现以人为本的管理思想。这就要求在制度设计思想中，不能将员工视为组织利润最大化的工具，不能将员工视为实现组织目标的手段，而是要确立员工在管理过程中的主导地位。

2. 制度要兼顾行为规范的要求和对员工的尊重

以人为本不是一种溺爱式的迁就人，而是要全方面地发展人、锻炼人、提升人的素质。制度的首要职责是把人的智慧、积极性、创造性、主动性充分发挥出来，利用好，让每个员工都有用武之地，能够全身心地投入自己所从事的工作。按制度进行招聘、晋升、降级、培训、流转，不分亲疏。一套以育好人、用好人为宗旨的人力资源管理制度能把员工的才能和热情激发出来，使组织生长成为一棵常青树。

3. 制度要体现组织的使命感和社会责任感

组织要有崇高的使命感和强大的社会责任感。这样的组织形象好、声誉卓著，社会以有这样的组织而自豪，员工也以自己的组织为荣。组织负有增进社会物质文明和精神文明的责任，其人力资源管理制度也应体现这种责任。好的人力资源管理制度要体现组织的使命感和社会责任感，立意高远，取信于内部员工，取信于社会公众。

（二）人力资源管理制度设计原则

1. 渐进原则

在组织发展的不同阶段，应有不同的制度体系。

（1）组织发展初期的人力资源管理内容较为简单，组织规模小，不必设立独立的人力资源管理机构。人力资源管理制度规则也相应比较简单，这样易于达成共识，有利于保持组织的灵活性。

（2）对于快速成长时期的组织而言，其人力资源管理制度较为关键。能否制定一个适应组织快速成长、有利于长期规范的人力资源管理制度，是非常重要的。这个时期的制度框架是日后改进的基础，好的规则将使员工养成良好的习惯、组织保持良好的秩序。此时应由专业人力资源管理人员在协商调查的基础上制定较为系统、结构较为完整、实用的人力资源管理制度。

（3）成熟期的组织应在稳定先前制定的人力资源管理制度的基础上进行创新、完善，要突出组织的个性风格，让员工从适应制度到自主管理。这时的用人机制十分重要，绩效考评、薪酬福利、激励等制度应适应这一阶段的要求，以免组织在壮年“夭折”。若组织的人力资源管理制度能上升到企业文化管理的层次，组织便可能进入“长寿”的行列。

2. 实事求是原则

设计制定有效的人力资源管理制度应当从实际出发，根据组织所处的环境及变化趋势、组织的实际状况和管理的实际需要来制定符合组织要求的人力资源管理制度。设计的人力资源管理制度还应具有可操作性，这是实事求是的核心。

3. 合理合法原则

（1）人力资源管理制度要符合国情、民情及人性。组织是由人组成的，人不是机器，人有本能，有追求，有自己民族的文化传统，有感情，所以人力资源管理制度应当符合人性。

（2）人力资源管理制度应当建立在法律和道德的基础之上。组织应遵纪守法，在法律允许的范围内从事经营管理活动，员工则要遵守组织的规章。

4. 完整配套原则

制度的“完整”，指设计的人力资源管理制度应当包含选人、育人、用人、留人及人员流动这一人力资源管理流程的各个环节，体系上要完整。制度的“配套”，指各项规则之间应当环环相扣、互相配合，不能相互矛盾、相互冲突；此外，配套还指应当设计民主监督系统，以利于制度的贯彻落实。

三、人力资源管理制度设计环节

人力资源管理制度设计、制定过程通常可分为下述三个阶段。

（一）调查研究阶段

运用各种调查研究方法，广泛收集与本组织相关的各种管理制度资料；然后分析调查所获得的资料，拟定制度草案。

（二）草案研究阶段

制度草案拟定好后，要在不同管理层次上对草案进行深入研讨；同时还要发动全体员工对草案进行讨论、修订，然后投入试运行。

（三）审定实施阶段

先对制度试运行结果进行调查分析，再进行讨论，然后进行审定。若审定一致通过，则可颁布执行；若未通过审定，则表明还要进行调查研究，重新进行分析讨论，使制度更完善、更易于为员工接受、更易于执行。

四、人力资源管理制度的主要内容

人力资源管理制度由一系列组织规则构成，是从招聘开始的一系列选人、用人与育人的规定，目的在于用好人，增强员工的满意度及组织的凝聚力。人力资源管理制度的内容如表 14－1 所示。

表 14－1　　人力资源管理制度的内容

规章名称	主要内容	主要功能
人力资源管理工作制度	人力资源管理工作规则、工作程序，人力资源管理计划制订规则，人力资源管理部门职权范围等。	规范人力资源管理部门的工作。
员工招聘制度	招聘程序、方法，人员测试规则，内部招聘及外部招聘规则，临时雇员招聘规则等。	满足组织发展需求，选择合适的员工进入合适的岗位。
员工培训制度	培训计划及实施规则，岗前培训规则，在职培训规则，管理培训规则，培训考证规则及费用处置规定等。	开发员工潜能，培养员工适应组织需求的技能、品质。
绩效考核制度	员工考核的规定、原则及方法，员工考核管理的规定，考勤制度管理规则等。	公正评价员工的工作成绩，为员工薪酬、晋升、培训、调动等提供依据。

续前表

规章名称	主要内容	主要功能
薪酬与福利制度	工资体系及构成规则，集体谈判规则，奖金激励体系及构成规则，员工福利管理及福利构成制度等。	维护员工切身利益，体现公平交易原则，增强员工的劳动积极性，使员工具有归属感。
员工奖惩制度	奖励制度及奖励方式，处罚规定及处罚方式，组织纪律规定等。	规范员工行为，增强员工的战斗力。
人力资源调整制度	晋升、降级、轮岗、辞职、辞退、退休等规则。	保持组织活力，优化组织内部人力资源配置，提高组织效率。
人力资源日常管理制度	员工纠纷处理规则，投诉处理规则，员工档案管理规则，社会活动管理规则等。	化解矛盾，降低冲突，维持组织运行秩序。
职业安全健康制度	事故处理规则，紧急事宜报告规则，职业病防范规则，员工健康保护规则，疗养规则等。	尊重员工，关爱生命，培养员工的献身精神。

第二节　人力资源信息化管理

一、人力资源信息化管理概述

在现代企业的运行中，有一个重要的管理范畴，这就是人力资源的信息化管理，也称 eHR 管理。

（一）人力资源管理的信息化趋势

1. 人力资源信息化管理的产生

人力资源作为生产诸要素中的主体部分，实际上是处于组织的中心地位。从古典的科学管理开始至今，对“人”的管理一直受到组织管理者的重视，但对人的认识则有所不同，经历了由“手段人”到“目的人”的深化。如今以信息为主导的新经济时代正在有力地加速推动着人力资源开发与管理的进步，这就推动了人力资源管理信息化的产生。

2. 人力资源开发管理与信息技术平台接口

在信息技术大量运用于社会经济生活的时代，网络已经成为社会资源有效配置的主角之一，IT 技术与互联网技术将从形式和内容上改变整个管理方式。随着互联网技术的广泛应用，组织开始在信息时代背景下加入全球性的竞争。与以往的人力资源管理相比，信息化人力资源管理建立在企业网络化的组织结构之上，突破了传统管理的边界局限。伴随着诸多新的组织结构模式的出现和工作流程的再造，伴随着组织内外的研究与交流、沟通的扩大，信息技术逐步全面应用在人力资源开发与管理活动中。如职位空缺的发布、人才搜寻和招聘、员工培训、远距离学习等，正在大量应用着组织内部的局域网和全球互联网。

3. 信息成为人力资源开发管理的重要内容

人力资源信息化管理在为组织提供人力资源解决方案的基础上，辅助组织制定信息与知识管理系统，辅助组织从互联网和内部网上获取信息并在组织内部进行有效的共享，并辅助组织对信息、知识的高效科学利用，从而实现各种人力资源信息流在组织中得到有效的处理和合理共享，创造价值增值。

大数据，进一步给做好 eHR 提供了发展的机会和手段。

（二）人力资源信息化管理的优势

人力资源信息化管理是基于企业网络化的组织平台。这种组织平台打破了过去传统的“科层制”管理，面向企业业务处理流程实施管理。采取信息化管理手段，在从事组织的日常人力资源业务方面具有明显的优势。

1. 提高人力资源开发管理的效率

信息化管理就是采用 Internet/Intranet 技术，使人力资源管理人员方便快捷地共享信息，高效地协同工作；改变过去复杂、低效的手工办公方式，实现迅速、全方位的信息采集、信息处理。信息化管理不仅促进了个人办公效率的提高，更重要的是可以实现群体的协同工作，这意味着人力资源管理部门的员工之间要大量进行信息的交流、工作的协调与合作，从而大大提高组织的人力资源开发管理的水平和效率，为组织的科学决策提供及时、准确的依据。从某种意义上讲，一个组织的信息化管理的程度是衡量其人力资源管理现代化水平的标准。

2. 与人力资源开发管理业务结合紧密

一般来说，企业的人力资源管理部门所从事的工作主要有人力资源的规划、工作分析、招聘配置、培训开发、薪酬福利、绩效考核、劳动关系管理等。在人力资源开发管理工作中实现信息化管理，就是使人力资源管理业务工作与整个企业的信息系统紧密结合。这样人力资源管理人员只需点击一个按钮，就能够对本组织的人力资源信息进行采集、查询、统计、分析，得到想要的结果，从而极大地方便了企业人力资源的具体管理工作和决策工作。

二、人力资源信息化管理的应用

（一）查询人力资源管理信息

运用信息化技术，如生成各种电子化数据库，可以大量储存和方便地查询人力资源管理各个方面的信息，便于人力资源管理人员进行分析。这不仅节约了人力资源管理人员的工作时间、提高了工作效率，还能够将经常性的信息放置在组织内部网上供员工查询自己的信息，使其心中有数，增加管理的透明度和快捷性。

（二）促进企业文化的建设

实行信息化管理有利于人力资源管理部门进行较深层次的企业文化建设工作。企业的规章制度、内部文件在网上公布，这既有利于信息的透明，也有利于企业规章制度的贯彻执行。采用如“电子公告牌”的方式向企业员工发布各种通知、通告和消息，可以避免“小道消息”传播成为企业内部交流的渠道。人力资源管理部门为企业员工开辟BBS“讨论室”等场所进行交流，可以使员工们在工作之余得到与同事交流的机会。

（三）提高人力资源管理实效

信息化管理的系统应用，有利于对人力资源业务信息的查询、统计、整理、分析乃至监测预警。应用这种管理系统可以获得大量统计信息，使人力资源管理部门的工作人员心中有数，在工作中有的放矢，并大大减轻其工作量，使其从文件堆里抬起头来，有时间考虑组织更深层次的管理。同时，采用信息化管理的方法也能为员工提供更好的内部服务。

（四）沟通组织与员工的联系

随着组织结构的扁平化、网络化、柔性化，组织信息共享逐渐普遍化，组织中知识员工所占比例越来越大，人力资源开发与管理应该既要柔性化、个性化、模糊化，又要规范化、标准化、程序化。人力资源管理部门逐渐成为一个经营性、战略性、研究性、指导性部门。因此，人力资源管理部门的工作人员作为团队中的一员，既要有高度的自主性，又要遵循一定的团队规范，适应网络时代发展的人力资源开发与管理战略，坚持理性与感性、规范与自主、标准化与人性化并存的管理策略。

由于采用了信息化网络管理技术，人力资源管理部门可以远离琐碎的日常工作，将其交给计算机处理，从而获得更多的时间与组织员工交流沟通，帮助其改善工作，从而提升组织的人力资源竞争力。

三、人力资源管理信息化的建设

要进行人力资源信息化管理，需要从管理内容到形式、工具方面，进行全面的创新与建设。

（一）整合人力资源管理内涵

整合人力资源管理内涵，应当采用程式化和人性化相融合的思路。

程式化思路是强调在一个组织中，从员工到团队、从上级部门到下级部门、从主管到普通员工，都应该按照一定的标准化程序、规范化思路、规章制度行事。

人性化思路是强调认识人性、尊重人性、以人为本。认识人性是人力资源开发与管理的前提、基础，尊重人性是人力资源开发与管理制度制定、实施的核心内容和具体体现，以人为本是人力资源开发与管理的目的和追求。

探索“程式化和人性化相融合”的人力资源开发与管理解决方案，关键在于根据组织文化、人员、组织战略等实际情况“建章立制”，使组织的各种人力资源开发与管理制度规范化、程序化、标准化。

（二）建设在线管理平台

首先，要搭建企业人力资源信息化管理的应用平台。其次，需要一套支持企业内部员工群体的信息共享和协同合作的通用网络管理系统。最后，要真正实现信息网络化管理，除了满足硬件设施的要求外，企业还必须完善现有的规章制度。

（三）强化人力资源虚拟管理

信息活动与管理正在成为企业决策者、人力资源管理部门和各级员工的虚拟中心。要进一步加强人力资源管理信息化的力度，发挥网络的独特优势，提供全面的人力资源开发管理策略与措施，使其成为企业管理、工作切磋、信息交流、培训学习、研究探讨的虚拟中心，不断增强网络在人力资源开发与管理领域的积极作用。

人力资源管理部门应该更进一步关心员工的职业发展，为员工提供关于职业生涯机会的信息或观点、竞争的机会，加强职业生涯信息库，关注员工的能力与发展需求以及对未来的展望，鼓励员工去开发各种具有挑战性的目标，使员工在职业上获得发展的同时也得到了个人生活的平衡，从而使员工在工作中更加投入，并能使员工不至于会为过于投入工作而忽视家庭生活，使其在未来的生活中更加满意。

（四）完善组织知识共享系统

从一定意义上讲，信息时代的组织管理核心能力在于其自身的知识管理体系，因此，人力资源管理部门人员的状况极其重要。人力资源管理团队应由人力资源领域的专业精英组成，他们有现代化的知识、能力与经验积累，能有效地整合组织的知识资源，强化其知识研发能力，从而保证组织的全体员工有效地共享知识、共享资源，更好地服务于组织。

面对信息化的挑战，要能有效地解决各种问题和困难，人力资源管理必须借助信息化技术，打造新管理技术，进而直接改善组织的生态环境，推动人力资源管理的发展。

第三节 人力资源管理外包

一、人力资源管理外包的原理

人力资源管理外包简单而言，就是指组织委托第三方人力资源管理服务机构代为处理组织部分人力资源管理工作。如工资发放、员工培训、档案管理等都是常见的人力资源管理外包项目。早在20世纪60年代，美国就已出现人力资源管理外包，近年来人力资源管理外包在我国正在迅速发展。

根据人力资源管理外包内容的复杂程度和层次可分为广义和狭义外包。广义的人力资源管理外包是指组织邀请咨询公司评价其专业技术与能力，对整个人力资源管理的涵盖内容进行重新设计，也称为人力资源管理的“大外包”。而通常在完成人力资源管理体系的设计后，组织仍然需要聘用专业外包公司来实施日常烦琐的操作和管理，如薪资福利管理、薪资福利数据的获得、员工能力评估、员工培训与发展等，这就是普遍意义上的“小外包”概念，或称为狭义的人力资源管理外包。

人力资源管理外包理论的学说主要有劳动分工理论和核心竞争能力理论。

（一）劳动分工理论

人力资源管理工作的外包，可以由亚当·斯密的劳动分工理论进行解释。该理论认为劳动分工能够提高劳动者的熟练程度，节省工作转移时间，降低劳动的复杂性，继而提高企业的劳动生产率。从理论上讲，人力资源管理外包的实质就是劳动分工的进一步延伸，通过部分职能外包，在降低管理的复杂程度的同时，也有助于提高人力资源管理的专业化效率。

（二）核心竞争能力理论

核心竞争能力理论认为，企业应确定自己的核心业务和核心优势，如果某项业务不是企业的核心业务，就可以把该项业务外包给比自己更具有成本优势和专业优势的企业，从而能够把更多的资源投入到自己的核心业务，创造核心优势，最终提高企业的核心竞争力。

二、人力资源管理外包的现实作用

人力资源管理外包可以通过规模经济降低企业成本，将有限的资源集中于核心业务和核心战略，增强人力资源的服务品质。具体来说，企业选择人力资源管理外包主要有以下几方面的作用：

第一，人力资源管理外包帮助人力资源管理部门从繁重的重复性事务中解脱出来，专注于核心的战略性工作，从而提升人力资源管理的高度和核心竞争力。

第二，人力资源管理外包能够降低企业的人工成本、缓解资金压力，克服企业很多的规模经济上的弱点。由于劳工权利意识的高涨、就业安全体系和劳动法令的普及，人事直接、间接费用（包含遣散费、退休金等）及外围成本不断攀升，将人力资源管理业务部分外包，有利于降低企业风险、摆脱杂务干扰，最终引导企业专注战略性资源，发展核心竞争能力。

第三，人力资源管理外包规范操作，能够有效遏制随意性的薪资发放和员工管理，对管理工作的规范性、公正性起到促进作用。

第四，人力资源管理外包可避免大量投资于人才所带来的不确定风险。

第五，人力资源管理外包简化了组织的业务流程，节省了时间，同时也能够提高在岗员工的工作满意度。

三、人力资源管理外包的实施

（一）人力资源管理外包的流程

1. 外包准备阶段

（1）根据企业发展目标和人力资源管理部门的实际情况，确定人力资源管理的内容，选择人力资源管理外包的形式。

（2）进行人力资源管理项目内部运作与外包的成本-效益分析。

（3）当作出了人力资源管理外包的决定后，要确定人力资源管理外包规划。

2. 选择服务商

根据不同项目人力资源管理外包的要求，进行商务分析。对能够提供外包的服务商进行调查，全面了解其服务特色；对服务商提供的资料进行分析，由企业人力资源管理部门会同有关领导确定选择服务商。

3. 与外包公司签订外包合作协议

在与外包公司签订外包合作协议时，应注意以下几点：

（1）编写信息全面的计划书。

（2）与选定的服务商进行谈判。

（3）在协议中必须明确双方相应的责、权、利，以及出现例外情况如何处理的问题。

（4）要指定相应的外包工作负责人，提供相关人员的联系方式，明确合作期间的定期联系和相互通报体系。

（5）要明确双方的违约责任及双方约定的条款等。

4. 监督实施

从合同执行期开始，企业与外部服务商属于战略合作伙伴关系。因此，企业内部的接受服务和联系人员与服务商的人力资源管理代表要坚持随时沟通的原则，积极主动地相互配合对方，建立和维护良好的关系。

（二）人力资源管理外包的形式

1. 部分人力资源职能外包

把某项人力资源管理活动的一部分（企业干不了或干不好）进行有条件（按照企业提供的信息资料或在规定的时间内完成）的外包。例如，某企业正在设计一项绩效考评系统，企业内部不能设计出有效的考核指标体系，可以把设计绩效考核指标体系进行外包，但具体绩效考核任务仍由企业内部完成。

2. 整体人力资源职能外包

在进行某项人力资源管理活动时，对于相对比较重要的工作，要进行外包；在实施某项人力资源管理活动时，成本太高或者达不到预期效果，必须借助于外部综合的人力资源公司或者专门的咨询机构的力量来完成。例如，进行股票期权的运作，可能由薪酬设计公司制定对象人的期权计算与发放的全部方案；进而，还可能由薪酬设计公司对对象人的全部报酬进行调整。

3. 人力资源管理工作小包干

把企业的一种或多种人力资源管理活动全部外包，企业自己只对活动结果进行检验和考核。例如，企业的招聘活动完全由外部招聘机构来进行，企业只提出相应的员工资格条件。

4. 人力资源管理工作大包干

有的企业没有人力资源管理部门，把所有人力资源管理活动全部进行外包，企业不进行相关的活动，只提供建议和实施监督。例如，高新技术企业和虚拟企业等相关企业的人力资源管理可以进行大包干。

5. 人力资源综合外包

企业在进行人力资源管理活动时，可以采用多种外包形式的综合运用，这样能够发挥各种外包的整合协同作用。例如，人员测评的小包干和绩效考评的整体外包相结合等。

（三）人力资源管理外包的风险

作为一种新型的人力资源管理方式，人力资源管理外包仍然存在一些潜在的风险，这些风险主要表现在下述几个方面。

1. 可能会泄露有价值的商业机密

企业通常会把招聘、绩效考核、薪酬管理等工作部分或全部外包，这些工作中诸如吸引人才的政策、薪酬的标准、薪酬的结构等，均属于企业的商业机密。外包后，由于服务商的人员素质、职业道德以及管理水平等原因，可能存在多种泄密的机会和途径。这种泄密的风险可能是企业人力资源管理外包面临的最大挑战。

2. 可能导致企业内部矛盾激化

对于企业的员工而言，人力资源管理外包具有特别的敏感性。因为人力资源管理外包意味着可能有一定数量的员工将会被转移，他们会为此感到困惑、愤怒或者留恋不舍。有些员工会本能地表示反对，因为他们对这些变革带来的动荡感到不安，对未来充满疑问。较之其他外包业务，人力资源管理外包对员工的影响很大，所以在外包之前，要首先解决好员工的认识问题。

3. 企业潜在的高额成本支出

外包过程潜在的高额成本主要表现在：外包过程中企业需要花费大量的时间帮助和辅导服务商，以增进其对企业的了解，方可制定出适合本企业的方案。此外，企业选择外包的原因之一，是想从服务商那里获得专业化的好处。但是，这个过程是很复杂的，外包后并不能保证立即能从服务商那里获得这种好处，可能存在一个时间推迟带来的潜在转换成本。

4. 可能阻碍企业内部其他系统的运行效率

企业演进理论认为，企业内部系统间存在着一种交互式的、相互维持和作用、共同专业化的关系，它们之间在某种程度上可以通过增加一个系统的投资而提高其他系统的运行效率。人力资源管理外包通过减少投资的方式来完成任务，可能会在一定程度上阻碍其他系统的运行效率。再者，人力资源管理外包后，其他业务系统将面临从内部到外部、从熟悉到陌生的全新局面，很难在短时间内提高运行效率。

5. 来自外包服务商自身的风险

人力资源管理外包是一种新型的管理方式，服务机构从业人员的素质、层次参差不齐，企业很难界定好坏；而且到目前为止外包服务的价格还没有统一的标准，全部是自行定价，所以企业也无从考证是否“包有所值”。企业希望通过外包追求价值增值的初衷，可能会因为服务商的职业道德和机会主义倾向而无法实现。

本章小结

本章介绍了组织人力资源管理业务工作的几项内容，包括作为组织运行基本规范的人力资源管理制度，作为现代发展趋势的人力资源信息化管理的必要性、内容和建设问题，以及能提高组织人力资源管理工作效能的人力资源业务外包的内容。

关键概念

制度	人力资源管理制度	制度设计原则
人力资源信息化管理	信息化建设	人力资源管理外包

思考讨论题

1. 什么是人力资源管理制度？
2. 人力资源信息化管理的优势是什么？
3. 人力资源信息化管理的内容有哪些？
4. 简述人力资源管理外包的流程。
5. 结合一个企业实例，阐述人力资源制度在管理中的作用。
6. 如何进行人力资源管理的信息化建设？
7. 试对一家公司（如去实习的公司）的人力资源管理工作进行盘点，然后分析：其中的哪些人力资源管理职能应当外包？如何进行外包？
8. 根据对一个公司的了解，试对其人力资源管理制度进行分析，并提出改进的建议。

参考书目

1. 爱德加·薛恩．组织心理学．北京：经济管理出版社，1987.
2. 赫伯特·S. 帕纳斯．人力资源．哈尔滨：黑龙江教育出版社，1990.
3. 姚裕群．人口大国的希望——人力资源经济概论．北京：中国人口出版社，1991.
4. 潘金云．中国第一资源．北京：机械工业出版社，1991.
5. 陈宇，等．人力资源经济活动分析．北京：中国劳动出版社，1991.
6. E. H. 薛恩．职业的有效管理．北京：三联书店，1992.
7. 沈荣华，等．第一资源论．上海：上海三联书店，1993.
8. 卢福财．人力资源经济学．北京：经济管理出版社，1997.
9. 王一江，孔繁敏．现代企业中的人力资源管理．上海：上海人民出版社，1998.
10. 潘晨光．国外人力资源发展报告．北京：中国林业出版社，1998.
11. 迈克尔·比尔．管理人力资本．北京：华夏出版社，1998.
12. 安德泽杰·胡克金斯基．管理宗师——世界一流的管理思想．大连：东北财经大学出版社，1998.
13. APEC. Report on Human Resource Development in China (1998). Leading Institution of the APEC-HRD Working Group & Ministry of Personnel, P. R. China，1998.
14. 吴国存．企业职业管理与雇员发展．北京：经济管理出版社，1999.
15. 赵曙明．企业人力资源管理与开发国际比较研究．北京：人民出版社，1999.
16. 张国初，等．人力资源管理定量测度和评价．北京：社会科学文献出版社，2000.
17. 王利平．管理学原理．北京：中国人民大学出版社，2000.
18. 姚裕群．中国人力资源开发利用与管理研究．北京：首都师范大学出版社，2001.
19. 赵曙明．人力资源管理研究．北京：中国人民大学出版社，2001.
20. 拿破仑·希尔．经营你的一生．北京：台海出版社，2001.
21. 姚裕群．职业生涯规划与管理．3 版．北京：首都经济贸易大学出版社，2009.

22. 郭咸纲．西方管理思想史．北京：经济管理出版社，2002.
23. 詹姆斯·W. 沃克．人力资源管理战略．北京：中国人民大学出版社，2001.
24. 爱德华·霍夫曼．人才心理测评．北京：中国财政经济出版社，2002.
25. 彼得·德鲁克．21 世纪的管理挑战．北京：机械工业出版社，2006.
26. 姚裕群．人力资源开发与管理概论．4 版．北京：高等教育出版社，2015.
27. 李艳．人力资源管理工具大全．北京：人民邮电出版社，2009.
28. 彼得·德鲁克．组织的管理．上海：上海财经大学出版社，2003.
29. 彼得·德鲁克．个人的管理．上海：上海财经大学出版社，2003.
30. 米雅．管理手记——人力资源经理是怎么思考和解决问题的．北京：清华大学出版社，2012.
31. 张德．人力资源开发与管理．北京：清华大学出版社，2012.
32. 董克用，李超平．《人力资源管理概论（第三版）》学习指导与案例．北京：中国人民大学出版社，2013.
33. 谢晋宇．人力资源开发概论．北京：清华大学出版社，2005.
34. 魏文静．人力资源管理实用必备全书．北京：经济科学出版社，2012.
35. 潘新民．世界 500 强人力资源总监管理笔记 2. 北京：化学工业出版社，2014.
36. 应秋月．老 HR 手把手教你搞定 HR 管理：从有证书到会干活．北京：北京大学出版社，2012.
37. 李常仓，赵实．人才盘点：创建人才驱动型组织．北京：机械工业出版社，2012.
38. 成志明．苏宁：背后的力量——组织智慧．北京：中信出版社，2011.
39. 姚裕群．人力资源开发与管理通论．北京：清华大学出版社，2016.
40. 姚裕群，等．人力资源管理与劳动保障案例集．北京：清华大学出版社，2015.

新编 21 世纪远程教育精品教材

公共基础课系列

书名	作者
应用写作（第五版）（“十一五”国家级规划教材）	孙秀秋
计算机应用基础	李　刚
马克思主义哲学原理（第二版）	霍福广
“毛泽东思想和中国特色社会主义理论体系概论”教学专题研究	王向明
全国高校网络教育大学英语词汇必备手册	王建华
全国高校网络教育大学英语学习与考试辅导	王建华
高等数学“学习包”（第二版）	张家琦　曹承宾
北京地区成人本科学士学位英语统一考试历年试题解析	常红梅
北京地区成人本科学士学位英语统一考试辅导（第三版）	常红梅
大学语文（第二版）	黄　鹤
大学英语学习与考试辅导	常红梅
数据库基础教程	苏　俊
毛泽东思想概论	江长仁

经济与管理系列

书名	作者
西方经济学（第三版）（微观经济学部分）	刘凤良
西方经济学（第三版）（宏观经济学部分）	刘凤良
消费心理与行为学	赵　冰
管理学原理	孙　喜
互联网金融的法律与政策	邢会强
经济法概论（第三版）	宋立成
国际金融（第二版）	刘　震
税务管理	王秀芝
邮政储汇实务	周艳海
中国税制（第三版）	杨　虹
投资银行学教程（第二版）	胡海峰 等
金融学概论（第三版）	宋　玮
国际贸易实务（第二版）	王晓明
财政管理	王秀芝
保险学	戴稳胜
证券投资学（第三版）	赵锡军　李向科
统计学教程（第三版）	金勇进
财政学（第二版）	安秀梅
中国政治制度史	侯　力
经济学原理	韦曙林
商务英语	王学文
国际贸易理论与政策（第二版）	王亚星
国际投资	胡曙光

续前表

书名	作者
人力资源开发与管理（第五版）	姚裕群
项目管理（第三版）（“十一五”国家级规划教材）	李　涛
物流管理（第四版）（“十一五”国家级规划教材）	刘　刚
组织行为学（第二版）	徐建平
公共政策原理	谢　明
公共政策案例分析	谢　明
公共管理伦理学	李传军
公共政策导论（第二版）	谢　明
公共经济学导论	代　鹏
公共关系学（第二版）	李兴国
领导力	祁凡骅
企业战略管理	邹昭晞
管理学原理	安　维
公务员管理	王甫银
秘书工作实务（第二版）	张大成
人员选拔与聘用管理	苏　进　刘建华
绩效管理（第二版）	徐　斌
质量管理学（第二版）	李晓光
营销渠道决策与管理	吕一林
高级会计学（第三版）	张志凤　谢瑞峰
公司财务管理（第二版）	肖　万
财务管理学（第四版）	孙茂竹　范　歆
基础会计学（第三版）	徐　泓
管理会计（第二版）	孙茂竹
审计学（第三版）	杨闻萍
财务会计学（第三版）	郭建华
成本会计	曹　伟
纳税筹划教程	张中秀
会计制度设计（第二版）	阎至刚
计算机会计理论与实务（第二版）	蔡立新
税务筹划教程	张中秀
国际税收（第二版）	杨志清

法学系列

书名	作者
刑事诉讼法（第三版）	王新清　李　蓉
民事诉讼法（第二版）	汤维建 等
行政法与行政诉讼法（第四版）	胡锦光　罗　杰
宪法学（第三版）	胡锦光　任端平
劳动法和社会保障法（第三版）	黎建飞
保险法（第三版）	贾林青
刑法学（第二版）	黄京平
中国法制史（第二版）	赵晓耕

续前表

书名	作者
企业和公司法学（第二版）	王欣新
税法（第三版）	朱大旗
海商法（第三版）	贾林青
刑法学	徐松林
继承法（第二版）	孙若军
破产法学（第二版）	王欣新
经济法（第三版）	吴宏伟
国际法（第二版）	白桂梅　朱利江
法理学（第二版）	张曙光
法律文书写作（第二版）	陈卫东　刘计划
民法学（第三版）	龙翼飞

汉语言文学系列

书名	作者
中国古代文学史（一）（先秦至魏晋南北朝）（第二版）	叶君远
中国古代文学史（二）（隋唐五代宋辽金）（第二版）	冷成金
中国古代文学史（三）（元明清及近代）（第二版）	张国风
现代汉语（第二版）	吴永焕
外国文学作品导读（第二版）	刘洪涛
中国民间文学概论（第二版）	黄　涛
美学概论（第二版）	牛宏宝
文学概论（第二版）	许　鹏
中国古代文学作品选读（一）	诸葛忆兵
中国古代文学作品选读（二）	王　燕
中国文学理论史简编	成复旺
中国现当代文学作品导读	姚　丹
影视文学教程	邹　红
电视剧批评与欣赏	刘晔原
中国现当代文学（第二版）	刘　勇
语言学概论	岑运强
西方文论概要	杨慧林
新时期文学思潮	张永清
古代汉语（第二版）	殷国光
文艺心理学	金元浦

新闻与传播系列

书名	作者
新闻理论教程	陈力丹　张建中
中国新闻传播史	赵云泽　孙　萍
外国新闻传播史	陈力丹　钱　婕
新媒体实务	黄　河
广告学概论	王　菲
新闻采访与写作	张　征

图书在版编目（CIP）数据

人力资源开发与管理/姚裕群主编 .—5 版 .—北京：中国人民大学出版社，2019.1
新编 21 世纪远程教育精品教材 . 经济与管理系列
ISBN 978-7-300-26143-0

Ⅰ.①人… Ⅱ.①姚… Ⅲ.①人力资源开发-远程教育-教材 ②人力资源管理-远程教育-教材 Ⅳ.①F241

中国版本图书馆 CIP 数据核字（2018）第 283540 号

新编 21 世纪远程教育精品教材·经济与管理系列
人力资源开发与管理（第五版）
主　编　姚裕群
副主编　亓名杰　刘尔铎
Renli Ziyuan Kaifa yu Guanli

出版发行	中国人民大学出版社		
社　　址	北京中关村大街 31 号	**邮政编码**	100080
电　　话	010－62511242（总编室）		010－62511770（质管部）
	010－82501766（邮购部）		010－62514148（门市部）
	010－62515195（发行公司）		010－62515275（盗版举报）
网　　址	http://www.crup.com.cn		
经　　销	新华书店		
印　　刷	天津鑫丰华印务有限公司	**版　　次**	2003 年 3 月第 1 版
规　　格	185 mm×260 mm　16 开本		2019 年 1 月第 5 版
印　　张	15	**印　　次**	2022 年 6 月第 3 次印刷
字　　数	300 000	**定　　价**	35.00 元